0 521 21976 0

Reading Greek (text)

THE JOINT ASSOCIATION OF
CLASSICAL TEACHERS' GREEK COURSE

Reading Greek

TEXT

CAMBRIDGE UNIVERSITY PRESS
CAMBRIDGE
LONDON · NEW YORK · NEW ROCHELLE
MELBOURNE · SYDNEY

Published by the Press Syndicate of the University of Cambridge
The Pitt Building, Trumpington Street, Cambridge CB2 1RP
32 East 57th Street, New York, NY 10022, USA
296 Beaconsfield Parade, Middle Park, Melbourne 3206, Australia

First published 1978
Reprinted with corrections 1979
Reprinted 1980, 1981, 1982, 1983

Printed in the United States of America

Library of Congress cataloguing in publication data

Main entry under title:

Reading Greek: Joint Association of Classical Teachers.
Greek course. (Text)
1. Greek language—Readers. I. Joint Association of Classical Teachers.
PA260.R37   488'.2'421   77-91090
ISBN 0-521-21976-0

CONTENTS

FOREWORD

There is one criterion, and one only, by which a course for the learners of a language no longer spoken should be judged: the efficiency and speed with which it brings them to the stage of reading texts in the original language with precision, understanding and enjoyment. The setting-up of the Greek Project by the Joint Association of Classical Teachers was the product of a conviction that it was possible to compose an Ancient Greek course which would satisfy that criterion substantially better than any course already existing.

There would have been little point in such a project if the current decline of Greek in schools had clearly reflected a general, growing and irreversible failure on the part of modern society to respond aesthetically and intellectually to Greek culture; but there has been no such failure of response, for the popularity of Greek literature in translation and of courses in Greek art and history has continued to increase. It seemed to the Joint Association that there was a gap waiting for a bridge. Bridges cost money, and when an appeal for £40,000 was launched at the beginning of 1974 by Dr Michael Ramsey and others it was legitimate to wonder how the cause of Greek would fare in competition with louder claims. But the optimists were justified: by November £63,000 had been contributed, a sum which more than compensated for the effect of inflation after the original costing of the project, and in 1976 an appeal for the money required for a fourth and final year of work brought in more than £15,000. Gratitude is due to hundreds of individuals, to many schools, colleges, institutions and trusts, and in particular to the Leverhulme Trust Fund, the Ernest Cook Trust and the Cambridge University Faculty of Classics.

It would not have been difficult to compile yet another systematic descriptive grammar of Greek and interleave it with exercises which would test the learner's progress through grammar stage by stage. Nor would it have been difficult to confront the learner with an anthology of Greek literature, translate most of it for him, offer from time to time some grammatical rules-of-thumb and inspire him with the hope that he would get the hang of the language and eventually pick up the 'gist' or the 'essentials' of any Greek text.

Anyone who learns Greek by the first of those two ways will take a very long time to reach the point of reading a genuine Greek text; on the way he will have acquired much more grammatical knowledge than he needs and much less knowledge than he needs of Greek thought and feeling. The technique of compiling a descriptive grammar for reference purposes and the technique of introducing a learner to a language are utterly different, as teachers of modern languages know.

The notion that one can get the gist of alien texts simply by reading a lot of them with the help of translations but without careful linguistic guidance is equally illusory. We can indeed hope to understand much of what is said to us in a modern language if we are put into an environment in which we hear it all day; but our progress depends on our being an ingredient of the situation in which the words are uttered and on the readiness of the native speaker to repeat, simplify, slow down and supplement language by signs and gestures. Our relationship to Greek authors is different; if we tackle Platonic argument or tragic dialogue with only a hazy idea of grammar the chances of misunderstanding – not marginal, but total misunderstanding – are very high.

The Project course has been composed and scrutinised by people who care most about what works best and do not use 'traditional' or 'modern' as complimentary or derogatory terms. In the earlier sections the commonest words and constructions preponderate, and the sentences are short; but the sentence-structure has not been anglicised, and the test of frequency has not been so rigorously applied to the admission of vocabulary and idiom as to bleach all colour out of the language. At the start the Greek text is modern composition, though its subject-matter is derived from Greek sources, but the voices of Plato and Aristophanes soon begin to be heard, and thereafter modern composers are edged out as the ancient authors, progressively less rewritten to suit the beginner's limitations, take over. The content of the text is determined as seldom as possible by linguistic tidiness and as often as possible by the need to acquaint the adult and near-adult learner directly with the characteristic features of Greek culture.

Not everyone thinks that it is right to make up Greek or to adapt original texts. There is nothing, in any language course, that everyone thinks is right. The Project Team, the Steering Committee and the Advisory Panel have been compelled repeatedly to take decisions – sometimes against the judgment of a minority, but never without patient and friendly discussion – which will incur criticism. Critics are asked to reflect that the combined class-room, lecture-room and tutorial experience of Team, Committee and Panel is not only considerable but also very varied; that successive drafts, having been tested in the JACT Summer School and elsewhere, in this country and in the United States, have been constantly revised in the light of what emerged from the testing; and that in language-learning occasions may arise on which one man's succulent meat is another man's cold cabbage. The Team has been from first to last imaginative and resourceful, prompt and cheerful in response to criticism and unfailingly resilient in the face of technical difficulties. They have produced a course which they have many good reasons to believe will prove, for the majority of learners, a straighter and shorter path than any other into Greek literature as the Greeks themselves knew it.

K.J. Dover

PREFACE

The Joint Association of Classical Teachers' Greek Course *Reading Greek* has been written for beginners in the upper school, at university and in adult education. Its aim is to enable students to read fifth- and fourth-century Attic Greek, Homer and Herodotus, with some fluency and intelligence in one to two years. The main medium of learning is a continuous, graded Greek text, adapted from original sources (contained in *Reading Greek (Text)*), coupled with a grammar, vocabulary and exercise book *(Reading Greek (Grammar, Vocabulary and Exercises))* which runs in phase with the text.

Method
The two books are to be used in conjunction.
Stage One (using the *Text* and the running vocabularies of the *Grammar* book) With the help of the teacher and the full running vocabularies, read and translate the Greek in the *Text* up to the point in the *Grammar* book where the running vocabularies end and grammatical explanations begin. The text has been written to encourage beginners to read with increasing fluency and confidence. The running vocabularies are so written as to enable students to read ahead out of class once the main grammatical principles have been established. It is vital to encourage students to do this.
Stage Two (using the *Grammar*) Ensure that the learning vocabularies have been mastered.
Stage Three Turn to the running Grammar, which lays out and explains clearly and practically the relevant grammar which should now be learnt.
Stage Four Turn to the Exercises and do as many of these as the teacher considers necessary to clarify and reinforce the grammar. When all

this has been done, the student should be able to tackle successfully the Test Exercise as an unseen.

Then return to the *Text* and repeat the process. As the student progresses, adaptation of the *Text* lessens until wholly unadapted Greek is being read.

At the back of the *Grammar* is a Reference Grammar which summarises the material in the running Grammar, and also a number of Language Surveys which review and expand upon the features met in the running Grammar.

After Reading Greek

Reading Greek prepares students to read mainstream fifth- and fourth-century Attic, Homer and Herodotus.

The second part of the Course is in two volumes and consists of 600- to 900-line selections from Homer, Herodotus, Sophocles, Euripides, Thucydides and Plato, with vocabulary and notes to serve the needs of those who have used *Reading Greek*. These volumes will act as an introduction to the work and thought of six of Greece's greatest writers, and when the Course is publicly examined will probably serve as the source of set-texts.

The Background Material book will cover the whole Course. Its purpose is to provide the social and historical perspective in which the texts can be set, so that students can pursue for themselves the issues raised. The book consists of sources, texts in translation, diagrams, illustrations and essays. It is arranged by topic.

The use of the Course

It is essential that students should be encouraged to read the *Text* with as much speed – consonant with accurate understanding – as possible. The amount of reading given, its controlled gradient and the very full vocabulary help should all further this end. The Grammar and Exercises contain the detailed linguistic work needed to clinch the grammatical lessons of the *Text*.

The design of the Course makes it ideal for students who can only spend a short time with their teachers each week. Because there is a great deal of carefully graded reading, supported by full vocabulary help, such students will find plenty of reading which they can do on their own.

ACKNOWLEDGEMENTS

The Greek Course has been developed by a Project Team (Dr P.V. Jones, Dr K.C. Sidwell and Miss F.E. Corrie) under the guidance of a Steering Committee and Advisory Panel made up as follows:

Steering Committee: Professor J.P.A. Gould (Bristol University) (Chairman); M.G. Balme (Harrow School); R.M. Griffin (Manchester Grammar School); Dr J.T. Killen (Joint Treasurer, Jesus College, Cambridge); Sir Desmond Lee (Joint Treasurer, President, Hughes Hall, Cambridge); A.C.F. Verity (Headmaster, Leeds Grammar School); Miss E.P. Story (Hughes Hall, Cambridge).

Advisory Panel: G.L. Cawkwell (University College, Oxford); Dr J. Chadwick (Downing College, Cambridge); Professor A. Morpurgo Davies (Somerville College, Oxford); Sir Kenneth Dover (President, Corpus Christi College, Oxford); Professor E.W. Handley (University College, London); B.W. Kay (HMI); Dr A.H. Sommerstein (Nottingham University); Dr B. Sparkes (Southampton University); G. Suggitt (Headmaster, Stratton School); A.F. Turberfield (HMI). The Committee and Panel met in full session three times a year during the period 1974–8 while the Course was being developed, but also divided up into sub-committees to give specific help to the Project Team on certain aspects of the Course, as follows:

Text: K.J.D.; E.W.H.

Grammar: J.C.; A.M.D.; A.H.S. (who, with K.J.D., have kindly made individual contributions to the Reference Grammar and Language Surveys).

Exercises: M.G.B.; R.M.G.; A.C.F.V.

Background: G.L.C.; J.P.A.G.; B.S.

Dissemination: B.W.K.; H.D.P.L.; E.P.S.; G.S.; A.F.T.

We have also been guided by a number of overseas scholars who have used, or given advice on, the Course, as follows:
J.A. Barsby (Dunedin, New Zealand); S. Ebbesen (Copenhagen, Denmark); B. Gollan (Queensland, Australia); Professor A.S. Henry (Monash, Australia); Drs D. Sieswerda (Holland); Professor H.A. Thompson (Princeton, U.S.A.).

We would like to stress the immense debt of gratitude which we all owe to the Steering Committee, Advisory Panel and our overseas advisers. But we would also like to make it clear that the final decisions about every aspect of the Course and any errors of omission and commission are the sole responsibility of the Team.

We gratefully acknowledge the help and advice of Professor D.W. Packard (Chapel Hill, N. Carolina, U.S.A.) on the use of the computer in analysing and printing Greek; and of Dr John Dawson of the Cambridge University Literary and Linguistic Computing Laboratory, who made available to us the resources of the Computer Centre for printing and analysing draft material in the early stages of the Project.

We have learnt a great deal from members of the Team who produced the Cambridge Latin Course, and are extremely grateful to them for help, especially in the early stages of the Project. If we have produced a Course which takes a more traditional view of language-learning, our debt to many of the principles and much of the practice which the C.L.C. first advocated is still very great.

Finally, our best thanks go to all the teachers in schools, universities and adult education centres both in the U.K. and overseas who used and criticised draft materials. We owe an especial debt of thanks to the organisers of the J.A.C.T. Greek Summer School in Cheltenham, who allowed us to use our material at the School for the three years while the Course was being developed.

Peter V. Jones (Director)
Keith C. Sidwell (Second Writer)
Frances E. Corrie (Research Assistant)

Copyright acknowledgements

Thanks are due to the following for permission to reproduce photographs: cover picture Hirmer Fotoarchiv; pp. xvi, 6(right), 14, 25, 28(right), 87(left), 91, 110, 169, 171 British Museum; 2, 46 Alison Frantz; 6(left), 17 Chuzeville and The Louvre; 85, 154 The Louvre; 8(left), 11(left), 22, 28(left), 95 Bildarchiv Preussischer Kulturbesitz, Berlin; 11(right) Royal Scottish Museum, Edinburgh; 12 Oriental Institute, University of Chicago; 21, 51, 130 Antikenmuseum und Skulpturhalle, Basel; 32 Fitzwilliam Museum, Cambridge; 33 German Archaeological Institute, Athens; 34, 36, 39(left), 48(left), 60, 74(left), 76, 101, 104, 108 Agora Excavations, American School of Classical Studies, Athens; 39(right), 48(right), 166 Staatliche Museen, Munich; 44 Museo Archeologico Nazionale di Spina, Ferrara; 53, 54 Hermitage Museum, Leningrad; 56, 74(right) Staatliche Museen, Berlin; 67, 73(right) Museum für Kunst und Gewerbe, Hamburg; 68 Hirmer Fotoarchiv; 70, 73(left), 77, 175 Museum of Fine Arts, Boston; 75 D. H. Harrisiadis and National Tourist Organisation of Greece; 93 Musée Vivenel, Compiègne; 107, 128, 164 National Archaeological Museum, Athens; 114, 177(right) Metropolitan Museum of Art, New York; 123 Mansell Collection Ltd; 142(left) Fogg Art Museum, University of Harvard; 142(right), 150, 153 Ashmolean Museum, Oxford; 146 Walter Bareiss; 177(left) Münzen und Medaillen A.G., Basel.

Thanks are due to Harper and Row, Publishers, for permission to include lines from Homer's *Odyssey* translated by Richmond Lattimore.

Cover picture: Partygoers

NOTES

1 Grammar, vocabulary and exercises, written to run in step with the *Text*, will be found in the companion volume *Reading Greek (Grammar, Vocabulary and Exercises)*.

2 A linking-device (⌒) is used in places in the *Text*. Its purpose is to show words or groups of words which should be taken together either because they agree or because they make a phrase. When the words to be linked are separated by intervening words, the linking device takes the shape ⌐¬.

Look up such linked phrases in the vocabulary *under the first word*.

3 The sources quoted on the title-page of each Part are the major (though by no means exclusive) sources for the whole Part.

4 The title-page of each Part carries time recommendations for that Part. They are based on a three to four-session week, and assume preparation by students (particularly by reading ahead on their own, with the help of the vocabularies). If the recommendations are followed, *Reading Greek* will be completed in 37 weeks. Universities will find that they can cover the Course at a considerably faster pace.

There are 118 sub-sections (i.e. sections marked A, B, C, etc.)

5 Transcriptions of proper names into English:

(a) Generally, proper names are transcribed from Greek into English in accordance with the transcriptions given in the *Grammar, Vocabulary and Exercises* (Reference Grammar A.2). Note that the transcription will not distinguish between ϵ and η, o and ω, or other long and short vowels.

(b) There are, however, some 'privileged' names, so common in their received form that to alter them by the principles of transcription that we generally adopt would be off-putting. You will find, for example, 'Athens', not 'Athenai' (Ἀθῆναι), 'Homer', not 'Homeros' (Ὅμηρος), and 'Plato', not 'Platon' (Πλάτων).

(c) All proper names met in the *Text* are transcribed either in the running vocabulary or in the List of Proper Names in the *Grammar, Vocabulary and Exercises* book. (Most Greek words have, traditionally, been transcribed according to Latin principles, and the most important of these are given in Language Survey (13), (vi) of the *Grammar, Vocabulary and Exercises* Book.

6 All dates are B.C., except where otherwise stated.

A merchantman and a warship

PART ONE
Athens at sea

Introduction
Dikaiopolis sails towards the harbour of Athens, Piraeus. On board ship a criminal plot is foiled, and then the story of the naval battle of Salamis is recalled while the ship passes the island. As the ship comes into port, the Spartans launch a surprise attack.

The scene is set during the early part of the Peloponnesian War, which began in 431.

Sources

Demosthenes, *Orations* 32
Plato, *Ion* 540eff.
A comic fragment, *Com.*
   Adespot. 340 (Edmonds)
Lysias, *Funeral Speech* 27ff.
Herodotus, *Histories* 8.83ff.
Homer, *Iliad (pass.)*

Aeschylus, *Persians* 353ff.
Thucydides, *Histories* 2.93–4,
   1.142, 6.32
Xenophon, *Hellenika* 5.i. 19–23
Aristophanes, *Akharnians* 393ff.
Euripides, *Helen* 1577ff.

Time to be taken
Five weeks (=twenty sessions at four sessions a week)

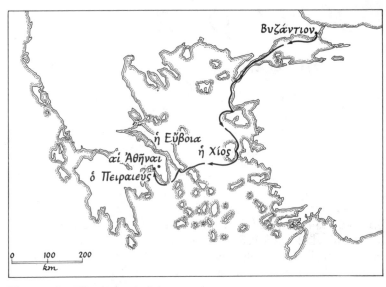

The route from Byzantium to Athens

τὸ πλοῖον

ὁ Ζηνόθεμις ὁρᾷ τήν τε ἀκρόπολιν καὶ τὸν Παρθενῶνα

Section One A–J
The insurance fraud

A

Hegestratos and Sdenothemis, partners in the corn-shipping business, have insured the load of grain on board their ship for far more than it is worth. They embark in Byzantium, with captain and crew. The ship sails to Chios (where a rhapsode boards) and Euboia (where Dikaiopolis gets on), and eventually comes into sight of Athens and its harbour, Piraeus. While Sdenothemis engages the passengers' attention with an appreciation of the sights, a strange noise is heard below . . .

τὸ‿πλοῖόν ἐστιν ἐν‿Βυζαντίῳ. ἐν᾽ δὲ Ἰβυζαντίῳ,
ὁ‿Ἡγέστρατος βαίνει εἰς‿τὸ‿πλοῖον, ἔπειτα ὁ‿Ζηνόθεμις
βαίνει εἰς‿τὸ‿πλοῖον, τέλος δὲ ὁ‿κυβερνήτης καὶ οἱ‿ναῦται
εἰσβαίνουσιν εἰς‿τὸ‿πλοῖον. τὸ᾽ δὲ Ἰπλοῖον πλεῖ εἰς‿Χίον. ἐν᾽
δὲ Ἰχίῳ, ὁ‿ῥαψῳδὸς εἰσβαίνει. ἔπειτα δὲ πλεῖ τὸ‿πλοῖον   5
εἰς‿Εὔβοιαν. ἐν᾽ δὲ Ἰευβοίᾳ, εἰσβαίνει ὁ‿Δικαιόπολις. τέλος δὲ
πρὸς‿τὰς‿Ἀθήνας πλεῖ τὸ‿πλοῖον καὶ πρὸς‿τὸν‿Πειραιᾶ.
   τὸ᾽ μὲν οὖν Ἰπλοῖον πλεῖ, ὁ᾽ δὲ Ἰζηνόθεμις πρὸς‿τὴν‿γῆν
βλέπει. τί ὁρᾷ ὁ‿Ζηνόθεμις; ὁ‿Ζηνόθεμις ὁρᾷ τήν᾽ τε
Ἰακρόπολιν καὶ τὸν‿Παρθενῶνα. ἔπειτα δὲ ὅ᾽ τε Ἰδικαιόπολις   10
καὶ ὁ‿κυβερνήτης πρὸς‿τὴν‿γῆν βλέπουσιν. τί ὁρῶσιν
ὁ‿Δικαιόπολις καὶ ὁ‿κυβερνήτης; καὶ ὁ‿Δικαιόπολις καὶ
ὁ‿κυβερνήτης τήν᾽ τε Ἰακρόπολιν ὁρῶσι καὶ τὸν‿Παρθενῶνα.
ἐξαίφνης ὅ᾽ τε Ἰδικαιόπολις καὶ ὁ‿κυβερνήτης ψόφον
ἀκούουσιν.   15

B

ΖΗΝΟΘΕΜΙΣ (*pointing to the land*)
    δεῦρο ἐλθέ, ὦ Δικαιόπολι, καὶ βλέπε. ἐγὼ γὰρ
    τὴν‿ἀκρόπολιν ὁρῶ. ἆρα καὶ σὺ τὴν‿ἀκρόπολιν ὁρᾷς;   5
ΔΙΚΑΙΟΠΟΛΙΣ (*peering towards the land*)
    ποῦ ἐστιν ἡ‿ἀκρόπολις; ἐγὼ γὰρ τὴν‿ἀκρόπολιν οὐχ
    ὁρῶ.
ΖΗΝ.   δεῦρο ἐλθέ, καὶ βλέπε. ἆρα οὐχ ὁρᾷς σὺ
    τὸν‿Παρθενῶνα;   10
ΔΙΚ.   ναί. νῦν γὰρ τὴν‿ἀκρόπολιν ὁρῶ καὶ ἐγώ.
ΖΗΝ.   ὦ Ζεῦ. ὡς καλός ἐστιν ὁ‿Παρθενών, καλὴ δὲ
    ἡ‿ἀκρόπολις.
ΚΥΒΕΡΝΗΤΗΣ (*agreeing*)
    ἀληθῆ σὺ λέγεις, ὦ Ζηνόθεμι.   15
    (*with a sudden start*)
    ἄκουε, ψόφος. ἆρα ἀκούεις; τίς ἐστιν ὁ‿ψόφος; ἆρα
    ἀκούεις καὶ σὺ τὸν‿ψόφον, ὦ Ζηνόθεμι;
ΖΗΝ.   (*hurriedly dismissing the subject*)
    οὐ μὰ‿Δία, οὐδὲν ἀκούω ἐγώ, ὦ κυβερνῆτα. μὴ   20
    φρόντιζε. ἀλλὰ δεῦρο ἐλθὲ καὶ βλέπε. ἐγὼ γὰρ
    τὸ‿νεώριον ὁρῶ καὶ τὸν‿Πειραιᾶ. ἆρα ὁρᾷς καὶ σὺ
    τὸ‿νεώριον;
ΚΥΒ.   ναί.
ΖΗΝ.   ὦ Ζεῦ, ὡς καλόν ἐστι τὸ‿νεώριον, καλὸς δὲ   25
    ὁ‿Πειραιεύς.
ΚΥΒ.   (*agreeing impatiently*)
    ἀληθῆ λέγεις, ὦ Ζηνόθεμι. ἰδού, ψόφος. αὖθις γὰρ
    τὸν‿ψόφον ἀκούω ἔγωγε.
ΔΙΚ.   καὶ ἐγὼ τὸν‿ψόφον αὖθις ἀκούω, ὦ κυβερνῆτα,   30
    σαφῶς. ἐγὼ οὖν καὶ σὺ ἀκούομεν τὸν‿ψόφον.

C

    35

ΖΗΝ.   (*more frantically*)
    ἐγὼ δὲ οὐκ ἀκούω, ὦ φίλοι. μὴ φροντίζετε. ἀλλὰ
    δεῦρο ἔλθετε καὶ βλέπετε, δεῦρο. ὁρῶ γὰρ τὰ‿ἐμπόρια

καὶ τὰς ὁλκάδας ἔγωγε. ἆρα ὁρᾶτε τὰ ἐμπόρια καὶ
ὑμεῖς;
ΚΥΒ.   καὶ ΔΙΚ. ὁρῶμεν καὶ ἡμεῖς. τί μήν;
ΖΗΝ.   (*waxing lyrical*)
    ὦ Πόσειδον, ὡς καλαί εἰσιν αἱ ὁλκάδες, ὡς καλά ἐστι   5
    τὰ ἐμπόρια. ἀλλὰ δεῦρο βλέπετε, ὦ φίλοι.
ΚΥΒ.   ἄκουε, ὦ Ζηνόθεμι, καὶ μὴ λέγε 'ὡς καλά ἐστι
    τὰ ἐμπόρια.' ἡμεῖς γὰρ τὸν ψόφον σαφῶς ἀκούομεν.
ΔΙΚ.   ἀλλὰ πόθεν ὁ ψόφος;
ΚΥΒ.   (*pointing down below*)   10
    κάτωθεν, ὦ Δικαιόπολι. διὰ τί οὐ καταβαίνομεν
    ἡμεῖς; ἐλθέ, ὦ Δικαιόπολι –
ΖΗΝ.   (*by now quite desperate*)
    ποῖ βαίνετε ὑμεῖς; ποῖ βαίνετε; διὰ τί οὐ μένετε, ὦ
    φίλοι; μὴ φροντίζετε. ὁρῶ γὰρ ἐγώ –   15

D

20

The captain goes into the hold followed by Dikaiopolis and the crew.
There they come upon Hegestratos, the author of the mysterious noise.

καταβαίνει μὲν οὖν ὁ κυβερνήτης, καταβαίνουσι δὲ ὅ τε
Δικαιόπολις καὶ οἱ ναῦται. κάτωθεν γὰρ ὁ ψόφος. κάτω δὲ   25
τὸν Ἡγέστρατον ὁρῶσιν ὅ τε κυβερνήτης καὶ οἱ ναῦται. ὁ
δὲ Ἡγέστρατος τὸν ψόφον ποιεῖ κάτω.

ΚΥΒ.   οὗτος, τί ποιεῖς;
    (*suddenly realising it is Hegestratos*)   30
    ἀλλὰ τί ποιεῖς σύ, ὦ Ἡγέστρατε; τίς ὁ ψόφος;
ΗΓΕΣΤΡΑΤΟΣ (*innocently*)
    οὐδὲν ποιῶ ἔγωγε, ὦ κυβερνῆτα, οὐδὲ ψόφον οὐδένα
    ἀκούω. μὴ φρόντιζε.
ΔΙΚ.   (*looking behind Hegestratos' back*)
    δεῦρο ἐλθὲ καὶ βλέπε, ὦ κυβερνῆτα. ἔχει γάρ τι   35
    ἐν τῇ δεξιᾷ ὁ Ἡγέστρατος.
ΚΥΒ.   τί ἔχεις ἐν τῇ δεξιᾷ, ὦ Ἡγέστρατε;
ΗΓ.   (*desperately trying to cover up*)
    οὐδὲν ἔχω ἔγωγε, ὦ φίλε.   40

πέλεκυν γὰρ ἔχει

ῥίπτω ἐμαυτὸν ἐκ τοῦ πλοίου

ΔΙΚ.   ὦ Ζεῦ. οὐ γὰρ ἀληθῆ λέγει ὁ Ἡγέστρατος. πέλεκυν
       γὰρ ἔχει ἐν τῇ δεξιᾷ ὁ Ἡγέστρατος. ὁ ἄνθρωπος   15
       τὸ πλοῖον καταδύει.

ΚΥΒ.   (shocked)
       τί λέγεις, ὦ Δικαιόπολι; δύει τὸ πλοῖον
       ὁ Ἡγέστρατος;
       (calling to the crew)   20
       ἀλλὰ διὰ τί οὐ λαμβάνετε ὑμεῖς τὸν ἄνθρωπον, ὦ
       ναῦται; δεῦρο, δεῦρο.

ΗΓ.   οἴμοι, φεύγω ἔγωγε, καὶ ῥίπτω ἐμαυτὸν
       ἐκ τοῦ πλοίου.

ΚΥΒ.   (urging the crew to pursue)   25
       βοηθεῖτε, ὦ ναῦται, βοηθεῖτε καὶ διώκετε.

Ε

                                                            30
ὁ μὲν Ἡγέστρατος φεύγει κάτωθεν, οἱ δὲ ναῦται βοηθοῦσι
καὶ τὸν Ἡγέστρατον διώκουσιν. ἄνω μένει ὁ Ζηνόθεμις. ὁ
μὲν Ἡγέστρατος πρὸς τὸν Ζηνόθεμιν βλέπει, ὁ δὲ
Ζηνόθεμις πρὸς τοὺς ναύτας. ἀναβαίνουσι γὰρ οἱ ναῦται καὶ
διώκουσιν.   35

ΖΗΝ.   ἀλλὰ τί ποιεῖς, ὦ Ἡγέστρατε;
ΗΓ.   (running up to Sdenothemis)
       ἰδού, διώκουσί με οἱ ναῦται, ὦ Ζηνόθεμι. ἐγὼ δὲ
       φεύγω. μὴ μένε, ἀλλὰ φεῦγε καὶ σύ, καὶ ῥίπτε   40

σεαυτὸν ἐκ τοῦ πλοίου. ἀναβαίνουσι γὰρ ἤδη
οἱ ἄνδρες.

ZHN.   *(with a glance at the pursuing crew)*
οἴμοι. τοὺς γὰρ ναύτας ἤδη γε ὁρῶ. σὺ δὲ ποῖ
φεύγεις;   5

ΗΓ.   φεύγω εἰς τὴν θάλατταν ἔγωγε. ὁ γὰρ λέμβος
ἐν τῇ θαλάττῃ ἐστίν. ἄγε δὴ σύ, σῷζε σεαυτόν. ῥίπτε
σεαυτὸν εἰς τὴν θάλατταν, καὶ μὴ μένε.

F   10

Hegestratos and Sdenothemis leap into the waves and head for the
life-boat. But the captain has other ideas.

                                                           15
ὁ Ἡγέστρατος καὶ Ζηνόθεμις οὐ μένουσιν ἀλλὰ φεύγουσιν.
εἰς τὴν γὰρ θάλατταν ῥίπτουσιν ἑαυτοὺς οἱ ἄνθρωποι καὶ
τὸν λέμβον ζητοῦσιν. καὶ οἱ μὲν ναῦται ἀπὸ τοῦ πλοίου
τὴν φυγὴν ὁρῶσιν, ὁ δὲ κυβερνήτης τὸν λέμβον ἀπολύει. ὁ
δὲ λέμβος ἀπὸ τοῦ πλοίου ἀποχωρεῖ.   20

ZHN.   *(thrashing around in the waves)*
οἴμοι, ποῦ ὁ λέμβος; ποῦ ἐστιν, ὦ Ἡγέστρατε;
ΗΓ.   ἐγὼ τὸν λέμβον οὐχ ὁρῶ, ὦ Ζηνόθεμι – οἴμοι.
ZHN.   ἀποθνῄσκομεν, ὦ Ἡγέστρατε. βοηθεῖτε, ὦ ναῦται,   25
βοηθεῖτε.
ΗΓ.   ἀποθνῄσκω –
ΔΙΚ.   ἆρα τοὺς ἀνθρώπους ὁρᾷς σύ, ὦ κυβερνῆτα;
ἀποθνῄσκουσι γὰρ οἱ ἄνθρωποι. ὁ γὰρ λέμβος
ἀπὸ τοῦ πλοίου ἀποχωρεῖ.   30
ΚΥΒ.   μὴ φρόντιζε· κακοὶ γάρ εἰσιν οἱ ἄνθρωποι, ὦ
Δικαιόπολι, καὶ κακῶς ἀποθνῄσκουσιν.

G   35

(suddenly realising the danger)
ΚΥΒ.   ἀλλὰ ἆρα ἔστι σῶον τὸ πλοῖον, σῶοι δὲ καὶ ἡμεῖς;
διὰ τί ἐγὼ οὐ καταβαίνω καὶ περισκοπῶ ἀκριβῶς;
ἐγὼ γὰρ ὁ κυβερνήτης· ἐμὸν οὖν τὸ ἔργον, καὶ   40

ὁ Ποσειδῶν   ὁ ῥαψῳδός

ἐν ἐμοὶ ἡ σωτηρία.

(καταβαίνει ὁ κυβερνήτης καὶ σκοπεῖ. ὁ δὲ Δικαιόπολις ἄνω μένει.)

ΔΙΚ.   (praying fervently)

     νῦν, ὦ Πόσειδον, σῷζε ἡμᾶς εἰς τὸν λιμένα. ἡμεῖς   25
     μὲν γὰρ ἀεί σοι θυσίας θύομεν, σὺ δὲ ἀεὶ σῴζεις
     τοὺς ἀνθρώπους ἐκ τῆς θαλάττης. ἡμεῖς δὲ νῦν
     ἀποθνῄσκομεν· τὸ μὲν γὰρ πλοῖον καταδύνει
     εἰς τὴν θάλατταν, ὁ δὲ λέμβος ἀποχωρεῖ, καὶ οὐ
     βεβαία ἡ σωτηρία.   30

(ἀναβαίνει ὁ κυβερνήτης.)

ΚΥΒ.   (with relief)

     σιώπα, ὦ Δικαιόπολι. σῶον μὲν γὰρ τὸ πλοῖον, σῶοι
     δὲ καὶ ἡμεῖς. ἐν κινδύνῳ οὖν ἡμεῖς οὔκ ἐσμεν.
     καὶ δὴ καὶ ἐγγύς ἐστιν ὁ λιμήν. βεβαία οὖν   35
     ἡ σωτηρία.

H

The captain brings the ship towards harbour. By now it has become dark. A rhapsode, who insists on quoting Homer on every possible occasion, is submitted to a Socratic style of inquiry about his art by Dikaiopolis.

ὁ οὖν κυβερνήτης τὸ πλοῖον κυβερνᾷ πρὸς τὸν λιμένα.
ναύτης δέ τις τὸν κυβερνήτην ἐρωτᾷ ποῦ εἰσιν. ὁ γὰρ ναύτης
οὐ σαφῶς οἶδε ποῦ εἰσι· νὺξ γάρ ἐστιν. ὁ οὖν κυβερνήτης
λέγει ὅτι εἰς τὸν λιμένα πλέουσιν. ἔστι δὲ ἐν τῷ πλοίῳ   10
ῥαψῳδός τις. ὁ δὲ ῥαψῳδὸς ἀεὶ ὁμηρίζει. ὁ δὲ Δικαιόπολις
παίζει πρὸς τὸν ῥαψῳδὸν ὥσπερ ὁ Σωκράτης πρὸς
τοὺς μαθητάς.

ΝΑΥΤΗΣ ποῦ ἐσμεν ἡμεῖς, ὦ κυβερνῆτα; ἆρα οἶσθα σύ;   15
        οὐ γὰρ σαφῶς οἶδα ἔγωγε. ἐγὼ γὰρ οὐδὲν ὁρῶ διὰ
        τὴν νύκτα, καὶ οὐκ οἶδα ποῦ ἐσμεν.
ΚΥΒΕΡΝΗΤΗΣ οἶδα σαφῶς. πλέομεν γὰρ πρὸς τὸν λιμένα, ὦ
        ναῦτα.
ΡΑΨΩΙΔΟΣ (butting into the conversation with a Homeric phrase)   20
        'πλέομεν δ' ἐπὶ οἴνοπα πόντον.'
ΝΑΥ.   τί λέγει ὁ ἄνθρωπος;
ΔΙΚ.   δῆλόν ἐστιν ὅτι ὁμηρίζει ὁ ἄνθρωπος. ῥαψῳδὸς οὖν
        ἐστιν.
ΡΑΨ.   ἀληθῆ λέγεις, ὦ τᾶν·   25
        'πλέομεν δ' ἐν νηὶ μελαίνῃ.'
ΔΙΚ.   τί λέγεις, ὦ ῥαψῳδέ; τί τὸ 'ἐν νηὶ μελαίνῃ'; οὐ γὰρ
        μέλαινα ἡ ναῦς. δῆλόν ἐστιν ὅτι μῶρος εἶ σύ, καὶ οὐκ
        οἶσθα οὐδέν, ἀλλὰ παίζεις πρὸς ἡμᾶς.
ΡΑΨ.   σιώπα. 'ἐν νηὶ θοῇ' πλέομεν, 'κοίλῃ ἐνὶ νηί.'   30
ΔΙΚ.   ἆρα ἀκούετε, ὦ ναῦται; δεῦρο ἔλθετε καὶ ἀκούετε.
        δῆλόν ἐστιν ὅτι μῶρος ὁ ῥαψῳδός. οὐ γὰρ οἶδεν οὐδὲν
        ἀκριβῶς ὁ ἄνθρωπος, ἀλλὰ παίζει πρὸς ἡμᾶς.

I   35

ΡΑΨ.   ἀλλὰ ἐγὼ μῶρος μὲν οὐκ εἰμί, πολλὰ δὲ γιγνώσκω.
ΔΙΚ.   πῶς σὺ πολλὰ γιγνώσκεις; δῆλον μὲν οὖν ὅτι
        ἀπαίδευτος εἶ, ὦ ῥαψῳδέ. οὐ γὰρ οἶσθα σὺ πότερον
        'μέλαινα' ἡ ναῦς ἢ 'θοὴ' ἢ 'κοίλη'.   40

ΡΑΨ. οὐ μὰ Δία, οὐκ ἀπαίδευτός εἰμι ἐγὼ περὶ Ὁμήρου.
       πολλὰ γὰρ γιγνώσκω διότι πολλὰ γιγνώσκει Ὅμηρος.
       γιγνώσκει γὰρ Ὅμηρος τά τε πολεμικὰ ἔργα καὶ τὰ
       ναυτικὰ καὶ τὰ στρατιωτικὰ καὶ τὰ στρατηγικά –
ΔΙΚ. γιγνώσκεις οὖν καὶ σὺ τὰ στρατηγικὰ ἔργα;   5
ΡΑΨ. πῶς γὰρ οὔ; ἐμὸν γὰρ τὸ ἔργον.
ΔΙΚ. τί δέ; ἆρα ἔμπειρος εἶ περὶ τὰ στρατηγικά, ὦ
       ῥαψῳδέ;
ΡΑΨ. ναί. ἔμπειρος μὲν γὰρ περὶ τὰ στρατηγικὰ ἔργα ἐστὶν
       Ὅμηρος, ἔμπειρος δέ εἰμι καὶ ἐγώ.   10

J   15

ΔΙΚ. μία οὖν τέχνη ἥ τε ῥαψῳδικὴ καὶ ἡ στρατηγική;
ΡΑΨ. μία τέχνη, ὦ Δικαιόπολι.
ΔΙΚ. οὔκουν οἱ ἀγαθοὶ ῥαψῳδοί εἰσιν ἅμα καὶ στρατηγοὶ
       ἀγαθοί;
ΡΑΨ. ναί, ὦ Δικαιόπολι.   20
ΔΙΚ. καὶ σὺ ἄριστος ῥαψῳδὸς εἶ τῶν Ἑλλήνων;
ΡΑΨ. μάλιστα, ὦ Δικαιόπολι.
ΔΙΚ. σὺ οὖν, ὦ ῥαψῳδέ, στρατηγὸς ἄριστος εἶ
       τῶν Ἑλλήνων;
ΡΑΨ. πῶς γὰρ οὔ;   25
ΔΙΚ. τί λέγετε, ὦ ναῦται; ἆρα μῶρος ὁ ῥαψῳδὸς ἢ οὔ;
ΝΑΥ. μῶρος μέντοι νὴ Δία ὁ ῥαψῳδός, ὦ Δικαιόπολι.
       στρατηγὸς μὲν γὰρ δήπου ἄριστος τῶν Ἑλλήνων
       ἐστὶν ὁ ἄνθρωπος, ἀλλὰ οὐκ οἶδεν ἀκριβῶς πότερον
       'μέλαινα' ἢ 'θοὴ' ἢ 'κοίλη' ἡ ναῦς. μῶρος οὖν ἐστιν ὁ   30
       ἄριστος τῶν Ἑλλήνων στρατηγός.
ΡΑΨ. δῆλόν ἐστιν, ὦ Δικαιόπολι, ὅτι Σωκρατεῖς καὶ παίζεις
       πρὸς ἐμέ. ὁ γὰρ Σωκράτης οὕτως ἀεὶ πρὸς τοὺς
       μαθητὰς παίζει.
ΔΙΚ. ναί. οἱ Ἕλληνες ἀεὶ παῖδές εἰσιν.   35

Section Two A–D
The glorious past

A

The ship is now passing the island of Salamis. The rhapsode is invited to show his skill by narrating the great naval battle of 480, fought in these straits between the Greeks and Persians.

ἡ μὲν ναῦς πρὸς τὸν ‎Πειραιᾶ βραδέως ἔρχεται. ὁ δὲ   15
Δικαιόπολις καὶ οἱ‎ναῦται καὶ ὁ κυβερνήτης καὶ ὁ ῥαψῳδὸς
πρὸς ἀλλήλους ἡδέως διαλέγονται. ἔρχεται δὲ ἡ ναῦς ἤδη
παρὰ τὴν‎Σαλαμῖνα καὶ ὁ κυβερνήτης λέγει 'διὰ τί ὁ
ῥαψῳδὸς οὐ διέρχεται τὴν⌐ περὶ Σαλαμῖνα ⌐ ναυμαχίαν, καὶ
διὰ τί οὐ λέγει τί γίγνεται ἐν τοῖς‎Μηδικοῖς καὶ πῶς   20
μάχονται οἱ‎Ἕλληνες καὶ οἱ Μῆδοι, καὶ τίνα‎ἔργα τολμῶσι,
καὶ ὁπόσοι πίπτουσιν;' ὁ δὲ ῥαψῳδὸς τὴν‎ναυμαχίαν ἡδέως
διέρχεται.

Πέρσης τις   μάχονται οἱ Ἕλληνες καὶ οἱ Μῆδοι

KYB.   σὺ δέ, ὦ ῥαψῳδέ, πολλὰ γιγνώσκεις περὶ ‿Ὁμήρου.
πολλὰ οὖν γιγνώσκεις καὶ περὶ τὰ ῥητορικὰ
(ῥητορικὸς γὰρ ῞Ομηρος· οὐ‿γάρ;) ἄγε δή, δεῦρο ἐλθὲ
καὶ λέγε ἡμῖν τὰˡ περὶ Σαλαμῖνα ˥πράγματα. ἐκεῖ μὲν
γὰρ Σαλαμὶς ἡ νῆσος, ἐρχόμεθα δὲ ἡμεῖς βραδέως   5
παρὰ Σαλαμῖνα πρὸς τὰς‿Ἀθήνας. λέγε οὖν ἡμῖν τά
τε Μηδικὰ καὶ τὴνˡ περὶ Σαλαμῖνα ˥ ναυμαχίαν καὶ
τὴν‿ἡμετέραν‿τόλμαν καὶ τὴν‿νίκην. λέγε ἡμῖν τί
γίγνεται ἐν τοῖς‿Μηδικοῖς καὶ πῶς μάχονται
οἱ‿῞Ελληνες καὶ οἱ βάρβαροι, καὶ ὁπόσοι πίπτουσι. σὺ   10
γάρ, ὦ φίλε, οἶσθα σαφῶς τὰˡ περὶ Σαλαμῖνα
˥πράγματα, οἱˡ δὲ ˥ναῦται οὐδὲν ἴσασιν.
ΝΑΥ.   ναί. οὐδὲν ἴσμεν ἀκριβῶς ἡμεῖς οἱ‿ναῦται. ἡδέως οὖν
ἀκούομεν. ἀλλὰ λέγε, ὦ ῥαψῳδέ, καὶ κάλλιστον ποίει
τὸν λόγον.   15
ΡΑΨ.   μάλιστα. ἐγὼ γὰρ ἀεὶ τοὺς λόγους καλλίστους ποιῶ.
ἡσυχάζετε οὖν, ὦ ναῦται, καὶ ἀκούετε.

   20

Β

ΡΑΨ.   ˡμῆνινˡ ἄειδε, Θεά, Ξέρξου‿θείου‿βασιλῆος
˥οὐλομένην˥
οἱ μὲν οὖν βάρβαροι βραδέως προσέρχονται πρὸς   25
τὴν‿πόλιν, οἱ δὲ Ἀθηναῖοι ἀποροῦσι καὶ φοβοῦνται.

ὁ τῶν Περσῶν βασιλεύς

πολλὴ μὲν γὰρ ἥ⌐ τῶν⌐Περσῶν ⌐στρατιά, ὀλίγοι δὲ οἱ
Ἀθηναῖοι. καὶ πολλαὶ μὲν αἱ⌐ τῶν⌐Περσῶν ⌐νῆες,
ὀλίγαι δὲ αἱ⌐νῆες αἱ⌐τῶν⌐Ἀθηναίων. πολὺς μὲν οὖν ὁ
τῶν⌐Ἀθηναίων κίνδυνος, πολλὴ δὲ ἡ⌐ἀπορία, πολὺς
δὲ καὶ ὁ φόβος. τὰς⌐ μὲν οὖν ⌐θυσίας τοῖς⌐θεοῖς θύουσιν   5
οἱ Ἀθηναῖοι καὶ πολλὰ⌐εὔχονται, εἰσβαίνουσι δὲ
ταχέως εἰς τὰς⌐ναῦς καὶ ὑπὲρ⌐τῆς⌐ἐλευθερίας
μάχονται. ἀγαθὸν γὰρ ἡ⌐ἐλευθερία.
    τέλος δὲ ἀφικνοῦνται οἱ Πέρσαι, μάχονται δὲ
οἱ⌐Ἕλληνες. πολλὴ γὰρ ἡ⌐τόλμα ἡ τῶν⌐ τε ⌐Ἑλλήνων   10
καὶ τῶν⌐στρατηγῶν. καὶ ἐν τῇ⌐ναυμαχίᾳ ὅσαι εἰσὶν
αἱ⌐βοαί, ὅσαι αἱ⌐ἀπορίαι, ὅσαι αἱ⌐ τῶν⌐θεῶν ⌐ἱκετεῖαι.
τέλος δὲ νικῶσι μὲν τὸ τῶν⌐Περσῶν ναυτικὸν οἱ
Ἀθηναῖοι, πίπτουσι δὲ οἱ⌐Πέρσαι. καὶ τὴν⌐Ἑλλάδα
ἐλευθεροῦσιν οἱ Ἀθηναῖοι καὶ τὴν⌐πατρίδα σῴζουσι   15
διὰ τὴν⌐τόλμαν. ἡ⌐ γὰρ ⌐ἀρετὴ καὶ ἡ⌐τόλμα τήν⌐ τε
⌐ὕβριν καὶ τὸ⌐πλῆθος ἀεὶ νικῶσιν. οὕτως οὖν βεβαία
γίγνεται ἡ⌐ τῶν⌐Ἑλλήνων ⌐σωτηρία.

C

The captain is not impressed, and proceeds to give his grandfather's
first-hand version of the battle,

σιωπᾷ ὁ ῥαψῳδός. ὁ δὲ κυβερνήτης λέγει ὅτι οὐδὲν λέγει ὁ
ῥαψῳδός. ἔπειτα καὶ ὁ κυβερνήτης λέγει τὰ⌐ περὶ Σαλαμῖνα
⌐πράγματα.

KYB.   οὐδὲν⌐λέγεις, ὦ φίλε, καὶ οὐκ οἶσθα οὐδέν. οὔκουν   30
        κάλλιστον τὸν λόγον ποιεῖς.
PAΨ.   τί φῄς; διὰ τί οὐ κάλλιστον ποιῶ τὸν λόγον;
KYB.   σκόπει δή. ἡμεῖς μὲν γὰρ τὰ⌐ἀληθῆ ζητοῦμεν, σὺ δὲ
        ψευδῆ λέγεις.
PAΨ.   σὺ δὲ πῶς οἶσθα πότερον τὰ⌐ἀληθῆ λέγω ἢ ψευδῆ;   35
KYB.   ἄκουε, ὦ φίλε. ὁ γὰρ πάππος ὁ ἐμὸς Σαλαμινομάχης
        καὶ πολλάκις τὰ⌐ περὶ Σαλαμῖνα ⌐πράγματα ἀληθῶς
        μοι λέγει, ἀλλὰ οὐχ ὥσπερ σύ, ψευδῶς. σὺ μὲν γὰρ
        ἴσως καλόν⌐τινα⌐λόγον ἡμῖν λέγεις, ὁ δὲ πάππος
        τὰ⌐πράγματα. ἡσυχίαν⌐ οὖν ⌐ἔχετε, καὶ ἀκούετε αὖθις,   40
        ὦ ναῦται, τὰ καλὰ ἔργα τὰ τῶν⌐Ἑλλήνων. ὧδε γὰρ

ἡ σάλπιγξ ἠχεῖ

τὰ‿πράγματα τὰ‿περὶ Σαλαμῖνα λέγει ὁ πάππος.   15
(ἡσυχίαν‿ἔχουσιν οἱ ναῦται)
     ἀφικνεῖται μὲν γὰρ τὸ τῶν‿Περσῶν ναυτικόν, καὶ
ἐγγὺς‿Σαλαμῖνος μένει, ἡμεῖς δὲ οἱ‿Ἕλληνες
ἡσυχίαν‿ἔχομεν. ἐπειδὴ δὲ νὺξ γίγνεται,
ἔνθα‿καὶ‿ἔνθα πλέουσι βραδέως αἱ‿τῶν‿Περσῶν   20
ἦες. ἀλλὰ ἅμα‿ἕῳ βοή‿τις γίγνεται, καὶ ἐπειδὴ
ἡ‿σάλπιγξ ἠχεῖ ἐκ τῶν‿πετρῶν, φόβος ἅμα γίγνεται
ἐν τοῖς‿βαρβάροις. ἀκούουσι γὰρ ἤδη σαφῶς
τὴν‿βοήν·
               'ὦ παῖδες Ἑλλήνων ἴτε,   25
ἐλευθεροῦτε πατρίδ᾽, ἐλευθεροῦτε δὲ
παῖδας, γυναῖκας· νῦν ὑπὲρ‿πάντων ἀγών.'

D   30

ΚΥΒ.   προσέρχονται μὲν οὖν ταχέως οἱ πολέμιοι
ἐπὶ‿ναυμαχίαν (θεᾶται δὲ ἡδέως τὴν‿ναυμαχίαν
Ξέρξης ὁ‿βασιλεύς), ἐγὼ δὲ ἀναχωρῶ· καὶ
ἀναχωροῦσιν οἱ‿ἄλλοι‿Ἕλληνες. ἐξαίφνης δὲ φαίνεται   35
φάσμα‿τι‿γυναικεῖον, μάλα δεινόν. ἐγὼ δὲ τὸ‿φάσμα
φοβοῦμαι. ἀλλὰ λέγει τὸ‿φάσμα· 'ὦ φίλοι, διὰ τί ἔτι
ἀναχωρεῖτε; μὴ φοβεῖσθε τοὺς Μήδους ἀλλὰ βοηθεῖτε
καὶ τολμᾶτε.' καὶ ἐγὼ μὲν ταχέως ἐπιπλέω τε καὶ
οὐκέτι φοβοῦμαι, ἐπιπλέουσι δὲ καὶ οἱ‿ἄλλοι   40

Ἕλληνες ταχέως καὶ ἐπὶ τοὺς Μήδους ἐπέρχονται. νῦν
δὲ κόσμῳ μαχόμεθα ἡμεῖς καὶ κατὰ τάξιν, ἀκόσμως
δὲ καὶ ἀτάκτως μάχονται οἱ βάρβαροι, ἐπειδὴ οὐ
τολμῶσιν ὥσπερ ἡμεῖς.
    τέλος δὲ τῶν Περσῶν οἱ μὲν φεύγουσι, οἱ δὲ   5
μένουσι καὶ πίπτουσι. καὶ τῶν Ἑλλήνων οἱ μὲν
διώκουσι τοὺς Πέρσας, οἱ δὲ λαμβάνουσι τὰς ναῦς
καὶ τοὺς ναύτας. ἐπειδὴ δὲ διώκουσιν οἱ Ἀθηναῖοι
τοὺς Πέρσας, φεύγει καὶ ὁ Ξέρξης καὶ
τὴν ναυμαχίαν οὐκέτι θεᾶται. ἐλεύθεροι οὖν γίγνονται   10
οἱ Ἕλληνες διὰ τὴν ἀρετήν. οὕτως οὖν οἱ θεοὶ
κολάζουσι τὴν τῶν Περσῶν ὕβριν καὶ σῴζουσι
τὴν πόλιν.
ΔΙΚ. εὖ λέγεις, ὦ κυβερνῆτα. νῦν δὲ σαφῶς καὶ ἀκριβῶς
ἴσμεν περὶ τὰ Μηδικά. ἀλλὰ πολλὴ νῦν ἐστιν ἡ   15
τῶν πραγμάτων μεταβολή· τότε μὲν γὰρ φίλοι
ἀλλήλοις οἱ Ἕλληνες, νῦν δὲ οὐκέτι ὁμονοοῦσιν, ἀλλὰ
μισοῦσιν ἀλλήλους διὰ τὸν πόλεμον. τότε μὲν ὁμόνοια
ἐν τοῖς Ἕλλησι, νῦν δὲ μῖσος. φεῦ φεῦ τῶν
Ἑλλήνων, φεῦ τοῦ πολέμου.   20

Attica and Salamis

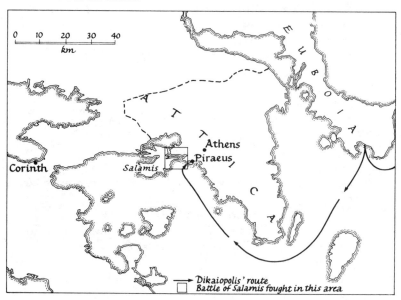

Section Three A–E
Athens and Sparta

A

As the ship enters the harbour, Dikaiopolis sees a light shining from Salamis. The reaction of the captain is abrupt.

οὕτως οὖν ἡ ναῦς πρὸς τὸν λιμένα βραδέως χωρεῖ. ὁ δὲ
Δικαιόπολις λαμπάδα τινὰ ὁρᾷ ἐν Σαλαμῖνι. ἐρωτᾷ οὖν ὁ
κυβερνήτης πόθεν ἡ λαμπάς· ἐπειδὴ δὲ ὁρᾷ, εὐθὺς σπεύδει πρὸς
τὸν λιμένα.

20

KYB.   *(pointing towards the harbour)*
        δεῦρο ἐλθὲ καὶ βλέπε. πρὸς γὰρ τὸν λιμένα ἀφικνούμεθα
        ἤδη.
ΔΙΚ.   *(βλέπει πρὸς τὴν Σαλαμῖνα)*
        ἰδού, ὦ κυβερνῆτα· λαμπάδα τινὰ ὁρῶ ἐν τῇ νήσῳ.   25
KYB.   τί φής; πόθεν ἡ λαμπάς;
ΔΙΚ.   ὁπόθεν; ἰδού.
KYB.   *(βλέπει πρὸς τὴν νῆσον καὶ ὁ κυβερνήτης)*
        ὦ Ζεῦ. λαμπάδα γὰρ οὐχ ὁρᾷς, ἀλλὰ τὰ πυρά.
ΝΑΥΤΗΣ τί φής; τὰ πυρὰ λέγεις; ὦ Ζεῦ. ἄγε δή, ὦ   30
        κυβερνῆτα, σπεῦδε, σπεῦδε καὶ σῷζε ἡμᾶς εἰς τὸν λιμένα.
KYB.   *(impatiently)*
        μὴ φοβεῖσθε· σπεύδω γάρ, καὶ ἐπιστρέφει ἤδη ἡ ναῦς εἰς
        τὸν λιμένα.
ΔΙΚ.   ἀλλὰ διὰ τί σπεύδομεν; ἆρα κίνδυνός τίς ἐστιν;   35
ΝΑΥ.   νὴ τὸν Δία· ἐν κινδύνῳ ἐσμέν, ὦ Δικαιόπολι, εὖ οἶδα ὅτι.
        σπεύδομεν διότι τὰ πυρὰ δηλοῖ τι δεινόν.
ΔΙΚ.   τί δηλοῖ τὰ πυρά;
ΝΑΥ.   σαφῶς δηλοῖ ὅτι αἱ πολέμιαι νῆες ἐπὶ ἡμᾶς ἐπέρχονται.

B

The scene on shore is one of utter confusion. Polos comes out of his house to
find out what is going on, and meets his neighbour Protarchos who, as an
armed soldier on a trireme, is running to get his weapons.   5

ἐπειδὴ δὲ οἱ ἐν τῷ Πειραιεῖ ταῦτα τὰ πυρὰ ὁρῶσι, πολὺς γίγνεται
ἐν τῷ λιμένι θόρυβος, πολλαὶ δὲ αἱ βοαί, οὐδαμοῦ δὲ κόσμος. νὺξ
γάρ ἐστι, καὶ πολλοὶ ἄνδρες φαίνονται ἐν ταῖς ὁδοῖς καὶ τὰ πυρὰ
θεῶνται. Πρώταρχος καὶ Πῶλος ὁ γείτων ὁρῶσι τοὺς ἄνδρας.   10

ΠΩΛΟΣ (ἔξω θεῖ ἐκ τῆς οἰκίας)
    εἰπέ μοι, τίς ἡ βοὴ αὕτη; τίς ὁ θόρυβος οὗτος, ὦ γεῖτον;
    ἆρα οἶσθα; μέγας μὲν γὰρ ὁ θόρυβος, μεγάλη δὲ ἡ βοὴ ἡ ἐν
    τῷ λιμένι.   15
ΠΡΩΤΑΡΧΟΣ (θεῖ οἴκαδε)
    δεῦρο ἐλθέ, ὦ γεῖτον, καὶ ἐκεῖσε βλέπε. ἆρα οὐχ ὁρᾷς
    ἐκεῖνα τὰ πυρά; ἰδού. δῆλον γὰρ ὅτι ἐν κινδύνῳ ἐστὶν
    ἡ Σαλαμίς.
ΠΩΛΟΣ εἰπέ μοι, ὦ γεῖτον, ποῖ τρέχεις;   20
ΠΡΩΤ. οἴκαδε τρέχω ἔγωγε ἐπὶ τὰ ὅπλα. εἶτα δὲ εἰς τὴν ναῦν
    ταχέως πορεύομαι. δεινὸς γὰρ οὗτος ὁ κίνδυνος καὶ μέγας.
    ἀλλὰ διὰ τί σὺ οὐ μετὰ ἐμοῦ πορεύῃ;
ΠΩΛΟΣ καὶ δὴ πορεύομαι. ἀλλὰ μένε, ὦ φίλε.
ΠΡΩΤ. ἀλλὰ ποῖ σὺ τρέχεις;   25
ΠΩΛΟΣ εἰς τὴν οἰκίαν ἔγωγε, ἐπὶ τὸν τροπωτῆρα καὶ τὸ
    ὑπηρέσιον. δῆλον γὰρ ὅτι ἐπὶ ναυμαχίαν πορευόμεθα.

τὰ ὅπλα

οὕτως οὖν ἐκφέρει ὁ μὲν Πῶλος τόν τε ᾽τροπωτῆρα καὶ τὸ
ὑπηρέσιον, ὁ δὲ τοῦ Πρωτάρχου ᾽παῖς τά τε ὅπλα καὶ
τὴν λαμπάδα ἐκφέρει. ἔπειτα πορεύονται οἱ ἄνδρες πρὸς
τὸν λιμένα.

C

Back on the ship, the rhapsode is terrified, but the crew assures him all will be
well.

ἐν᾽ δὲ ᾽τούτῳ ὅ τε Δικαιόπολις καὶ οἱ ναῦται ἔτι πρὸς ἀλλήλους
διαλέγονται.

ΔΙΚ.   ὦ Ζεῦ. δεινὸς ὁ ἐν Σαλαμῖνι κίνδυνος καὶ μέγας. ἰδού, ὦ
       ῥαψῳδέ· ἀλλὰ ποῦ ἐστιν ὁ ἀνήρ; οὐ γὰρ ὁρῶ
       ἐκεῖνον τὸν ἄνδρα.

ΝΑΥ.   ἰδού, ᾽πτώσσει᾽ οὗτος ὁ ῥαψῳδὸς ἐν τῇ νηί, ᾽ὥσπερ
       Ἀχαιὸς ὑφ᾽ Ἕκτορι᾽. φοβεῖται γὰρ τοὺς Λακεδαιμονίους.

ΔΙΚ.   εἰπέ μοι, ὦ ῥαψῳδέ, τί ποιεῖς; τίς φόβος λαμβάνει σε; σὺ
       γὰρ στρατηγὸς εἶ τῶν Ἑλλήνων ἄριστος. μὴ ποίει τοῦτο
       μηδὲ φοβοῦ τοὺς Λακεδαιμονίους τούτους. ἰδού,
       ἐγγὺς τοῦ λιμένος ἐσμὲν ἤδη. μὴ οὖν φοβοῦ.

ΡΑΨ.   (still shaking with fear)
       τί φῄς; ἆρα ἀφικνοῦνται οἱ Λακεδαιμόνιοι; φοβοῦμαι γὰρ
       τοὺς Λακεδαιμονίους ἔγωγε. τοὺς γὰρ ναύτας λαμβάνουσιν
       ἐκεῖνοι καὶ ἀποκτείνουσιν.

ΝΑΥ.   ἀλλὰ οὐδεμία ναῦς ἔρχεται, ὦ τᾶν, καὶ δῆλον ὅτι οὐκ
       ἀφικνεῖται Λακεδαιμόνιος οὐδείς, οὐδὲ λαμβάνει οὐδένα
       οὐδὲ ἀποκτείνει. σὺ δὲ οὐ μιμνήσκῃ τοὺς τοῦ Περικλέους
       λόγους;

ΡΑΨ.   τίνες οἱ λόγοι; λέγε μοι· οὐ γὰρ μιμνήσκομαι.

ΝΑΥ.   ἄκουε οὖν τί λέγει ὁ Περικλῆς ἐν τῇ ἐκκλησίᾳ
       περὶ τοῦ πολέμου καὶ τῶν ναυτικῶν·
       ᾽μὴ φοβεῖσθε, ὦ ἄνδρες Ἀθηναῖοι, τοὺς Λακεδαιμονίους.
       ἐκεῖνοι μὲν γὰρ κρατοῦσι κατὰ γῆν, ἡμεῖς δὲ κατὰ
       θάλατταν. ἀλλὰ καὶ ἡμεῖς ἔχομεν ἐμπειρίαν τινὰ κατὰ γῆν,
       ἐκεῖνοι δὲ οὐδεμίαν ἔχουσιν εἰς τὰ ναυτικὰ ᾽ἐμπειρίαν.
       καὶ δὴ καὶ οὐ ῥαδίως μανθάνουσιν οἱ Λακεδαιμόνιοι τὰ
       ναυτικά, εὖ οἶδα ὅτι, ἐπειδὴ γεωργοί εἰσι καὶ οὐ θαλάττιοι.

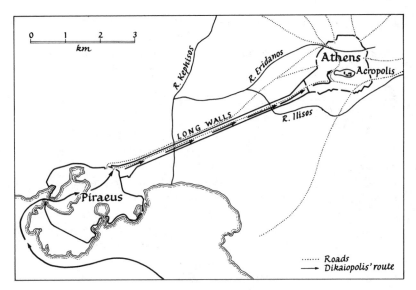

Athens and the harbours of Piraeus

τὸ δὲ ναυτικὸν τέχνη ἐστί· καὶ ταύτην μανθάνουσιν οἱ
ἄνθρωποι διὰ τὴν μελέτην, ὥσπερ καὶ τὰς ἄλλας τέχνας,
ἄλλως δὲ οὐδαμῶς. ὑμεῖς γὰρ δὴ εὖ ἴστε ὅτι οὐ ῥᾳδίως,
ἀλλὰ χαλεπῶς καὶ μετὰ πολλῆς μελετῆς, μανθάνετε
ταύτην τὴν τέχνην. – "ἀλλὰ οἱ Λακεδαιμόνιοι" – φησί τις   25
ὑμῶν – "ἆρα οὐ μελετῶσιν;" – ἐγὼ δὲ ἀποκρίνομαι· "οὔκ,
ἀλλὰ ἡμεῖς, ἐπειδὴ κρατοῦμεν κατὰ θάλατταν, κωλύομεν."

ΔΙΚ.   (comfortingly)
     καὶ μὴν ὁρᾶτε τὸν λιμένα. ὅσαι αἱ λαμπάδες, ὅσαι
     αἱ νῆες, ὅσος ὁ θόρυβος, ὅσοι οἱ ἄνδρες. ἰδού· ὥσπερ   30
     μύρμηκες, οὕτω συνέρχονται ἐκεῖνοι οἱ ναῦται εἰς
     τὸν λιμένα. μέγα γὰρ τὸ πλῆθος τὸ τῶν τε νεῶν καὶ τῶν
     τριηράρχων.

D

Dikaiopolis disembarks and observes the chaos. Polos is sent off to rouse the ship's trierarch (captain) by an agitated boatswain.

ἐπειδὴ οὖν ὁ Δικαιόπολις καὶ ὁ ῥαψωδὸς εἰς τὴν γῆν ἀφικνοῦνται,
θόρυβος γίγνεται πολύς. οἱ δὲ ἄνδρες ἡσυχάζουσι καὶ τὴν θέαν
θεῶνται. ἐγγὺς δὲ τῆς νεὼς ἐστι κελευστής τις, βοᾷ δὲ οὗτος.

ΚΕΛΕΥΣΤΗΣ εἰπέ μοι, ποῦ ὁ τριήραρχος ὁ ἡμέτερος;   10
ΠΩΛΟΣ δῆλον ὅτι οἴκοι, ὦ κελευστά. καθεύδει γάρ που.
ΚΕΛ.   οἴμοι. δεινὸς μὲν ὁ τῶν Ἀθηναίων κίνδυνος, ἀλλὰ ἐκεῖνος
       οἴκοι καθεύδει. σπεῦδε οὖν, ὦ Πῶλε, καὶ ζήτει τὸν
       τριήραρχον καὶ λέγε περὶ τούτου τοῦ ἐν Σαλαμῖνι
       κινδύνου.   15
ΠΩΛΟΣ μάλιστά γε, ὦ κελευστά.
(οὕτως οὖν τρέχει ταχέως πρὸς τὸν τριήραρχον ὁ Πῶλος. τέλος δὲ εἰς τὴν θύραν
ἀφικνεῖται.)
ΠΩΛΟΣ (knocks on the door)
       παῖ, παῖ. τί ποιεῖς; ἆρα καθεύδει ὁ παῖς; παῖ, παῖ.   20
ΠΑΙΣ   (blearily)
       τίς ἐστι; τίς βοᾷ;
       (opens the door)
       διὰ τί καλεῖς με; τίνα ζητεῖς;
ΠΩΛΟΣ εἰπέ μοι, ἆρα ἔνδον ἐστιν ὁ τριήραρχος; ἢ οὐχ οὕτως;   25
ΠΑΙΣ   οὕτως γε.
ΠΩΛΟΣ φέρε, ὦ παῖ, διὰ τί ἔτι μένεις καὶ οὐ καλεῖς τὸν δεσπότην;
       ζητῶ γὰρ ἐκεῖνον.
ΠΑΙΣ   ἀλλὰ ἀδύνατον· καθεύδει γὰρ ὁ δεσπότης ἥσυχος.
       (shuts the door)   30
ΠΩΛΟΣ τί φής; ἀδύνατον; βάλλε εἰς κόρακας· μὴ παῖζε πρὸς ἐμέ.
       (he approaches the door)
       διὰ τί οὐ κόπτω ταύτην τὴν θύραν; τριήραρχε, τριήραρχε·
       σὲ γὰρ βοῶ.
ΤΡΙΗΡΑΡΧΟΣ βάλλε εἰς κόρακας. ἀλλὰ τίς κόπτει τὴν θύραν; τί   35
       τοῦτο τὸ πρᾶγμά ἐστι; τίς καλεῖ με; τίς βοᾷ;
ΠΩΛΟΣ Πῶλος καλεῖ σε, ὁ Κυδαθηναιεύς, ἐγώ.
ΤΡΙ.   ἀλλὰ καθεύδω ἥσυχος —
ΠΩΛΟΣ ἀλλὰ μὴ κάθευδε, ὦ τριήραρχε· ἐν κινδύνῳ γὰρ ἡ Σαλαμίς.
       ἐλθὲ καὶ βλέπε ἐκεῖσε. ἆρα οὐχ ὁρᾷς ἐκεῖνα τὰ πυρά;   40

ΤΡΙ.   τί φῄς; ἆρα παίζεις πρὸς ἐμέ;
(ὁρᾷ τὰ πυρὰ τὰ ἐν τῇ νήσῳ)
         οἴμοι. μένε, ὦ Πῶλε. ταχὺ γὰρ ἔρχομαι.

E

*Captain and crew finally embark on their trireme. Ritual prayers accompany
their departure.*

τέλος δὲ ἐμβαίνουσι μὲν εἰς τὰς ναῦς οἱ ναῦται καὶ ὁ κελευστής,
ἐμβαίνει δὲ καὶ ὁ τριήραρχος. καὶ ἐπειδὴ ἐκεῖνος κελεύει, ἡ ναῦς
ἀποπλεῖ.

ΤΡΙ.   κατακέλευε δή, ὦ κελευστά.
ΚΕΛ.   ὠόπ ὄπ ὠόπ ὄπ.
ΤΡΙ.   εὖ γε. νῦν γὰρ σπονδὴν τοῖς θεοῖς σπένδω καὶ τὰς εὐχὰς
         εὔχομαι.
(τὰς εὐχὰς εὔχεται)
         ὦναξ Πόσειδον – σὺ μὲν γὰρ σωτὴρ ἄριστος τῶν ναυτῶν,
         ἡμεῖς δὲ πολλάκις ὑπὲρ τῆς σωτηρίας σοι θυσίας
         θύομεν – σῷζε ἡμᾶς ἐπὶ τὴν πατρίδα πάλιν.
(τὴν σπονδὴν σπένδει)
         νῦν δὲ κατακέλευε αὖθις, ὦ κελευστά.
ΚΕΛ.   ὠόπ ὄπ ὠόπ ὄπ. εὖ γε, ὦνδρες. ἀποπλεῖ γὰρ ἡ ἡμετέρα
         ναῦς.
ΤΡΙ.   ταχέως νῦν, ὦ κελευστά· κατακέλευε δή.
ΚΕΛ.   ὠόπ ὄπ, ὠόπ ὄπ, ὠόπ ὄπ.

τὴν σπονδὴν σπένδει

Ζεύς

PART TWO
Moral decay?

Introduction

The later part of the fifth century was a time when many traditional values were shaken by new ideas. As Dikaiopolis and the rhapsode make their way towards Athens, a city torn by war and plague, they see examples of the breakdown of conventional respect for law and the gods.

The changing attitude to traditional values is explored further through consideration of the influence of Socrates (Σωκράτης) as seen by both the comic poet Aristophanes ('Αριστοφάνης) and the philosopher Plato (Πλάτων) and of the sophists.

Contemporary interest in the comparison of behaviour in different societies is illustrated by a story from the historian Herodotus ('Ηρόδοτος) before we return to Dikaiopolis and the immediate problems of the war.

Sources

Thucydides, *Histories* 2.13–17, 51–3, 66–7; 3.83
Pindar, *Pythian* 8.135
Euripides, *Alkestis* 780ff.
Xenophon, *Hellenika* 2.iii.52ff.
Solon, *Elegies* 4.31–2 (West)

Aristophanes, *Clouds* 1–246, 694–791
Plato, *Apology* 20c–23b
  Euthydemos 275–277c
Herodotus, *Histories* 4.110–16

Time to be taken

Seven weeks

Section Four A–D
Lawlessness in Athenian life

A

Dikaiopolis and the rhapsode walk up towards the city between the Long Walls, through an area crowded with makeshift dwellings, where Dikaiopolis has now made his home. All around are funeral pyres, ready to receive their dead; one belongs to a neighbour of Dikaiopolis.

ΡΑΨ. ὦ Ἡράκλεις. ὅσον⌐ ἀνθρώπων ⌐πλῆθος. πλέα γὰρ φαίνεται
τὰ⌐τείχη. διὰ τί τοσοῦτον⌐πλῆθος ἔχει ἡ⌐πόλις, ὦ
Δικαιόπολι; οἴμοι, τί τοῦτο; πυράς τινας ὁρῶ. εἰπέ μοι,
πρὸς⌐τῶν⌐θεῶν, τίς ἡ αἰτία; ἦ⌐που δῆλον ὅτι δαίμων τις   20
κακὸς κολάζει τὴν⌐πόλιν.

ΔΙΚ. κακοδαίμων νὴ Δία ἡ⌐πόλις ἐστίν, ὦ ῥαψῳδέ, κακόδαιμον
δὲ τὸ⌐πλῆθος, κακοδαίμονες δὲ οἱ γεωργοὶ μάλιστα. αἴτιος
δὲ πρῶτον μὲν ὁ πόλεμος, ἔπειτα δὲ καὶ ὁ⌐Περικλῆς.   25

ΡΑΨ. ἀλλὰ στρατηγὸς ἄριστος ὁ⌐Περικλῆς. ὁ γὰρ ναύτης –

ΔΙΚ. ἀλλὰ δῆλόν ἐστιν ὅτι φιλεῖ τὸν⌐Περικλέα ἐκεῖνος, ναύτης
ὤν. ἐγὼ δὲ ναύτης οὐκ εἰμί, ἀλλὰ γεωργός. καὶ γεωργὸς
ὢν Περικλέα αἴτιον νομίζω. φησὶ γάρ – 'ἡμεῖς μὲν
κρατοῦμεν κατὰ θάλατταν, Λακεδαιμόνιοι δὲ κατὰ γῆν.   30
καταλείπετε οὖν, ὦ γεωργοί, τὰς οἰκίας καὶ τὴν γῆν, καὶ
εἰσκομίζεσθε εἰς τὸ⌐ἄστυ τὰ⌐ὑμέτερα ⌐σκεύη. καὶ μὴ
φροντίζετε. πόλις γὰρ οὐκ οἰκήσεις ἢ γῆ, ἀλλὰ ἄνδρες.'
οὕτω μὲν οὖν πείθει ἡμᾶς ὁ⌐Περικλῆς, ῥήτωρ ὢν
πιθανός. ἡμεῖς δὲ εἰσκομιζόμεθα ἐκ τῶν ἀγρῶν τοὺς παῖδας   35
καὶ τὰς γυναῖκας καὶ τὰ⌐ἄλλα ⌐σκεύη. τὰ δὲ πρόβατα εἰς
τὴν Εὔβοιαν διαπεμπόμεθα.
ἐπειδὴ δὲ ἡμεῖς, πολλοὶ ὄντες, ἀφικνούμεθα εἰς τὸ⌐ἄστυ,
χαλεπὸν γίγνεται τὸ⌐πρᾶγμα. τὰς⌐μὲν γὰρ ⌐οἰκήσεις,
ὀλίγας οὔσας, ἔχουσιν οἱ ἀστοί, ἡμεῖς δὲ πρῶτον μὲν τὰ⌐   40

ὀλοφύρομαι τὸν ἐμὸν υἱόν, οὐκέτ᾽ ὄντα

μακρὰ ⌐τείχη, ἔπειτα δὲ τὰ ἱερὰ οἰκοῦμεν. μετὰ δὲ ταῦτα ἡ
νόσος ἐπιγίγνεται, καὶ δεινὴ οὖσα πολλοὺς ἄνδρας
διαφθείρει καὶ πολλὰς γυναῖκας καὶ πολλὰ παιδία.
διαφθείρει δὲ καὶ τοὺς ἐμοὺς οἰκείους ἡ νόσος. ὀλοφύρομαι   20
γὰρ ἔτι⌐καὶ⌐νῦν τὸν ἐμὸν υἱόν, οὐκέτ᾽ ὄντα, καὶ τὴν ἐμὴν
γυναῖκα, οὐκέτ᾽ οὖσαν. ἔχεις τὸ⌐πρᾶγμα. ἐμὲ οὖν ὁρᾷς, ὦ
ῥαψῳδέ, κακοδαίμονα ὄντα. τὴν⌐δὲ ⌐πόλιν ὁρᾷς
κακοδαίμονα δὴ οὖσαν. τοὺς δ᾽ ἐν τῇ πόλει ὁρᾷς
κακοδαίμονας ὄντας.   25

B

At this moment a young man approaches, followed at a distance by his   30
slave, who is labouring under a heavy weight.

ΝΕΑΝΙΑΣ ἰδού, πυρά. δεῦρ᾽ ἐλθέ, ὦ παῖ, ταχέως.
ΔΟΥΛΟΣ μένε, ὦ δέσποτα, μένε καὶ μὴ σπεῦδε. βαρὺς γάρ ἐστιν
ὁ νεκρὸς οὗτος, βαρὺν δ᾽ ὄντα βραδέως δὴ φέρω ἔγωγε.   35
ΔΙΚ.   (overhearing)
       τί φῄς; νεκρόν⌐τινα φέρεις;
ΝΕΑΝ. (ignoring Dikaiopolis)
       ἄγε νυν, ὦ παῖ, ἐπίβαλλε τὸν νεκρὸν ἐπὶ τὴν πυρὰν ταύτην.
ΔΙΚ.   (shocked, comes forward)
       ἀλλὰ τί ποιεῖτε; μὴ ποιεῖτε τοῦτο, πρὸς⌐θεῶν. παύεσθε.   40

NEAN. (turns angrily on Dikaiopolis and hits him)
       μὴ κώλυε, ὦ 'νθρωπε.
ΔΙΚ.   ὦ μίαρε, τύπτεις ἐμὲ πολίτην ὄντα; ὦ τῆς ὕβρεως. μὴ
       τύπτε.
ΓΕΡΩΝ (comes out of his shack)   5
       τί τὸ πρᾶγμα; τίνες αἱ βοαί; οὗτος, τί ποιεῖς; τύπτεις
       πολίτην; ὦ τῆς ἀνομίας. παῦε. οἴμοι, τί τοῦτο; νεκρὸν
       ἐπιβάλλεις ἐπ' ἐκείνην τὴν πυράν; ὦ τῆς ἀσεβείας. παῦε –
NEAN. (threateningly)
       μὴ κώλυε, ὦ γέρον.   10
ΓΕΡ.   ἀλλὰ θάπτω τήμερον τὸν ἐμὸν υἱόν, καὶ ἐμὴ ἡ πυρά.
NEAN. οὐ φροντίζω ἔγωγε.
ΓΕΡ.   ἆρ' οὐ σέβῃ τοὺς θεούς; ἆρ' οὐ τιμᾷς τοὺς τῶν ἀνθρώπων
       νόμους; ἀλλ' οὐδὲν κωλύει σε, οὔτε θεῶν φόβος οὔτε
       ἀνθρώπων νόμος;   15
NEAN. τί φῄς; νεκροὶ ἐπὶ νεκροῖς πίπτουσιν, ἀποθνήσκουσι δ' οἱ
       ἄνθρωποι ὥσπερ πρόβατα ἐν ταῖς οἰκίαις καὶ ἐν
       τοῖς ἱεροῖς. σὺ δέ μοι θεοὺς λέγεις καὶ νόμους; ὦ μῶρε
       σύ – οἱ γὰρ θεοὶ ἢ οὐκ εἰσὶν ἢ οὐ φροντίζουσιν ἡμῶν,
       ἐπειδὴ ἡ νόσος διαφθείρει τούς τε εὐσεβεῖς ἅμα καὶ   20
       τοὺς ἀσεβεῖς. ποῦ γὰρ ἡ ἐμὴ μήτηρ καὶ ὁ πατήρ,
       εὐσεβοῦντες ἀεί; νῦν δὲ ποῦ ἐστιν ὁ ἀδελφός, εὐσεβέστατος
       ἀνθρώπων ὤν; ἰδού.
       (points to the corpse)
       καὶ μή μοι λέγε περὶ νόμων καὶ ὕβρεως. οὐ γὰρ φοβοῦμαι   25
       τὴν κόλασιν. ἢ οὐκ οἶσθα ὅτι ἐφήμεροι οἱ ἄνθρωποι; τί δ'
       ἐσμέν; τί δ' οὐκ ἐσμέν;
                'σκίας ὄναρ ἄνθρωπος'.
       (sets light to the pyre)
ΓΕΡ.   παῦε, παῦε. ἀτιμάζεις γὰρ τοὺς θεούς, θνητὸς ὤν.   30
NEAN. ἀλλ' οὐκ ἀτιμάζω τοὺς θεοὺς ἔγωγε. τιμῶ γὰρ μάλιστα τὴν
       Ἀφροδίτην. καλὴ γὰρ καὶ εὔφρων ἡ θεός. καλὴ γὰρ καὶ
       εὔφρων οὖσα ἡ θεός, εὐδαίμονα ποιεῖ τὸν βίον. ἐγὼ οὖν
       πρὸς Ἀφροδίτην τρέπομαι καὶ τὴν ἡδονήν, καλὰς οὔσας.
       He goes off, helped by the slave. The old man looks on.   35
ΔΙΚ.   ἆρα θαυμάζεις, ὦ ῥαψῳδέ, ὅτι τὸ ἄστυ μισῶ, γεωργὸς ὤν,
       καὶ τὸν ἐμὸν δῆμον ποθῶ; ἐν γὰρ τῇ πόλει οὐδὲν ἄλλο ἢ
       ἀνομία καὶ ἀσέβεια καὶ νόσος καὶ πολὺ τῶν νεκρῶν
       πλῆθος.

τὸ ἱερόν

C

Δικαιόπολις καὶ ὁ ῥαψῳδὸς πορεύονται εἰς τὸ ἄστυ. ἐξαίφνης δ᾽
ἀνήρ τις τρέχει πρὸς αὐτούς.

ΔΙΚ.   εἰπέ μοι, ὦ ῥαψῳδέ, τίς ὁ θόρυβος; τίνες αἱ βοαί; τί
       γίγνεται;
ΡΑΨ.   ἰδού, ὦ Δικαιόπολι, ἄνθρωπός τις δεῦρο τρέχει. ἆρ᾽ ὁρᾷς
       τὸν ἄνδρα; ἢ λανθάνει σε ὁ ἀνὴρ δεῦρο τρέχων;
ΔΙΚ.   οὐ μὰ Δία. ὁρῶ γὰρ αὐτὸν προστρέχοντα. ἀλλ᾽ ἄτοπον τὸ
       πρᾶγμα. τίς πότ᾽ ἐστιν;
ΡΑΨ.   ἴσως δοῦλός τίς ἐστι καὶ ἀποφεύγων τυγχάνει.

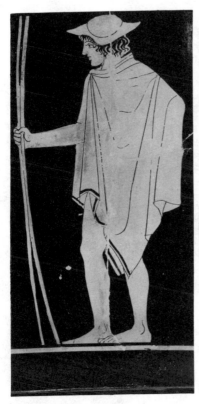 

χλαμύδα ἔχει   καθίζεται ἐπὶ τοῦ βωμοῦ ὁ ξένος,
                               ἱκέτης ὤν

ΔΙΚ.   ἀλλὰ δοῦλος μὲν οὐκ ἔστιν, ὁδοιπόρος δὲ ὢν φαίνεται. ἢ
       λανθάνει σε ὁ ἀνὴρ χλαμύδα ἔχων;

ΡΑΨ.   ὀρθῶς λέγεις, ὦ Δικαιόπολι. ἀλλ᾽ ἴσως ξένος ἐστίν.   30

ΔΙΚ.   ἰδού. τρέχει γὰρ ὁ ἀνὴρ εἰς τὸ Ἡράκλειον ἱερόν. ἀλλὰ τί
       πάσχει, φεύγων εἰς τὸ ἱερόν;

ΡΑΨ.   δῆλον ὅτι ἐφ᾽ ἱκετείαν τρέπεται. καὶ μὴν προσέρχονται
       ἄνδρες τινές. καὶ δῆλοί εἰσι διώκοντες τὸν ἄνδρα.

ΔΙΚ.   ἀλλὰ τί τοῦτο τὸ πρᾶγμα; προσέρχεται γὰρ κῆρυξ   35
       καὶ – οἱ ἕνδεκα καὶ οἱ ὑπηρέται. ἀλλὰ ὁ ἀνὴρ φθάνει
       τοὺς ἕνδεκα εἰς τὸ ἱερὸν τρέχων.

The leader of the Eleven, Satyros, approaches.

ΣΑΤΥΡΟΣ ποῖ φεύγει ὁ Λακεδαιμόνιος; ποῦ ἐστιν;

       (turns to the rhapsode)   40

οὗτος, ἆρ' οἶσθα ποῦ ἐστιν ὁ‿φεύγων; ἢ λανθάνει σε ὁ ἀνὴρ
φεύγων;

ΡΑΨ.   οὐ λανθάνει ἐμέ. ἀλλ' ἐν ἐκείνῳ‿τῷ‿ἱερῷ ἐστιν, ἱκέτης ὤν.

ΣΑΤ.   δεῦρ' ἔλθετε, ὦ ὑπηρέται, εἰς ἐκεῖνο τὸ ἱερόν. ἀπάγετε
        ταχέως τὸν ξένον, Λακεδαιμόνιον ὄντα.   5

ΔΙΚ.   μὴ ἄπαγε τὸν‿φεύγοντα, ὦ κῆρυξ, καίπερ Λακεδαιμόνιον
        ὄντα. ἱκέτης γὰρ τυγχάνει ὢν ὁ ξένος, καὶ φθάνει ὑμᾶς εἰς
        τὸ ἱερὸν τρέχων. ἱκέτης δ' ὤν, ὅσιός ἐστιν.

ΡΑΨ.   ῾πρὸς⌐ γὰρ ⌐Διός εἰσιν ἅπαντες
        ξεῖνοι᾽   10

The herald intervenes.

ΚΗΡΥΞ   μὴ φροντίζετε, ὦ ὑπηρέται, ἀλλ' ἀπάγετε τὸν ἄνδρα.

ΔΙΚ.   ὦ‿τῆς‿ἀνομίας. δυστυχὴς δὴ φαίνεται ὢν ὁ ξένος.

                                                                          15
D

        (looks inside the sanctuary)

ΔΙΚ.   ἰδού, ὦ ῥαψῳδέ, ἆρ' ὁρᾷς; ὦ‿τῆς‿ἀσεβείας. καθίζεται γὰρ
        ἐπὶ‿τοῦ‿βωμοῦ ὁ δυστυχὴς ξένος, ἱκέτης ὤν, ἀλλ'   20
        ἀφέλκουσι μὲν αὐτὸν οἱ ὑπηρέται, λαμβάνεται δὲ
        τοῦ‿βωμοῦ ὁ ξένος καὶ ἐπικαλεῖται τοὺς θεούς. ὦ πόλις,
        πόλις.

        (watches what happens inside)

ΣΑΤ.   ἀφέλκετε τὸν ἄνδρα τοῦτον, Λακεδαιμόνιον ὄντα, ἀπὸ   25
        τοῦ‿βωμοῦ.

ΞΕΝΟΣ   ἐπικαλοῦμαι τοὺς θεούς —

ΥΠΗΡΕΤΗΣ ΤΙΣ   ἀλλὰ λαμβάνεται ὁ ξένος τοῦ‿βωμοῦ, ὦ Σάτυρε.

ΣΑΤ.   ἀπόκοπτε τὰς χεῖρας.

ΞΕΝΟΣ   *(sees Dikaiopolis and the rhapsode)*
        ἐπικαλοῦμαι ὑμᾶς, ὦνδρες.   30

ΔΙΚ.   ἐπικαλεῖται ἡμᾶς ὁ ξένος, ὦ ῥαψῳδέ, καὶ οὐ παύεται
        ἐπικαλούμενος.

ΡΑΨ.   *(ἡσυχάζει ὁ ῥαψῳδός. τέλος δὲ λέγει)*
        ἀλλ' ὅμως ἡσύχαζε καὶ σύ, ὦ Δικαιόπολι, καὶ παῦε   35
        ὀλοφυρόμενος, καὶ μὴ ποίει μηδέν. ἆρ' οὐχ ὁρᾷς ἐκείνους
        τοὺς ὑπηρέτας, τοὺς⌐ τὰ ἐγχειρίδια ⌐ἔχοντας;

ΞΕΝΟΣ   *(οὐ παύεται ἐπικαλούμενος τοὺς θεούς)*
        ὦ θεοί, καθορᾶτε τί πάσχω. καθορᾶτε τοὺς⌐ περὶ Δία
        ἱκέσιον καὶ ξένιον ⌐ἀσεβοῦντας.   40

(ἀφέλκουσιν ἀπὸ τοῦ βωμοῦ οἱ ὑπηρέται τὸν⌐ τοὺς θεοὺς ⌐ἐπικαλούμενον)

ΣΑΤ. παῦε, ὦ 'νθρωπε, τοὺς θεοὺς ἐπικαλούμενος. ὑμεῖς δέ, ὦ
ὑπηρέται, ἀπάγετε τὸν ἄνθρωπον πρὸς τοὺς ἄλλους
Λακεδαιμονίους.

ΞΕΝΟΣ ἆρ' ὑμεῖς, ὦ Ἀθηναῖοι, ἀφέλκετε τοὺς⌐ εἰς τὰ ἱερὰ   5
⌐φεύγοντας; ἆρ' ἀποκτείνετε τοὺς⌐ ἐφ' ἱκετείαν
⌐τρεπομένους; ἀλλά, ναὶ τὼ σιώ, δῆλοί ἐστε περὶ
ἀνθρώπους ἄδικοι ὄντες καὶ περὶ θεοὺς ἀσεβεῖς.

ΔΙΚ. ἀλλὰ τίς ἐστιν ὁ ξένος ἐκεῖνος;

ΣΑΤ. πρεσβευτής τις ὢν τυγχάνει –   10

ΔΙΚ. τί φής; πρεσβευτής; ὢ τῆς ἀνομίας. ἆρ' ἀποκτείνεις τοὺς
πρέσβεις;

ΣΑΤ. πρεσβευτής τις καὶ πορευόμενος τυγχάνει πρὸς
βασιλέα τὸν μέγαν. σὺ δὲ δῆλος εἶ φιλῶν τοὺς
Λακεδαιμονίους. σιώπα οὖν καὶ παῦε ὀλοφυρόμενος τὸν   15
Λακεδαιμόνιον.

*(οἱ μὲν ὑπηρέται ἀπάγουσι τὸν Λακεδαιμόνιον πρὸς τὴν ἀγοράν. ὁ δὲ ξένος οὐ
παύεται βοῶν καὶ δηλῶν τί πάσχει ὑπὸ τῶν Ἀθηναίων.)*

ΔΙΚ. δῆλόν ἐστιν ὅτι μισοῦσι τὸν ἄνδρα οἱ θεοί. ἀποκτείνουσι
γὰρ αὐτόν, καίπερ πρεσβευτὴν καὶ ἱκέτην ὄντα. ἦ που   20
νέμεσις μεγάλη ἐκ θεῶν λαμβάνει αὐτὸν διὰ τοὺς προγόνους
καὶ τὴν τῶν προγόνων ὕβριν.

ἀλλὰ τί πάσχει ἡ πόλις ἡ ἡμετέρα; τί γίγνεται; βίαιος
διδάσκαλος φαίνεται ὢν ὁ πόλεμος, ὦ ῥαψῳδέ. ἐν γὰρ
εἰρήνη οὐ γίγνεται ταῦτα. ἐν μὲν γὰρ εἰρήνη εὐνομία καὶ   25
εὐπορία ἐν τῇ πόλει. ἐν δὲ τῷ πολέμῳ ἀνομία καὶ ἀπορία.

ΡΑΨ.   'ὡς κακὰ πλεῖστα πόλει Δυσνομίη παρέχει,
Εὐνομίη δ' εὔκοσμα καὶ ἄρτια πάντ' ἀποφαίνει.'

Section Five A–H
'Socrates corrupts the young'

Introduction

The questioning of traditional morality, which could be seen either as a new humanism or as moral degeneracy, was popularly associated with the influence of people like Socrates and the sophists. Socrates had a profound influence on Greek thought of his time, and the philosopher Plato, from whose writings we derive much of our idea of Socrates, was one of his most ardent disciples. Others, however, regarded him as a pernicious influence on Athenian society, and the claims that he 'corrupted the young' and 'believed in strange gods' led to his trial and execution in 399.

The comic poet Aristophanes exploits all the humorous possibilities of popular prejudice against 'intellectuals' with their 'new-fangled' ideas and their arguments which are 'too clever by half' in his portayal of Socrates in his comedy *Clouds*.

Note

The Greek you have been reading so far has been adapted very heavily from original sources. The ideas and original vocabulary have been kept, but the sentence construction has been noticeably different.

From now on, you will, for the most part, be reading continuous extracts from single works (rather than collations of sources), and the Greek of the text will approximate more and more closely to the original. For example, Strepsiades' first ten words in this extract are the actual opening of the *Clouds*.

A

Strepsiades, an old man, is deep in debt because of his son's expensive tastes and cannot sleep because of his worries.

ὁ Στρεψιάδης ὀλοφυρόμενος τυγχάνει διότι πολλὰ χρήματα ὀφείλει.
ὁ γὰρ υἱός, ἱππομανὴς ὤν, πολλὰ χρήματα ἀεὶ λαμβάνει. νῦν δὲ
τυγχάνει βαθέως καθεύδων ὁ υἱός, ὕπνος δ' οὐκ ἔχει τὸν πατέρα.

ΣΤΡΕΨΙΑΔΗΣ *(yawning and groaning)*   10
    ἰοὺ ἰού. ὦ Ζεῦ βασιλεῦ. τὸ χρῆμα τῶν νυκτῶν, ὅσον ἐστί·
    καὶ οὐδέπω ἡμέρα γίγνεται.
    (turns round as he hears some loud snores)
    ἰδού, βαθέως καθεύδει ὁ υἱὸς καὶ οὐ παύεται καθεύδων.
    (lies down again to try to sleep)   15
    οἴμοι τάλας. ἀλλ' ὕπνος βαθὺς οὐδέπω μ' ἔχει. ἄγρυπνος δ'
    εἰμὶ ὁ δυστυχής. ἄγρυπνον δ' ὄντα με δάκνει τὰ χρέα
    βαρέα ὄντα. χρήματα γὰρ πολλὰ ὀφείλω διὰ τὸν υἱὸν
    τουτονί, ὀφείλοντα δέ με διώκουσιν οἱ χρῆσται καὶ
    δίκην λαμβάνουσιν ἀεί.   20
    (again tries to sleep)
    ἀλλ' ἔτι ἄγρυπνός εἰμι, καὶ ἀπορῶ. καὶ χθὲς ἄγρυπνος ἦ
    ἐγώ, σχεδὸν ὅλην τὴν νύκτα. ὀλίγον γάρ τινα χρόνον
    ἐκάθευδον ἐγώ. ἀλλ' ὅτε ἐκάθευδον, τότε ἐν τοῖς ὀνείροις
    ἐδίωκόν με οἱ χρῆσται καὶ δίκην ἐλάμβανον διὰ τὸν ἐμὸν   25

τὰ χρήματα

υἱόν. καὶ ἐν ἀπορίᾳ μ᾽ ὄντα οὐδεὶς ἔσῳζεν, ἀλλ᾽ ἐγὼ μὲν
ὅλην τὴν νύκτα τὰς δίκας ταύτας ἀεὶ ἔφευγον, ὁ δ᾽ υἱὸς
οὑτοσὶ χρήματα πολλὰ ἀεὶ ἐλάμβανεν, ἱππομανὴς ὤν.
καὶ δὴ καὶ καθεύδων ὀνειροπολεῖ ὁ νεανίας ἵππους.
καὶ γὰρ ἔτι παῖς ὢν ὠνειροπόλει τοὺς ἵππους. οἴμοι. τίς   5
αἴτιος ἦν; αἰτία ἡ γυνή, εὖ οἶδ᾽ ὅτι. ἐκείνη γὰρ ἀεὶ τὸν υἱὸν
ἐλάμβανε καὶ δι-ελέγετο περὶ τῶν ἵππων. ὁ οὖν υἱὸς ἀεὶ
περὶ ἵππων ἤκουε καὶ ἐμάνθανεν.
(a loud snore is heard from his son)
σὺ δέ, ὥσπερ ἔχεις, βαθέως κάθευδε· τὰ γὰρ χρέα, εὖ οἶσθ᾽   10
ὅτι, εἰς τὴν κεφαλὴν τὴν ἐμὴν τρέπεται. οἴμοι. οὐ γὰρ
ἐπαυόμεθα οὐδέποτ᾽ ἐγώ τε καὶ ἡ γυνὴ περὶ τοῦ παιδὸς
λοιδορούμενοι· ἀεὶ γὰρ ἐλοιδορούμεθα. ἀλλ᾽ ὦ Ζεῦ βασιλεῦ,

ἵππος τις

ὁ λυχνός

διὰ τί τοὺς γάμους οὕτω πικροὺς ποιεῖς; ἀεὶ γὰρ πικρὸν   15
ποιεῖ τὸν ἐμὸν βίον ἡ γυνή. ἀλλ' ὡς ἡδὺς ἦν ὁ ἄγροικος
βίος. ὁ δὲ γάμος ὡς πικρός. ἡ γὰρ γυνὴ ἡ ἐμὴ ἐξ ἄστεως
οὖσα τυγχάνει καί, ἀστικὴ οὖσα, πολλὴν τὴν δαπάνην
εἰσ-έφερεν. αὕτη δ' ἡ δαπάνη τότ' ἤδη με δι-έφθειρεν. καὶ
ἔτι καὶ νῦν διαφθείρει.   20

B

ΣΤΡΕΨ. *(suddenly decides to check on his debts)*   25
   ἀλλὰ τί ὀφείλω; παῖ, δεῦρ' ἐλθέ· ἅπτε λυχνόν. νῦν γὰρ οὐχ
   ὁρῶ οὐδέν· νὺξ γάρ ἐστι βαθεῖα.
ΘΕΡΑΠΩΝ πῶς οὖν λυχνὸν ἅπτω, ὦ δέσποτα; ἰδού· ἔλαιον οὐκ
   ἔνεστι ἐν τῷ λυχνῷ.
ΣΤΡΕΨ. τί φής; ἔλαιον οὐκ ἔχει ὁ λυχνός; οἴμοι τάλας. δεῦρ' ἐλθὲ   30
   καὶ κλαῖε.
   (lifts his hand to strike, but checks himself)
   ὡς κακός ἐσθ' ὁ πόλεμος. τοὺς γὰρ οἰκέτας οὐ κολάζω
   οὐκέτι, καίπερ ἀργοὺς ὄντας. ὁ γὰρ πόλεμος κωλύει.
   οἴμοι τῶν κακῶν. νῦν γὰρ ἡμεῖς μὲν κελεύομεν, ἐκεῖνοι δ'   35
   οὐ πείθονται. ἀλλ' ὅτε νέοι ἦμεν ἡμεῖς, τότε οἱ γέροντες ἀεὶ
   ἐκόλαζον τοὺς οἰκέτας. ἀργοὶ οὖν οὐκ ἦσαν ἐκεῖνοι, οὐδὲ
   τοὺς δεσπότας κακὰ ἐποίουν, ἦσαν δὲ χρηστοὶ καὶ ἀεὶ
   ἐπείθοντο. ἐφοβοῦντο γὰρ τὴν κόλασιν.
   (with determination)   40

ἀλλὰ διὰ τί οὐ σῴζω ἐμαυτὸν καὶ τὸν υἱὸν ἐκ τῶν χρεῶν;
διὰ τί οὐ ζητῶ γνώμην τινά, καὶ παύω τὰ χρέα ταῦτα;
(thinks furiously)
νῦν οὖν, ὦ Στρεψιάδη, σῷζε σεαυτόν.
(in triumph)   5
ἰοὺ ἰού. γνώμην τινὰ ἔχω. νῦν δὲ διὰ τί οὐ παύω
καθεύδοντα τοῦτον τὸν νεανίαν;

C   10

*Strepsiades' plan involves his son, Pheidippides, taking a course of higher
education, but this is a subject which must be broached gently to the horse-mad
youth.*

                15

ΣΤΡΕΨ. Φειδιππίδη, Φειδιππίδιον.
ΦΕΙΔΙΠΠΙΔΗΣ τί, ὦ πάτερ;
ΣΤΡΕΨ. εἰπέ μοι, ὦ υἱέ, ἆρα φιλεῖς με;
ΦΕΙΔ. ἔγωγε, καὶ οὐ παύομαι οὐδέποτε.
ΣΤΡΕΨ. ἆρ' αὔριον φιλήσεις με;   20
ΦΕΙΔ. νὴ τὸν Ποσειδῶ τουτονὶ τὸν ἵππιον, αὔριόν σε φιλήσω, καὶ
    οὐ παύσομαι οὐδέποτε.
ΣΤΡΕΨ. μὴ λέγε μηδαμῶς τοῦτον τὸν ἵππιον, ὦ παῖ – τῶν γὰρ
    κακῶν τῶν ἐμῶν ἐκεῖνος τὴν αἰτίαν ἔχει – ἀλλ' ἄκουε, καὶ
    πείθου.   25
ΦΕΙΔ. ἰδού, ἀκούω, καὶ πείθομαι καὶ πείσομαι ἀεί. σὺ δὲ λέγε δή.
    τί κελεύεις;
ΣΤΡΕΨ. σμικρόν τι κελεύσω, ὦ παῖ, πάνυ σμικρόν τι. ἔχω γὰρ
    διάνοιάν τινα, καὶ διανοοῦμαί τι· ἀλλὰ πείσῃ;
ΦΕΙΔ. πείσομαι, νὴ τὸν Διόνυσον· μὴ φρόντιζε, πάτερ.   30
    (immediately falls asleep)
ΣΤΡΕΨ. ἆρ' ἤκουες; ἢ οὐκ ἤκουες; ἢ μάτην λέγω; παύσω σε
    καθεύδοντα.
ΦΕΙΔ. (wakes up again)
    ναί. ἤκουον ἐγὼ καὶ ἀκούω ἐγὼ νυνὶ καὶ ἀκούσομαι. ἀλλὰ   35
    τί μοι ἔλεγες;
ΣΤΡΕΨ. ἔλεγόν σοι ὅτι διάνοιάν τινα ἔχω.
ΦΕΙΔ. ἀλλὰ τίς ἡ διάνοια; τί ἐν νῷ ἔχεις, καὶ τί διανοῇ; ἆρ'
    ἔλεγες;
ΣΤΡΕΨ. οὐχί, ἀλλά σοι λέξω. ἴσως γὰρ αὕτη ἡ διάνοια ἡμᾶς παύσει   40

δύο πνιγεῖς

πως ἐκ τῶν χρεῶν. μέγα γάρ τι διανοοῦμαι.   15
ΦΕΙΔ.   εἰπὲ δή. τίς ἡ σὴ διάνοια, ὦ πάτερ; τί κελεύσεις; πῶς ἡ
        διάνοια σώσει ἡμᾶς; πῶς παυσόμεθα ἐκ τῶν χρεῶν;
ΣΤΡΕΨ. σὺ δὲ ποιήσεις;
ΦΕΙΔ.   ποιήσω νὴ τὸν Διόνυσον.

                                                              20

D

ΣΤΡΕΨ. *(takes him outside and points to a building across the road)*   25
        δεῦρό νυν ἀπόβλεπε. ὁρᾷς τὸ θύριον τοῦτο καὶ τὸ οἰκίδιον;
ΦΕΙΔ.   ὁρῶ. τί οὖν τοῦτό ἐστιν, ὦ πάτερ;
ΣΤΡΕΨ. ψυχῶν σοφῶν τοῦτό ἐστι φροντιστήριον. ἔνδον ἐνοικοῦσιν
        ἄνδρες σοφοί, λέγοντες δὲ πείθουσι τοὺς μαθητὰς ὡς ὁ
        οὐρανός ἐστι πνιγεὺς καὶ ἔστιν ὁ πνιγεὺς οὗτος περὶ ἡμᾶς,   30
        ἡμεῖς δ᾽ οἱ ἄνθρακές ἐσμεν. πείθουσι τοὺς μαθητὰς οἱ
        ἄνδρες οὗτοι, διδάσκοντες ἀεὶ καὶ χρήματα πολλὰ
        δεχόμενοι. καὶ νὴ Δία οὐ παύσεται οὐδεὶς αὐτῶν χρήματα
        πολλὰ δεχόμενος παρὰ τῶν μαθητῶν.
ΦΕΙΔ.   ἀλλὰ τί διδάσκουσιν οἱ ἄνδρες; τί μαθήσονται οἱ νεανίαι,   35
        μαθηταὶ ὄντες;
ΣΤΡΕΨ. λόγους μαθήσονται οἱ μαθηταί.
ΦΕΙΔ.   τίνας λόγους λέγεις, ὦ πάτερ;
ΣΤΡΕΨ. τίνας; τὸν δίκαιον καὶ τὸν ἄδικον λόγον λέγω.
ΦΕΙΔ.   τούτους οὖν τοὺς λόγους μαθήσονται οἱ μαθηταί;   40

ΣΤΡΕΨ. νὴ τὸν Δία. καὶ δὴ καὶ ἐν ταῖς δίκαις τοὺς ἀντιδίκους
νικήσουσιν ἀεί.

ΦΕΙΔ. εἰσὶν δέ τίνες οἱ ἄνδρες οὗτοι; τί τὸ ὄνομα τῶν ἀνδρῶν;

ΣΤΡΕΨ. οὐκ οἶδα τὸ ὄνομα. σοφισταὶ δέ εἰσι καλοί τε κἀγαθοί.

ΦΕΙΔ. (in disgust)   5
αἰβοῖ. πονηροί γ', οἶδα. τούς τε ὠχροὺς καὶ ἀνυποδήτους
λέγεις, τὸν κακοδαίμονα Ἱωκράτη καὶ Χαιρεφῶντα.

ΣΤΡΕΨ. (desperately silencing him)
ἦ ἦ σιώπα. ἀλλ' οὐκ ἀκούσῃ;

ΦΕΙΔ. ἀκούσομαι. ἀλλὰ τί μοι λέξεις;   10

ΣΤΡΕΨ. ἀλλ' ὥσπερ ἔλεγον, δύο ἔχουσι τοὺς λόγους οἱ ἔνδον, τὸν
δίκαιον καὶ τὸν ἄδικον. σὺ δὲ διὰ τί οὐκ εἰσέρχῃ μαθητής;
οὕτω γὰρ παυσόμεθα ἐκ τῶν χρεῶν.

ΦΕΙΔ. ἀλλὰ τί μαθήσομαι;

ΣΤΡΕΨ. τὸν ἄδικον λόγον. ὁ μὲν γὰρ ἄδικος λόγος διαφθερεῖ τὰ   15
χρέα, ὁ δὲ δίκαιος οὐχί. σὺ δὲ μάνθανε· οὕτως οὖν οἱ
χρῆσται οὐ λήψονται οὐδὲν τούτων τῶν χρεῶν. διὰ τί οὐκ
εἰσέρχῃ σὺ εἰς τὸ φροντιστήριον, ὦ ἄριστε ἀνθρώπων;

ΦΕΙΔ. τί φῄς; ἐγὼ εἰς τὸ φροντιστήριον; μὰ τὸν Ποσειδῶ τὸν
ἵππιον οὐ ποιήσω τοῦτό γε. οὔτε τήμερον εἰσέρχομαι οὔτε   20
αὔριον εἴσειμι οὔτε ποιήσω τοῦτο οὐδαμῶς. τοὺς μὲν γὰρ
ἵππους φιλῶ ἐγώ, τοὺς δέ σοφιστὰς οὔ.

ΣΤΡΕΨ. οὔκουν πείσῃ, οὐδὲ ποιήσεις;

ΦΕΙΔ. οὐ πείσομαι ἔγωγε, οὐδὲ ποιήσω. ὠχρὸς γὰρ γενήσομαι,
μαθητὴς ὤν.   25

ΣΤΡΕΨ. ἀλλ' εἰ σὺ μὴ εἴσει, τίς εἴσεισι;
(makes one last effort to engage Pheidippides)
ἆρ' εἴσιμεν ἅμα σύ τε κἀγώ; ·

ΦΕΙΔ. οὐκ ἔγωγε.

ΣΤΡΕΨ. (in a rage)   30
ἀλλὰ διώξω σε ἐκ τῆς οἰκίας καὶ ἐκβαλῶ εἰς κόρακας.

ΦΕΙΔ. κἀγὼ δὴ φεύξομαι.
(turns to leave)
ἀλλ' εἴσειμι εἰς τὴν οἰκίαν, ἀλλ' οὐκ εἰς τὸ τῶν σοφιστῶν
φροντιστήριον.   35

ΣΤΡΕΨ. τί δῆτα ποιήσω;
(with determination)
οὐ γὰρ νικήσει Φειδιππίδης, ἀλλ' ἐγὼ νικηφόρος
γενήσομαι.
(has a sudden idea)   40

ἀλλ' οἶδ' ἔγωγε. ἐγὼ γὰρ αὐτὸς εἴσειμι εἰς τὸ
φροντιστήριον, μαθητὴς δὲ τῶν σοφιστῶν γενήσομαι καὶ
γνώσομαι τὸν ἄδικον λόγον. οὕτως οὖν τοὺς χρήστας
ἐκείνους παύσω ἔγωγε λαμβάνοντας τὰ χρήματα.

(a wave of despair hits him)   5

πῶς οὖν γέρων ὢν καὶ βραδὺς περὶ τοὺς λόγους τοὺς
ἀκριβεῖς τὴν φιλοσοφίαν μαθήσομαι; ὅμως εἴσειμι. ἀλλὰ
διὰ τί οὐ κόπτω τὴν θύραν ταύτην καὶ βοῶ;

(with a deep breath)

ἀλλὰ ποιήσω τοῦτο καὶ κόψω τὴν θύραν καὶ βοήσομαι.   10

E

(Στρεψιάδης κόπτει τὴν θύραν καὶ βοᾷ)   15
ΣΤΡΕΨ. παῖ, παιδίον.
ΜΑΘΗΤΗΣ *(comes out of the* phrontisterion*)*
      βάλλ' εἰς κόρακας. τίς ἔκοψε τὴν θύραν; τίς ἐβόησεν;
ΣΤΡΕΨ. ἔγωγε ἔκοψα τὴν θύραν καὶ ἐβόησα.
ΜΑΘ.   τίς ὢν σὺ τοῦτο ἐποίησας; ἀμαθής τις, εὖ οἶδα.   20
ΣΤΡΕΨ. Στρεψιάδης Κικυννόθεν.
ΜΑΘ.   εἰς κόρακας αὖθις.
      (goes back into the phrontisterion*)*
ΣΤΡΕΨ. οἴμοι, τί ποιήσω; ἀλλ' αὖθις κόψω.
(αὖθις κόπτει τὴν θύραν)   25
ΜΑΘ.   τίς ὁ κόπτων; διὰ τί οὗτος οὐκ ἐπαύσατο κόπτων ὁ
      ἄνθρωπος, ἐπεὶ ἐκέλευσα ἐγώ;
      (re-appears, annoyed)
      διὰ τί σὺ πάλιν κόπτεις; τί ἐν νῷ ἔχεις; τὴν γὰρ ἐμὴν
      φροντίδα ἀπ-έκοψας, ποιῶν τοῦτο.   30
ΣΤΡΕΨ. ἀλλ' ἄρτι ἐπαυσάμην, ὦ 'γαθέ. ἐκέλευσας γὰρ σύ. μὴ οὖν
      ἔκβαλλέ με, καίπερ ἄγροικον ὄντα καὶ ἀμαθῆ. ἀλλὰ τίς ἡ
      φροντίς, εἰπὲ δή.
ΜΑΘ.   ἀλλ' οὐ θέμις. μόνοι γὰρ μανθάνουσι τὰς τῶν σοφιστῶν
      φροντίδας ταύτας οἱ μαθηταί.   35
ΣΤΡΕΨ. εἰπέ μοι οὖν. ἥκω γὰρ ἐγὼ μαθητὴς τῶν σοφιστῶν εἰς τὸ
      φροντιστήριον.
ΜΑΘ.   λέξω σοι· ψύλλα γάρ τις δάκνει τὴν Χαιρεφῶντος ὀφρῦν.
      ὅτε δὲ πηδᾷ ἐπὶ τὴν κεφαλὴν τὴν Σωκράτους, οὕτω
      διαλέγονται οἱ ἄνδρες.   40

ἐμβάδες

ΣΩΚΡΑΤΗΣ ὅρα, ὦ Χαιρέφων. οὐ γὰρ λανθάνει με ἡ ψύλλα
    ἀξία οὖσα τοῦ Ὀλυμπίκου στεφάνου. ἀλλὰ λέγε,   15
    ὁπόσους τοὺς ἑαυτῆς πόδας ἐπήδησεν ἡ ψύλλα.
ΧΑΙΡΕΦΩΝ οὐκ οἶδα, ὦ Σώκρατες. ἀλλὰ διὰ τί οὐ
    μετροῦμεν τὸ χωρίον;
ΣΩΚ.   ἀλλὰ πῶς μετρήσομεν, ὦ Χαιρέφων;
ΧΑΙ.   ἰδού. πρῶτον μὲν γὰρ κηρὸν λαμβάνω, εἶτα τὸν   20
    κηρὸν θερμὸν ποιῶ. τέλος δὲ τοὺς τῆς ψύλλης
    πόδας εἰς τὸν κηρὸν τίθημι.
ΣΩΚ.   τί δέ;
ΧΑΙ.   νῦν ὁ κηρὸς ψυχρὸς γίγνεται. ἰδού, ὦ Σώκρατες. ἡ
    γὰρ ψύλλα ἐμβάδας ἔχει.   25
ΣΩΚ.   ἀλλὰ τί νῦν ποιεῖς;
ΧΑΙ.   νῦν δὲ τὰς ἐμβάδας λύω. ἰδού.
ΣΤΡΕΨ. ὦ Ζεῦ βασιλεῦ. ὦ τῆς σοφίας τῶν ἀνδρῶν.
    (admiration fades into bewilderment)
    ἀλλ' εἰπέ μοι, τί ποτ' ἐποίησαν οἱ ἄνδρες, ὦ μαθητά;   30
ΜΑΘ.   οὐ λανθάνεις με ἄγροικος ὤν, ὦ Στρεψιάδη, οὐ μανθάνων
    οὐδέν. ἀλλ' ὡς ἔλεγον, πρῶτον μὲν θερμὸν ἐποίησαν τὸν
    κηρόν. ἔπειτα τοὺς τῆς ψύλλης πόδας ἔθεσαν εἰς τὸν κηρόν.
    τέλος δὲ τὰς ἐμβάδας ἔλυσαν καὶ ἐμέτρησαν – πῶς γὰρ
    οὔ; – τὸ χωρίον.   35
ΣΤΡΕΨ. ὦ Ζεῦ βασιλεῦ· σοφοὶ δὴ φαίνονται ὄντες οἱ ἄνδρες.
    τί δῆτ' ἐκεῖνον τὸν Θαλῆν θαυμάζομεν; ἢ ῥᾳδίως φεύξομαι
    τὴν δίκην. γνώσομαι γὰρ τὸ ψύλλης πήδημα.
    (shouts)
    ἀλλ' ἄνοιγε, ἄνοιγε τὴν θύραν.   40

F

The door opens and Strepsiades starts back in horror.

ΣΤΡΕΨ. ὦ ῾Ηράκλεις, τίνα ταῦτα τὰ θηρία;

ΜΑΘ.   οὗτος, διὰ τί ἐθαύμασας; διὰ τί αὖθις ἐβόησας; ἆρα τοὺς   5
         μαθητὰς τούτους θαυμάζεις;

ΣΤΡΕΨ. ναὶ μὰ Δία θαυμάζω. ἀλλὰ τί ποιοῦσιν οὗτοι οἱ εἰς τὴν γῆν
         βλέποντες;

ΜΑΘ.   ζητοῦσιν οὗτοι τὰ κατὰ γῆς.

ΣΤΡΕΨ. βολβοὺς ἄρα ζητοῦσι. μὴ νῦν τοῦτό γ᾽ ἔτι φροντίζετε, ὦ   10
         θηρία· ἐγὼ γὰρ οἶδα ὅπου εἰσὶ μεγάλοι καὶ καλοί. ἀλλὰ τίς
         οὑτοσί; διὰ τί ὁ πρωκτὸς εἰς τὸν οὐρανὸν βλέπει;

ΜΑΘ.   διότι ἀστρονομεῖ ὁ πρωκτός.

ΣΤΡΕΨ. *(points to one of the strange devices cluttering up the* phrontisterion*)*
         ἰδού· τί δ᾽ ἐστὶ τοῦτο; δίδασκέ με.   15

ΜΑΘ.   ἀστρονομία μὲν αὕτη.

ΣΤΡΕΨ. *(points to another device)*
         τοῦτο δὲ τί;

ΜΑΘ.   γεωμετρία.

ΣΤΡΕΨ. καὶ εἰς τί χρήσιμον αὕτη; δίδασκε.   20

ΜΑΘ.   ταύτῃ τὴν γῆν ἀναμετροῦμεν.
         (picks up a map)
         αὕτη δ᾽ ἐστὶ γῆς περίοδος.
         (points at the map)
         ὁρᾷς; αὗται μὲν ᾽Αθῆναι.   25

ΣΤΡΕΨ. *(in disbelief)*
         τί σὺ λέγεις; οὐ πείθομαι, ἐπεὶ τῶν δικαστῶν οὐχ ὁρῶ οὐδὲ
         ἕνα καθιζόμενον. ποῦ δ᾽ ἔσθ᾽ ὁ ἐμὸς δῆμος;

ΜΑΘ.   *(points at the map)*
         ἐνταῦθα ἔνεστιν. τὴν δ᾽ Εὔβοιαν ὁρᾷς;   30

ΣΤΡΕΨ. ὁρῶ. ἀλλ᾽ ἡ Λακεδαίμων ποῦ τυγχάνει οὖσα;

ΜΑΘ.   ὅπου; αὕτη.

ΣΤΡΕΨ. *(taken aback)*
         παπαῖ. ἄπελθε, ἄπελθε. ὡς ἐγγὺς ἡμῶν ἡ Λακεδαίμων.
         ἀλλὰ διὰ τί οὐκ ἀπάγεις ταύτην ἀφ᾽ ἡμῶν πόρρω πάνυ;   35

ΜΑΘ.   ἀλλ᾽ ἀδύνατον.

ΣΤΡΕΨ. νὴ Δία ὀλοφυρεῖσθε ἄρα.

         (looks up and sees Socrates hanging in a basket)

ἀλλ' εἰπέ μοι, τίς οὗτος ὁ ἐπὶ τῆς κρεμάθρας ὤν;
MAΘ. αὐτός.
ΣΤΡΕΨ. τίς αὐτός;
MAΘ. Σωκράτης.

5

G

(ἀπέρχεται ὁ μαθητής. ὁ Στρεψιάδης τὸν Σωκράτη καλεῖ.)   10
ΣΤΡΕΨ. ὦ Σώκρατες, ὦ Σωκρατίδιον, δεῦρ' ἐλθέ.
ΣΩΚ. τίς ἐβόησε; τίς ἐβιάσατο εἰς τὸ φροντιστήριον τὸ τῶν
      σοφιστῶν;
ΣΤΡΕΨ. ἐβόησα ἐγώ, Στρεψιάδης Κικυννόθεν. ἀλλ' οὐκ ἐβιασάμην
      εἰς τὸ φροντιστήριον.   15
ΣΩΚ. τί με καλεῖς, ὦ ἐφήμερε; ἦλθες δὲ σὺ κατὰ τί;
ΣΤΡΕΨ. ἦλθον μαθητὴς εἰς τὸ φροντιστήριον. ἤδη γὰρ σε ἤκουσα
      ὡς εἶ σοφός.
ΣΩΚ. εἰπέ μοι, τίς εἶπε τοῦτο; πῶς δ' ἤκουσάς με ὡς σοφός εἰμι;
ΣΤΡΕΨ. εἶπε τοῦτο τῶν μαθητῶν τις.   20
ΣΩΚ. τί δ' εἶπεν ὁ μαθητής; λέγε.
ΣΤΡΕΨ. εἶπε γὰρ ὁ μαθητὴς ὡς ψύλλα τις ἔδακε τὴν Χαιρεφῶντος
      ὀφρῦν. εἶτα ἐπὶ τὴν σὴν κεφαλὴν ἐπήδησε. σὺ δὲ τὸν
      Χαιρεφῶντα ἤρου ὁπόσους τοὺς ἑαυτῆς πόδας ἐπήδησεν ἡ
      ψύλλα. ἀν-εμετρήσατε δ' ὑμεῖς οὕτως· πρῶτον μὲν γὰρ τὴν   25
      ψύλλαν ἐλάβετε καὶ ἔθετε εἰς κηρὸν θερμόν. ἐπειδὴ δὲ
      ψυχρὸς ἐγένετο ὁ κηρός, ἡ ψύλλα ἔσχεν ἐμβάδας τινὰς
      Περσικάς. εἶτα δὲ ἀν-εμετρήσατε τὸ χωρίον.

      (with an admiring glance)
      οὐδέποτε εἶδον ἔγωγε πρᾶγμα οὕτω σοφόν.   30
ΣΩΚ. οὐδέποτε εἶδες σύ γε πρᾶγμα οὕτω σοφόν; ἀλλὰ πόθεν ὢν
      τυγχάνεις;
ΣΤΡΕΨ. Κικυννόθεν.
ΣΩΚ. οὐ γὰρ ἔλαθές με ἄγροικος ὤν, καὶ ἀμαθής.
ΣΤΡΕΨ. μὴ μέμφου μοι. ἀλλ' εἰπέ, τί δρᾷς   35
      ἐπὶ ταύτης τῆς κρεμάθρας ὤν, ὦ Σώκρατες;
ΣΩΚ. (solemnly)
      ἀεροβατῶ καὶ περιφρονῶ τὸν ἥλιον.
ΣΤΡΕΨ. τί δ' ἀπὸ κρεμάθρας τοῦτο δρᾷς, ἀλλ' οὐκ ἀπὸ τῆς γῆς; τί

ἐξευρίσκεις ἢ τί μανθάνεις, ἐπὶ κρεμάθρας ὤν;

ΣΩΚ.   οὐδέποτε γὰρ ἐξηῦρον ἐγὼ τὰ μετέωρα πράγματα οὐδ'
     ἔμαθον οὐδέν, ἀπὸ τῆς γῆς σκοπῶν. ἡ γὰρ γῆ ἔτυχε
     κωλύουσα τὴν φροντίδα.

5

Η

ΣΤΡΕΨ. ἀλλ' ὦ Σωκρατίδιον, τί οὐ καταβαίνεις; ἦλθον γὰρ ἐγὼ εἰς
     τὸ φροντιστήριον διότι, χρήματα πολλὰ ὀφείλων, ὑπόχρεώς 10
     εἰμι.

ΣΩΚ.   ἀλλὰ πῶς σὺ ὑπόχρεως ἐγένου; πῶς τοῦτο πάσχεις;

ΣΤΡΕΨ.ἔλαθον ἐμαυτὸν ἱππομανῆ τὸν υἱὸν ἔχων. ὑπόχρεως οὖν
     ἐγενόμην. καὶ τοῦτο ἔπαθον διὰ τὴν ἱππικὴν καὶ διὰ τὸν
     ἐμὸν υἱόν. ἀεὶ γὰρ δίκας λαμβάνουσιν οἱ χρῆσται, καὶ εἰ μή 15
     τι ποιήσω, εἰς ἀεὶ λήψονται. δίδασκε οὖν με τὸν ἕτερον τῶν
     σῶν λόγων.

ΣΩΚ.   τὸν ἕτερον τῶν ἐμῶν λόγων; πότερον λέγεις; τὸν κρείττονα
     ἢ τὸν ἥττονα;

ΣΤΡΕΨ.τὸν ἄδικον λέγω, τὸν ἥττονα, τὸν τὰ χρέα παύοντα. οὗτος 20
     γὰρ ὁ λόγος τὰς δίκας νικήσει, ὁ κρείττων δ' οὔ. τί δράσω;

ΣΩΚ.   (points to a couch)
     ὅ τι; πρῶτον μὲν κατακλίνηθι ἐπὶ τῆς κλίνης. ἔπειτα
     ἐκφρόντιζέ τι τῶν σεαυτοῦ πραγμάτων.

ΣΤΡΕΨ.(sees the bugs) 25
     κακοδαίμων ἐγώ. δίκην γὰρ λήψονται οἱ κόρεις τήμερον.

He lies down. There is a long pause. Eventually . . .

ΣΩΚ.   οὗτος, τί ποιεῖς; οὐχὶ φροντίζεις;

ΣΤΡΕΨ.ἐγώ; νὴ τὸν Ποσειδῶ.

ΣΩΚ.   καὶ τί δῆτ' ἐφρόντισας; 30

ΣΤΡΕΨ.εἰ ἄρα λήσω τοὺς κόρεις, τοὺς δάκνοντας ἐμὲ δεινῶς.

ΣΩΚ.   (with annoyance)
     οὐδὲν λέγεις.

     (another long pause)
     ἀλλὰ σιγᾷ ὁ ἄνθρωπος. τί δρᾷ οὗτος; 35
(τὸν Στρεψιάδη προσαγορεύει)
     οὗτος, καθεύδεις;

ΣΤΡΕΨ.μὰ τὸν Ἀπόλλω, ἐγὼ μὲν οὔ.

ΣΩΚ.   ἔχεις τι;

ΣΤΡΕΨ.μὰ Δι' οὐ δῆτ' ἔγωγε. 40

ΣΩΚ.   οὐδὲν πάνυ;

ΣΤΡΕΨ. τὸ πέος ἔχω ἐν τῇ δεξιᾷ.

ΣΩΚ.   εἰς κόρακας. μὴ παῖζε, ὦ 'νθρωπε.

(after a long pause)

ΣΤΡΕΨ. ὦ Σωκρατίδιον.   5

ΣΩΚ.   τί, ὦ γέρον;

ΣΤΡΕΨ. ἔχω γνώμην τινά.

ΣΩΚ.   λέγε τὴν γνώμην.

ΣΤΡΕΨ. λήψομαι γυναῖκα φαρμακίδα καὶ κλέψω ἐν νυκτὶ τὴν
σελήνην.   10

ΣΩΚ.   (puzzled)
τί φής; κλέψεις τὴν σελήνην; εἰπὲ δή – πῶς τοῦτο
χρήσιμον;

ΣΤΡΕΨ. ὅπως; ἄκουε. οἱ γὰρ χρῆσται δανείζουσι τὰ χρήματα κατὰ
μῆνα. ἐγὼ μὲν οὖν κλέψω τὴν σελήνην. ἡ δὲ σελήνη οὐκέτι   15
ἀνατελεῖ. πῶς οὖν τὰ χρήματα λήψονται οἱ χρῆσται;

ΣΩΚ.   (very annoyed)
βάλλ' εἰς κόρακας. ἄγροικος εἶ καὶ ἀμαθής. οὐ διδάξω σ'
οὐκέτι, ἀμαθῆ δὴ ὄντα.

Strepsiades goes back out into the street, and sadly contemplates his fate.   20

ὁ θεὸς ὁ ἐν Δελφοῖς

Section Six A–H
Socrates and intellectual inquiry

Introduction

Plato's picture of Socrates is quite different from Aristophanes'. The following passage is based on Plato's account of Socrates' defence when he was on trial for his life on a charge of corrupting the young and introducing new gods.

A

Socrates addresses the dikasts (jurors) at his trial and tells them the reason for his methods of inquiry and the causes of his unpopularity. He first puts a question into the mouths of the dikasts which he will proceed to answer.

ἐρωτῶσιν οὖν τινες· 'ἀλλ', ὦ Σώκρατες, διὰ τί διαβάλλουσί σε
οὗτοι οἱ ἄνδρες; τί ἐν νῷ ἔχουσιν; πόθεν γίγνονται αὗται αἱ
διαβολαὶ καὶ ἡ δόξα ἡ σή; λέγε οὖν, καὶ δίδασκε ἡμᾶς. ἡμεῖς γὰρ
οὐ βουλόμεθα διαβάλλειν σε.' βούλομαι οὖν διδάσκειν ὑμᾶς καὶ   30
λέγειν διὰ τί διέβαλόν με οὗτοι οἱ ἄνδρες καὶ πόθεν ἐγένοντο αἱ
διαβολαὶ καὶ ἡ δόξα. ἀκούετε δή. καὶ εὖ ἴστε ὅτι οὐ βούλομαι
παίζειν πρὸς ὑμᾶς. ἴσως μὲν γὰρ φανοῦμαι παίζειν, εὖ μέντοι ἴστε
ὅτι οὐδὲν ἄλλο ἢ τὴν ἀλήθειαν λέγειν βούλομαι.

ἐγὼ γάρ, ὦ ἄνδρες Ἀθηναῖοι, διὰ σοφίαν τινὰ τυγχάνω ἔχων τὴν   35
δόξαν ταύτην. ἆρα βούλεσθε εἰδέναι τίς ἐστιν ἡ σοφία αὕτη; ὡς
μάρτυρα βούλομαι παρέχεσθαι τὸν θεὸν τὸν ἐν Δελφοῖς. ὁ γὰρ θεὸς
ὁ ἐν Δελφοῖς μαρτυρήσει τὴν σοφίαν τὴν ἐμήν. καὶ μὴν
ἀνάγκη ἐστὶ τὸν θεὸν λέγειν τὴν ἀλήθειαν.

Χαιρεφῶντα γὰρ ἴστε που. οὗτος γὰρ ἐμὸς ἑταῖρος ἦν ἐκ νέου.   40

Δελφοί

καὶ ἴστε δή, ὡς σφοδρὸς ἦν ὁ Χαιρεφῶν περὶ πάντα. καὶ ὁ
Χαιρεφῶν οὕτως ποτὲ ἐλογίζετο πρὸς ἑαυτόν. 'ὅτι Σωκράτης σοφός
ἐστιν, εὖ οἶδα. βούλομαι δ' εἰδέναι εἴ τίς ἐστι σοφώτερος ἢ
Σωκράτης. ἴσως γὰρ Σωκράτης σοφώτατός ἐστιν ἀνθρώπων. τί οὖν
ποιεῖν με δεῖ; δῆλον ὅτι δεῖ με εἰς Δελφοὺς ἰέναι, καὶ μαντεύεσθαι.   5
πολλὴ γὰρ ἀνάγκη ἐστὶ τὸν θεὸν τὴν ἀλήθειαν λέγειν.'

ἤει οὖν ὁ Χαιρεφῶν εἰς Δελφούς, καὶ ταύτην τὴν μαντείαν
ἐμαντεύσατο παρὰ τῷ θεῷ. καὶ μὴ θορυβεῖτε, ὦνδρες. ἤρετο
γὰρ δὴ εἴ τίς ἐστι σοφώτερος ἢ Σωκράτης, ἀπεκρίνατο δ' ἡ Πυθία
ὅτι οὐδείς ἐστι σοφώτερος.   10

B

    15

ἐγὼ δέ, ἐπεὶ ἤκουσα, ἐλογιζόμην οὑτωσὶ πρὸς ἐμαυτόν· 'τί ποτε
βούλεται λέγειν ὁ θεός; ἐγὼ γὰρ δὴ οἶδα ὅτι σοφὸς οὔκ εἰμι. τί οὖν
ποτε λέγει ὁ θεός, λέγων ὡς ἐγὼ σοφώτατός εἰμι, καὶ ὡς οὐδεὶς
σοφώτερος; οὐ γὰρ δήπου ψεύδεταί γε· οὐ γὰρ θέμις αὐτῷ.
ἀνάγκη γάρ ἐστι τὸν θεὸν οὐδὲν ἄλλο ἢ τὴν ἀλήθειαν λέγειν.' καὶ   20
πολὺν μὲν χρόνον ἠπόρουν τί ποτε λέγει, ἔπειτα δὲ ἐπὶ ζήτησιν
ἐτραπόμην πότερον ἀληθῆ λέγει ὁ θεός, ἢ οὔ. οὐ γὰρ ἐβουλόμην ἐν
ἀπορίᾳ εἶναι περὶ τὸ μαντεῖον.

ἦλθον οὖν ἐπὶ σοφόν τινα (ἐδόκει γοῦν σοφὸς εἶναι). ἐβουλόμην
γὰρ ἐλέγχειν τὸ μαντεῖον καὶ ἀποφαίνειν ὅτι 'σὺ μέν, ὦ Ἄπολλον,   25
ἔλεγες ὅτι ἐγὼ σοφώτατος, οὗτος δὲ σοφώτερός ἐστιν.' διελεγόμην
οὖν ἐγὼ πρὸς τοῦτον τὸν σοφόν, πολιτικόν τινα ὄντα. ὁ δ' ἀνήρ, ὡς
ἐγὼ ᾤμην, ἔδοξέ γε σοφὸς εἶναι, οὐκ ὤν. καὶ ἐπειδὴ ἐπειρώμην
ἀποφαίνειν αὐτὸν δοκοῦντα σοφὸν εἶναι, οὐκ ὄντα, οὗτος καὶ πολλοὶ
τῶν παρόντων ἐμίσουν με. πρὸς ἐμαυτὸν οὖν οὕτως ἐλογιζόμην, ὅτι   30
'ἐγὼ σοφώτερός εἰμι ἢ οὗτος. οὗτος μὲν γὰρ δοκεῖ τι εἰδέναι, οὐδὲν
εἰδώς, ἐγὼ δέ, οὐδὲν εἰδώς, οὐδὲ δοκῶ εἰδέναι.' ἐντεῦθεν ἐπ' ἄλλον
τινὰ σοφὸν ᾖα, καὶ ἐδόκει καὶ ἐκεῖνός τι εἰδέναι, οὐκ εἰδώς.
ἐντεῦθεν δὲ καὶ ἐκεῖνος καὶ ἄλλοι τῶν παρόντων ἐμίσουν με.

μετὰ ταῦτα οὖν ᾖα ἐπὶ τοὺς ἄλλους τοὺς δοκοῦντάς τι εἰδέναι.   35
καὶ νὴ τὸν κύνα, οἱ μὲν δοκοῦντές τι εἰδέναι ἦσαν μωρότεροι, ὡς
ἐγὼ ᾤμην, οἱ δ' οὐδὲν δοκοῦντες εἰδέναι σοφώτεροι. μετὰ γὰρ τοὺς
πολιτικοὺς ᾖα ἐπὶ τοὺς ποιητάς. αἰσχύνομαι δὲ λέγειν τὴν ἀλήθειαν,
ὦνδρες, ὅμως δὲ λέγειν με δεῖ. οὐ γὰρ διὰ σοφίαν ποιοῦσιν οἱ
ποιηταὶ τὰ ποιήματα, ἀλλὰ διὰ φύσιν καὶ ἐνθουσιασμόν, ὥσπερ οἱ   40

χειροτέχναι

θεομάντεις καὶ οἱ χρησμῳδοί. καὶ γὰρ οὗτοι λέγουσι μὲν πολλὰ καὶ
καλά, τοὺς δὲ λόγους τούτους οὐκ ἴσασιν ὅ τι νοοῦσιν. καὶ ἅμα   20
ἐδόκουν οἱ ποιηταὶ διὰ τὴν ποίησιν εἰδέναι τι, οὐκ εἰδότες, καὶ
σοφώτατοι εἶναι ἀνθρώπων, οὐκ ὄντες. ἀπῇα οὖν καὶ ἐγὼ ἐντεῦθεν,
σοφώτερος δοκῶν εἶναι ἢ οἱ ποιηταί.

                                                                       25

C

τέλος δ' ἐπὶ τοὺς χειροτέχνας ᾖα. ἤδη γὰρ ὅτι οὐδὲν οἶδα καὶ ὅτι οἱ
χειροτέχναι πολλὰ καὶ καλὰ ἴσασιν. πολλὰ οὖν εἰδότες, σοφώτεροι   30
ἦσαν οἱ χειροτέχναι ἢ ἐγώ. ἀλλ' ἔδοξαν, ὡς ἐγὼ ᾤμην, διὰ τὴν
τέχνην σοφώτατοι εἶναι περὶ ἄλλα πολλά, οὐκ ὄντες. τοιοῦτον οὖν
πάθος ἐφαίνοντο καὶ οἱ ποιηταὶ καὶ οἱ χειροτέχναι πάσχοντες.
    ἐκ ταυτησὶ δὴ τῆς ζητήσεως, ὦ ἄνδρες Ἀθηναῖοι, ἐγένοντο αἱ
ἐμαὶ διαβολαί, βαρεῖαι δὴ οὖσαι, καὶ ἡ δόξα. καὶ δὴ καὶ οἱ νεανίαι,   35
οἵ γε πλούσιοι ὄντες καὶ μάλιστα σχολὴν ἔχοντες, ἥδονται
ἀκούοντες τοὺς ἐμοὺς λόγους καὶ πολλάκις πειρῶνται ἄλλους
ἐξετάζειν, ὥσπερ ἐγώ. ὑβρισταὶ γὰρ οἱ νεανίαι καὶ μάλιστα ἥδονται
ἐξετάζοντες τοὺς πρεσβυτέρους. καί, ὡς ἐγὼ οἶμαι, ἐξετάζοντες
εὑρίσκουσι πολὺ πλῆθος τῶν δοκούντων μέν τι εἰδέναι, εἰδότων δ'   40

ὀλίγα ἢ οὐδέν. ἐντεῦθεν οὖν οἱ δοκοῦντές τι εἰδέναι ὀργίζονται καὶ
λέγουσιν ὅτι 'Σωκράτης τίς ἐστι μιαρώτατος καὶ διαφθείρει τοὺς
νέους.' ἀλλ' ἐγὼ ἐρωτᾶν βούλομαι 'πῶς διαφθείρει τοὺς νέους ὁ
Σωκράτης; τί ποιῶν, ἢ τί διδάσκων, διαφθείρει αὐτούς;' ἔχουσι μὲν
οὐδὲν λέγειν ἐκεῖνοι, οὐ μέντοι βουλόμενοι δοκεῖν ἀπορεῖν, λέγουσιν   5
ὅτι, ὥσπερ οἱ ἄλλοι φιλόσοφοι, διδάσκει Σωκράτης 'τὰ μετέωρα
καὶ τὰ ὑπὸ γῆς' καὶ 'θεοὺς μὴ νομίζειν' καὶ 'τὸν ἥττονα λόγον
κρείττονα ποιεῖν'. οὐ γὰρ βούλονται, ὡς ἐγὼ οἶμαι, τἀληθῆ λέγειν,
ὅτι κατάδηλοι γίγνονται δοκοῦντες μέν τι εἰδέναι, εἰδότες δ' οὐδέν.

     10

D

Introduction   15
According to Plato, Socrates did not claim to teach, nor did he take
fees for teaching, even though he was popularly linked, as we have
seen from Aristophanes, with the sophists, who *were* professional
teachers. One of the most important lessons offered by the sophists in
their courses of higher education was the art of speaking with equal   20
persuasion on both sides of a question, a facility which could be used
unscrupulously. In the following incident Plato shows how empty
such verbal dexterity could be.

Socrates relates to his friend Kriton how he asked two sophists, Euthydemos   25
and his brother Dionysodoros, to help a young man called Kleinias in his
search for the truth. But Kleinias fell victim to Euthydemos' verbal trickery.

ἦλθον χθὲς εἰς τὸ Λύκειον, ὦ Κρίτων, καὶ κατέλαβον Εὐθύδημόν τε
καὶ Διονυσόδωρον διαλεγομένους μετ' ἄλλων πολλῶν. καὶ οἶσθα σύ   30
γε ἀμφοτέρους τοὺς ἄνδρας, ὅτι καλὴν δόξαν ἔχουσι, προτρέποντες
εἰς φιλοσοφίαν τοὺς ἀνθρώπους. ἐγὼ οὖν τοὺς ἐκείνων λόγους
ἀκούειν βουλόμενος,
   'ὑμεῖς ἄρα', ἦν δ' ἐγώ, 'ὦ Διονυσόδωρε, δόξαν ἔχετε ὅτι
προτρέπετε τοὺς ἀνθρώπους εἰς φιλοσοφίαν καὶ ἀρετὴν ἢ οὔ;'   35
   'δοκοῦμέν γε δή, ὦ Σώκρατες', ἦ δ' ὅς.
   'εἶεν', ἦν δ' ἐγώ. 'δεῖ οὖν ὑμᾶς προτρέπειν τουτονὶ τὸν νεανίσκον
εἰς φιλοσοφίαν καὶ ἀρετήν. καλοῦσι δ' αὐτὸν Κλεινίαν. ἔστι δὲ νέος.
ἀλλὰ διὰ τί οὐκ ἐξετάζετε τὸν νεανίσκον, διαλεγόμενοι ἐνθάδε
ἐναντίον ἡμῶν;'   40

ὁ δ' Εὐθύδημος εὐθὺς ἀνδρείως ἀπεκρίνατο·
'βουλόμεθα δὴ ἐνθάδε διαλέγεσθαι, ὦ Σώκρατες. ἀλλὰ δεῖ τὸν
νεανίσκον ἀποκρίνεσθαι.'
'ἀλλὰ μὲν δή', ἔφην ἐγώ, 'ὅ γε Κλεινίας ἥδεται ἀποκρινόμενος.
πολλάκις γὰρ πρὸς αὐτὸν προσέρχονται οἱ φίλοι ἐρωτῶντες καὶ   5
διαλεγόμενοι, ἀεὶ δὲ λέγοντα αὐτὸν καὶ ἀποκρινόμενον ἐξετάζουσιν.'
καὶ ὁ Εὐθύδημος, 'ἄκουε οὖν, ὦ Κλεινία', ἦ δ' ὅς, 'ἀκούσας δέ,
ἀποκρίνου.'
ὁ δὲ Κλεινίας, 'ποιήσω τοῦτο', ἦ δ' ὅς, 'καὶ ἀποκρινοῦμαι.
ἥδομαι γὰρ ἔγωγε ἀποκρινόμενος. λέγε οὖν, ὦ Εὐθύδημε, καὶ   10
ἐξέταζε. λέγων γὰρ δήπου καὶ ἐξετάζων ὁ σοφιστὴς προτρέπει
τοὺς μαθητὰς εἰς ἀρετήν.'
καὶ ὁ Εὐθύδημος 'εἰπὲ οὖν', ἔφη, 'πότεροί εἰσιν οἱ μανθάνοντες,
οἱ σοφοὶ ἢ οἱ ἀμαθεῖς;'
καὶ ὁ νεανίσκος – μέγα γὰρ ἔτυχεν ὂν τὸ ἐρώτημα – ἠπόρησεν.   15
ἀπορήσας δ' ἔβλεπεν εἰς ἐμέ, καὶ ἠρυθρίασεν.
ἐγὼ δ' ἐρυθριῶντα αὐτὸν ὁρῶν 'μὴ φρόντιζε', ἔφην, 'μηδὲ φοβοῦ,
ἀλλ' ἀνδρείως ἀποκρίνου.'
καὶ ἐν τούτῳ ὁ Διονυσόδωρος ἐγέλασεν, γελάσας δέ,
'καὶ μήν', ἦ δ' ὅς, 'εὖ οἶδ' ὅτι Εὐθύδημος αὐτὸν νικήσει λέγων.'   20
καὶ ἐγὼ οὐκ ἀπεκρινάμην. ὁ γὰρ Κλεινίας, ἕως ταῦτα ἔλεγεν ὁ
Διονυσόδωρος, ἀποκρινάμενος ἔτυχεν ὅτι οἱ σοφοί εἰσιν οἱ
μανθάνοντες.

                                                                      25

E

*Kleinias has answered that it is the clever who learn. But Euthydemos now
exploits an ambiguity in the terms 'clever', 'ignorant', 'learner': a man may
be clever either because he has learnt something, or because he is able to learn*   30
*it. The same word covers both cases, and this gives Euthydemos room to
manoeuvre.*

καὶ ὁ Εὐθύδημος, 'ἀλλὰ τίς διδάσκει τοὺς μανθάνοντας', ἔφη, 'ὁ
διδάσκαλος, ἢ ἄλλος τις;'   35
ὡμολόγει ὅτι ὁ διδάσκαλος τοὺς μανθάνοντας διδάσκει.
'καὶ ὅτε ὁ διδάσκαλος ἐδίδασκεν ὑμᾶς παῖδας ὄντας, ὑμεῖς
μαθηταὶ ἦτε;'
ὡμολόγει.
'καὶ ὅτε μαθηταὶ ἦτε, οὐδὲν ᾖστέ πω;'   40

ὁ διδάσκαλος τὸν μανθάνοντα διδάσκει

'οὐ μὰ Δία. μαθηταὶ γὰρ ὄντες οὐδὲν ἦσμεν.'   25

'ἆρ' οὖν σοφοὶ ἦτε, οὐκ εἰδότες οὐδέν;'

'οὐ δῆτα σοφοὶ ἦμεν', ἦ δ' ὃς ὁ Κλεινίας, 'ἐπειδὴ οὐκ ἦσμεν οὐδέν.'

'οὐκοῦν εἰ μὴ σοφοί, ἀμαθεῖς;'

'πάνυ γε.'   30

'ὑμεῖς ἄρα, μαθηταὶ ὄντες, οὐκ ἦστε οὐδέν, ἀλλ' ἀμαθεῖς ὄντες ἐμανθάνετε;'

ὡμολόγει τὸ μειράκιον.

'οἱ ἀμαθεῖς ἄρα μανθάνουσιν, ὦ Κλεινία, ἀλλ' οὐχὶ οἱ σοφοί, ὡς σὺ οἴῃ.'   35

F

It is left for Dionysodoros to confuse Kleinias further, by turning the argument on its head.

ταῦτ' οὖν εἶπεν ὁ Εὐθύδημος. οἱ δὲ μαθηταί, ἅμα θορυβήσαντές τε
καὶ γελάσαντες, τὴν σοφίαν ταύτην ἐπήνεσαν. καὶ ὥσπερ σφαῖραν
εὐθὺς ἐξεδέξατο τὸν λόγον ὁ Διονυσόδωρος, ἐκδεξάμενος δέ,
   'τί δέ, ὦ Κλεινία;' ἔφη. 'καὶ δὴ λέγει ὁ διδάσκαλος λόγους τινάς.
πότεροι μανθάνουσι τοὺς λόγους, οἱ σοφοὶ ἢ οἱ ἀμαθεῖς;'   10
   'οἱ σοφοί', ἦ δ' ὃς ὁ Κλεινίας.
   'οἱ σοφοὶ ἄρα μανθάνουσιν, ἀλλ' οὐχὶ οἱ ἀμαθεῖς, καὶ οὐκ εὖ σὺ
ἄρτι ἀπεκρίνω.'
   ἐνταῦθα δὴ καὶ πάνυ γελάσαντές τε καὶ θορυβήσαντες οἱ μαθηταὶ
τὴν σοφίαν ταύτην εὐθὺς ἐπήνεσαν. ἡμεῖς δ' ἐν ἀπορίᾳ ἐμπίπτοντες,   15
ἐσιωπῶμεν.

G

20

Introduction

The traditional view of universal standards relating to human beha-
viour and sanctioned by the gods was challenged by the ability of the
sophists to present cogent arguments for both sides of a moral issue. It
was also shaken as the Greeks became aware that other nations   25
behaved and thought in ways entirely different from themselves. This
interest is particularly reflected in the work of the Greek historian
Herodotus (Ἡρόδοτος), from whose *Histories* the following story is
taken. Herodotus assiduously collected stories of the different habits
of foreign peoples and related them within the context of his main   30
theme, the history of the Greek and Persian peoples that culminated
in the Persian Wars.

*Although the Greeks conquer the Amazons in battle, their Amazon
prisoners take them by surprise on the voyage home.*   35

ὅτε δ' οἱ Ἕλληνες εἰσπεσόντες εἰς τὰς Ἀμαζόνας ἐμάχοντο, τότε
δὴ οἱ Ἕλληνες ἐνίκησαν αὐτὰς ἐν τῇ μάχῃ. νικήσαντες δέ, τὰς
Ἀμαζόνας τὰς ἐκ τῆς μάχης περιούσας ἔλαβον. λαβόντες δ' αὐτάς,
ἀπῆλθον ἐν τρισὶ πλοίοις· οὐ μέντοι ἀφίκοντο εἰς τὴν πατρίδα. ἐν
γὰρ τῇ θαλάττῃ ὄντες οὐκ ἐφύλαξαν τὰς Ἀμαζόνας. αἱ δ'   40

οἱ Σκύθαι

Ἀμαζόνες, ἰδοῦσαι τοὺς ἄνδρας οὐ φυλάττοντας, ἀπέκτειναν. ἀλλ᾽
οὐκ ἔμπειροι ἦσαν περὶ τὰ ναυτικὰ αἱ Ἀμαζόνες. ἀποκτείνασαι οὖν   20
τοὺς ἄνδρας ἔπλεον ᾗπερ ἔφερεν ὁ ἄνεμος.

τέλος δ᾽ εἰς τὴν τῶν Σκυθῶν γῆν ἀφικόμεναι καὶ ἀποβᾶσαι ἀπὸ
τῶν πλοίων, ηὗρον ἱπποφόρβιον, καὶ τοὺς ἵππους λαβοῦσαι
διήρπασαν τὴν τῶν Σκυθῶν γῆν. οἱ δὲ Σκύθαι, οὐ γιγνώσκοντες
τὴν φωνὴν καὶ ἄνδρας νομίζοντες τὰς Ἀμαζόνας, ἐμπεσόντες καὶ   25
μαχεσάμενοι τοὺς νεκροὺς ἀνεῖλον. οὕτως οὖν ἔγνωσαν γυναῖκας
οὔσας, ἀνελόντες τοὺς νεκρούς.

γνόντες δὲ ταῦτα, καὶ οὐ βουλόμενοι ἀποκτείνειν ἔτι, ἀλλὰ ἐξ
αὐτῶν παιδοποιεῖσθαι, τοὺς ἑαυτῶν νεανίσκους ἀπέπεμψαν εἰς
αὐτάς, κελεύοντες μάχεσθαι μὲν μή, ἕπεσθαι δὲ καὶ   30
στρατοπεδεύεσθαι πλησίον τῶν Ἀμαζόνων. πλησίον οὖν ἐλθόντες
εἵποντο οἱ νεανίσκοι, καὶ ἐστρατοπεδεύσαντο. καὶ πρῶτον μὲν
ἀπῆλθον αἱ Ἀμαζόνες, ἀπελθοῦσαι δ᾽ εἶδον τοὺς ἄνδρας ἑπομένους.
αἱ μὲν οὖν Ἀμαζόνες ἐδίωκον, οἱ δ᾽ ἄνδρες ἔφευγον. ἰδοῦσαι οὖν
φεύγοντας τοὺς ἄνδρας, ἡσύχαζον αἱ Ἀμαζόνες. οὕτως οὖν,   35
μαθοῦσαι τοὺς ἄνδρας οὐ πολεμίους ὄντας, οὐκέτι ἐφρόντιζον
αὐτῶν.

ἡμεῖς τοξεύομεν καὶ ἱππαζόμεθα

Η

The Scythians track the Amazons, and notice that, at midday, they disperse
in ones and twos. An enterprising Scythian follows one, and . . .   30

οὕτως οὖν νεανίσκος τις Ἀμαζόνα τινὰ μόνην οὖσαν καταλαβὼν
εὐθὺς ἐχρῆτο. καὶ ἡ Ἀμαζὼν οὐκ ἐκώλυσεν. καὶ φωνεῖν μὲν οὐκ
ἐδύνατο, διὰ⌐ δὲ ⌐σημείου ἐκέλευε τὸν νεανίαν εἰς τὴν ὑστεραίαν
ἰέναι εἰς τὸ ⌐αὐτὸ χωρίον καὶ ἕτερον νεανίαν ἄγειν, σημαίνουσα ὅτι   35
αὐτὴ τὸ ⌐αὐτὸ ποιήσει καὶ ἑτέραν Ἀμαζόνα ἄξει. ὁ δὲ νεανίας
ἀπελθὼν εἶπε ταῦτα πρὸς τοὺς λοιπούς, τῇ⌐ δ᾽ ⌐ὑστεραίᾳ ἐλθὼν
αὐτὸς εἰς τὸ ⌐αὐτὸ χωρίον, ἕτερον ἄγων νεανίαν, τὴν Ἀμαζόνα
αὐτὴν ηὗρεν, ἑτέραν ἀγαγοῦσαν Ἀμαζόνα. οἱ δὲ δύο νεανίαι,
εὑρόντες τὰς Ἀμαζόνας καὶ χρησάμενοι, ἀπῆλθον. οἱ δὲ λοιποὶ τῶν   40

νεανιῶν, μαθόντες τὰ γενόμενα, ἐποίουν τὸ αὐτὸ καὶ αὐτοί.
μετὰ δὲ ταῦτα συνῴκουν ὁμοῦ οἵ τε Σκύθαι καὶ αἱ Ἀμαζόνες.
τὴν δὲ φωνὴν τὴν μὲν τῶν Ἀμαζόνων οἱ ἄνδρες οὐκ ἐδύναντο
μανθάνειν, τὴν δὲ τῶν Σκυθῶν αἱ γυναῖκες ἔμαθον. τέλος δὲ εἶπον
πρὸς αὐτὰς οἱ νεανίαι· 'τοκέας καὶ κτήματα ἔχομεν ἡμεῖς. διὰ τί   5
οὖν οὐκ ἀπερχόμεθα εἰς τὸ ἡμέτερον πλῆθος; γυναῖκας δ' ἕξομεν
ὑμᾶς καὶ οὐδεμίας ἄλλας.' αἱ δὲ πρὸς ταῦτα 'ἡμεῖς', ἔφασαν, 'οὐ
δυνάμεθα οἰκεῖν μετὰ τῶν ὑμετέρων γυναικῶν. οὐ γὰρ οἱ αὐτοὶ οἵ
τε ἡμέτεροι νόμοι καὶ οἱ τῶν Σκυθῶν. ἡμεῖς μὲν γὰρ τοξεύομεν καὶ
ἱππαζόμεθα, ἔργα δὲ γυναικεῖα οὐκ ἐμάθομεν. αἱ δ' ὑμέτεραι   10
γυναῖκες οὐδὲν τούτων ποιοῦσιν, ἀλλ' ἔργα γυναικεῖα ἐργάζονται,
μένουσαι ἐν ταῖς ἁμάξαις καὶ οὐ τοξεύουσαι οὐδ' ἱππαζόμεναι. ἀλλ'
εἰ βούλεσθε γυναῖκας ἔχειν ἡμᾶς, ἐλθόντας εἰς τοὺς τοκέας δεῖ ὑμᾶς
ἀπολαγχάνειν τὸ τῶν κτημάτων μέρος, καὶ ἔπειτα ἐπανελθόντας
συνοικεῖν μεθ' ἡμῶν.'   15
ταῦτα δ' εἰποῦσαι ἔπεισαν τοὺς νεανίσκους. ἀπολαχόντες οὖν οἱ
νεανίσκοι τὸ τῶν κτημάτων μέρος, ἐπανῆλθον πάλιν παρὰ τὰς
Ἀμαζόνας. εἶπον οὖν πρὸς αὐτοὺς αἱ Ἀμαζόνες· 'ἀλλ' ἡμᾶς ἔχει
φόβος τις μέγας. οὐ γὰρ δυνάμεθα οἰκεῖν ἐν τούτῳ τῷ χώρῳ,
διαρπάσασαι τὴν γῆν. ἀλλ' εἰ βούλεσθε ἡμᾶς γυναῖκας ἔχειν, διὰ τί   20
οὐκ ἐξανιστάμεθα ἐκ τῆς γῆς ταύτης καὶ τὸν Τάναιν ποταμὸν
διαβάντες ἐκεῖ οἰκοῦμεν;' καὶ ἐπείθοντο καὶ ταῦτα οἱ νεανίαι.
ἐξαναστάντες οὖν καὶ ἀφικόμενοι πρὸς τὸν χῶρον, ᾤκησαν αὐτόν.

Comic actors

PART THREE
Athens through the comic poet's eyes

Introduction

The narrative returns to Dikaiopolis, who continues on his way through the city with the rhapsode. They meet Euelpides and Peisetairos, two friends who plan to escape from Athens and its troubles and found a new city, Cloudcuckooland (Νεφελοκοκκυγία), a Utopia in the sky with the birds.

We have already seen some of the troubles they want to escape – the war, the plague, increasing lawlessness and disrespect for the gods and human institutions, the collapse of morality and the challenge of the sophists – but Euelpides mentions another, the Athenian obsession with law-suits, a theme which is comically explored in scenes from Aristophanes' *Wasps*.

Peisetairos and Euelpides have already decided on their plan of escape, but Aristophanes provides two other possible comic solutions: in *Lysistrata*, the women of Athens stage a sex-strike to end the war, and in *Akharnians*, Dikaiopolis finally finds his own solution to the problems of Athens at war.

Sources
Aristophanes, *Birds* 32–48
   Knights 303–7, 752–3
Homer, *Odyssey* 1.267
Homeric Hymn to Demeter 216–17
Philemon (fragment – Kock 71)
Plato, Gorgias 515b–516a
   Republic 327b
Aristophanes, *Wasps* 1, 54,
   67–213, 760–862, 891–1008

Aristophanes, *Lysistrata* 120–80,
   240–6, 829–955
Akharnians 19–61,
   129–32, 175–203
Plato, *Republic* 557e–558c, 563c–e
   Alkibiades 1, 134b
Aristophanes, *Knights* 1111–30
(Xenophon), *Constitution of Athens*
   1.6–8, 3.1–2

Time to be taken
Seven weeks

Section Seven A–C
Aristophanes' Birds and visions of Utopia

A

Dikaiopolis and the rhapsode walk on through Athens, leaving the Spartan ambassador to his fate. On the way Dikaiopolis meets his old friends, Peisetairos and Euelpides, who are leaving Athens. They explain their dissatisfaction with Athens, and particularly the politicians, and in the course of this Dikaiopolis determines to make peace somehow. The rhapsode is not eager to involve himself, and takes a different course.

θεασάμενος τὴν τῶν ἕνδεκα ἀνομίαν ὁ Δικαιόπολις καὶ ἀκούσας   20
τοὺς τοῦ ἱκέτου λόγους, ἀπέρχεται διὰ τοῦ τῶν πολιτῶν πλήθους
πρὸς τὴν ἀγορὰν μετὰ τοῦ ῥαψῳδοῦ. καὶ Εὐελπίδης, ὁ
τοῦ Πολεμάρχου υἱός, καθορᾷ αὐτὸν πρὸς τὴν ἀγορὰν ἀπιόντα
μετὰ τοῦ ῥαψῳδοῦ, κατιδὼν δὲ πέμπει πρὸς αὐτοὺς τὸν παῖδα.
προσέρχεται οὖν ὁ παῖς ὁ τοῦ Εὐελπίδου ὡς τὸν Δικαιόπολιν,   25
προσιὼν δὲ βοᾷ.

ΠΑΙΣ	μένε, ὦ Δικαιόπολι, μένε.
ΔΙΚ.	τίς ἡ βοή; τίς αἴτιός ἐστι τῆς βοῆς ἐκείνης;

(ὁ παῖς προσελθὼν λαμβάνεται τοῦ ἱματίου)   30

ΠΑΙΣ	ἐγὼ αἴτιος τῆς βοῆς.
ΔΙΚ.	τίς ὢν σύ γε τοῦ ἐμοῦ ἱματίου λαμβάνῃ, ὦ ἄνθρωπε;
ΠΑΙΣ	παῖς εἰμι.
ΔΙΚ.	ἀλλὰ τίνος ἀνθρώπου παῖς ὢν τυγχάνεις; τίς σε ἔπεμψεν;
ΠΑΙΣ	εἰμὶ ἐγὼ τοῦ Εὐελπίδου παῖς, καὶ ἔτυχε πέμψας με 35
ἐκεῖνος. ἀσπάζεται γάρ σε Εὐελπίδης, ὁ τοῦ Πολεμάρχου.
ΔΙΚ.	ἀλλὰ ποῦ ἐστιν αὐτός;
ΠΑΙΣ	οὗτος ὄπισθεν προσέρχεται. ἆρ' οὐχ ὁρᾶτε αὐτὸν τρέχοντα
διὰ τοῦ τῶν πολιτῶν πλήθους; καὶ μετ' αὐτοῦ ἑταῖρός τις
ἕπεται, Πεισέταιρος, ὁ Στιλβωνίδου. δῆλον ὅτι   40

παῖς τις κανοῦν ἔχων

ὑμῶν ἕνεκα τρέχει. ἀλλὰ περιμένετε.

ΔΙΚ.   ἀλλὰ περιμενοῦμεν.

(ὁ Εὐελπίδης προστρέχει, κανοῦν ἔχων ἐν τῇ χειρί. προσδραμὼν δὲ φθάνει τὸν   25
Πεισέταιρον, καὶ τῆς χειρὸς τῆς τοῦ Δικαιοπόλεως λαβόμενος ἀσπάζεται)

ΕΥΕΛΠΙΔΗΣ χαῖρε, ὦ φίλε Δικαιόπολι. ποῖ δὴ καὶ πόθεν;

ΔΙΚ.   ἐκ τοῦ Πειραιῶς, ὦ βέλτιστε. προσιὼν δὲ τυγχάνω πρὸς
    τὴν ἐκκλησίαν. κυρία γὰρ ἐκκλησία γενήσεται τήμερον.

(ἐν δὲ τούτῳ τυγχάνει προσιὼν Πεισέταιρος, κόρακα ἔχων ἐπὶ τῇ χειρί)   30

ΔΙΚ.   χαῖρε καὶ σύ γε, ὦ Πεισέταιρε. ποῖ δὴ
    μετ' ἐκείνου τοῦ κόρακος; μῶν εἰς κόρακας;

ΠΕΙΣΕΤΑΙΡΟΣ πῶς δ' οὔ; ἀνιστάμεθα γὰρ ἐκ τῆς πατρίδος.

ΔΙΚ.   ἀλλὰ τί βουλόμενοι οὕτως ἀνίστασθε, ὦ φίλοι; λέγοιτε ἄν.
    ἐγὼ γὰρ πάνυ ἡδέως ἂν ἀκούοιμι τὴν αἰτίαν.   35

ΕΥ.   λέγοιμι ἄν. ζητοῦμεν γὰρ ἡμεῖς τόπον τινὰ ἀπράγμονα.
    ἐκεῖσε δ' ἴμεν, ἐλθόντες δὲ πόλιν ἀπράγμονα οἰκιοῦμεν.

ΔΙΚ.   ἀλλὰ τί βουλόμενος ἐκεῖνον τὸν κόρακα ἔχεις ἐπὶ τῇ χειρί;

ΠΕΙΣ.   οὗτος μὲν ὁ κόραξ ἡγεῖται, ἡμεῖς δὲ ἑπόμεθα. τίς γὰρ

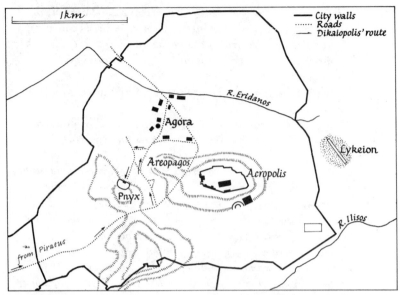

A sketch plan of Athens about 425. The agora was the town centre and market place, where the main civic buildings were. The assembly (ἐκκλησία) met on the hill of the Pnyx, and the Lykeion sports ground (γυμνάσιον) was a place for the men of the city to meet, exercise and discuss.
The Areopagus was the hill of Ares, where the Council of 400 met

ἡγεμὼν βελτίων εἰς κόρακας ἢ κόραξ;   25
ΡΑΨ. ἡγεμὼν βέλτιστος δή.

B

ΔΙΚ.   μείζονα οὖν τινα πόλιν ἢ τὰς Ἀθήνας ζητεῖς;   30
ΕΥ.   οὐ μὰ Δία οὐκ ἐκεῖνο διανοοῦμαι. οὐκ ἔστι μείζων
         ταύτης τῆς πόλεως πόλις. μέγισται γὰρ νὴ Δία αἱ Ἀθῆναι
         φαίνονται οὖσαι.
ΡΑΨ.   ἔπειτα εὐδαιμονεστέραν ταύτης τῆς πόλεως ζητεῖς πόλιν;
ΕΥ.   οὐκ ἔστιν εὐδαιμονεστέρα ἢ αὕτη ἡ πόλις. εὐδαιμονέσταται   35
         γὰρ αἱ Ἀθῆναι.
ΔΙΚ.   τί οὖν δή; τί ἐν νῷ ἔχετε; μῶν μισεῖτε τὴν πόλιν;
ΠΕΙΣ. ἀλλ' οὐ μὰ Δία οὐκ αὐτὴν μισοῦμεν τὴν πόλιν.
ΔΙΚ.   λέγετε οὖν, ὦ φίλοι, τί παθόντες ἢ τί βουλόμενοι ἐκ
         τῆς πόλεως ἀπέρχεσθε;   40

ΕΥ.   δεινὰ δὴ παθόντες καὶ ἐγὼ καὶ ὁ Πεισέταιρος οὑτοσί, ὦ
Δικαιόπολι, ἀπιέναι βουλόμεθα. βαρέως⌐ γὰρ ⌐φέρομεν τὰ
τῆς⌐πόλεως πράγματα, μάλιστα δὲ τὰ δικαστήρια.
τοιοῦτον γὰρ τὸ πάθος ἐπάθομεν εἰς τὸ δικαστήριον
εἰσελθόντες.   5

ΡΑΨ.   ποῖον τὸ πάθος; τί ποιήσαντες ἢ τί ἀδικήσαντες τὸ πάθος
ἐπάθετε;

ΕΥ.   οὐδὲν οὔτ' ἐποιήσαμεν οὔτ' ἠδικήσαμεν, ἀλλ' οἱ δικασταὶ
κατεψηφίσαντο ἡμῶν⌐ἀναιτίων⌐ὄντων διὰ τὴν τῶν
μαρτύρων ψευδομαρτυρίαν.   10

ΔΙΚ.   ἀλλ' οὐ θαυμάζω εἰ ἄλλην τινὰ πόλιν ζητοῦντες ἀνίστασθε,
ἐπεὶ δίκαια λέγετε περὶ⌐τοῦ⌐ τε ⌐δικαστηρίου⌐καὶ⌐τῶν⌐
δικαστῶν. οἱ μὲν γὰρ τέττιγες ὀλίγον χρόνον
ἐπὶ⌐τῶν⌐κραδῶν ᾄδουσιν, οἱ δὲ Ἀθηναῖοι ἐπὶ⌐τῶν δικῶν
ᾄδουσιν ἀεί. ταῦτ' οὖν εἰκότως ὑμεῖς ποιεῖτε. ἐγὼ δὲ   15
εἰκότως ταῦτα οὐ ποιήσω. φιλόπολις γάρ εἰμι, ὥσπερ οἱ
ῥήτορες, οὐδὲ παύσομαι οὐδέποτε φιλόπολις ὤν.

ΠΕΙΣ.   ὦ Δικαιόπολι, τί φῇς; μῶν φιλοπόλιδας ἡγῇ τοὺς ῥήτορας;

ΔΙΚ.   ἔγωγε. τί μήν;

ΠΕΙΣ.   ἀλλὰ πῶς φιλοῦσι τὸν δῆμον οἱ ῥήτορες; σκόπει γάρ. ὁ μὲν   20
πόλεμος ἕρπει, πανταχοῦ δὲ κλαυθμοὶ καὶ πυραὶ διὰ τὴν
νόσον, πανταχοῦ δὲ νεκροί, πολλὴ δ' ἡ ἀνομία. ἆρ'
οἰκτίρουσιν οἱ ῥήτορες τὸν δῆμον; οἰκτίρουσιν ἢ οὔ; λέγε.
τί σιωπᾷς; οὐκ ἐρεῖς; οὐκ οἰκτίρουσιν, ἀλλ' ἀπολοῦσι τὴν
πόλιν, εὖ οἶσθ' ὅτι. ἐγὼ γὰρ ὑπὲρ⌐σοῦ ἀποκρινοῦμαι. καὶ   25
πλέα μὲν ἡ γῆ τῆς⌐τόλμης αὐτῶν, πλέα δ' ἡ ἐκκλησία,
πλέα δὲ τὰ δικαστήρια, ὁ δὲ δῆμος πλέως τῆς⌐ἀπορίας.

                                                  30

C

ΔΙΚ.   ἀληθῆ γε δοκεῖς λέγειν, ὦ Πεισέταιρε. ἀλλὰ τίς σώσει τὴν
πόλιν, ἐπεὶ οὐδενὸς ἄξιοι φαίνονται ὄντες οἵ γε ῥήτορες;   35
ἴσως αὐτὸς ὁ δῆμος –

ΕΥ.   ὦ Ἡράκλεις, μὴ λέγε τοῦτό γε. ὁ γὰρ δῆμος οἴκοι μέν ἐστι
δεξιώτατος, ἐν δὲ τῇ⌐ἐκκλησίᾳ μωρότατος.

ΡΑΨ.   ἀλλ' εἰ Περικλῆς –

ΔΙΚ.   τὸν⌐Περικλέα μὴ λέγε.   40

ΡΑΨ.   πῶς φῄς, ὦ τᾶν; πάντων ἄριστός γε ἐδόκει ὁ Περικλῆς, ὡς
        φασίν.

ΠΕΙΣ. ἀλλ' ὁ ἀγαθὸς πολίτης βελτίονας ποιεῖ τοὺς πολίτας
        ἀντὶ χειρόνων. τοῦτ' ἐποίει Περικλῆς, ἢ οὔ;

ΡΑΨ.   ἐποίει νὴ Δία.   5

ΠΕΙΣ. οὐκοῦν, ὅτε Περικλῆς ἤρχετο λέγειν ἐν τῷ δήμῳ, χείρονες
        ἦσαν οἱ Ἀθηναῖοι, ὅτε δὲ ἀπέθανε, βελτίονες;

ΡΑΨ.   εἰκός. ὁ γὰρ ἀγαθὸς πολίτης βελτίους ποιεῖ τοὺς ἄλλους.

ΠΕΙΣ. ἀλλ' ἴσμεν σαφῶς καὶ ἐγὼ καὶ σύ, ὅτι πρῶτον μὲν
        εὐδόκιμος ἦν Περικλῆς ὅτε χείρους, ὡς σὺ φῄς, ἦσαν οἱ   10
        Ἀθηναῖοι, ἐπειδὴ δὲ ἐγένοντο βελτίους διὰ αὐτόν, κλοπὴν
        κατεψηφίσαντο αὐτοῦ, δῆλον ὅτι πονηροῦ ὄντος.

ΔΙΚ.   ἀληθῆ λέγεις, εὖ οἶδ' ὅτι. τίς οὖν σώσει τὴν πόλιν; ἀνὴρ
        γὰρ φιλόπολις σώσει τὴν πόλιν, ἀλλ' οὐκ ἀπολεῖ. τί δεῖ
        ποιεῖν;   15

ΡΑΨ.   δεῖ σε, ὦ Δικαιόπολι, ζητεῖν τὸ τῆς πόλεως ἀγαθόν.

ΔΙΚ.   τί τὸ ἀγαθόν, ὦ ῥαψῳδέ; οὐ γὰρ αὐτό, ὅ τι ποτ' ἐστὶ τὸ
        ἀγαθόν, τυγχάνω εἰδώς.

ΡΑΨ.   σὺ δ' οὐκ οἶσθα τί τὸ ἀγαθόν; ἐν δὲ τῇ νηὶ ἔδοξάς γε
        φιλόσοφός τις εἶναι, γνοὺς τὰ τῶν φιλοσόφων.   20

ΔΙΚ.   μὴ παῖζε πρὸς ἐμέ, ὦ ῥαψῳδέ. οἱ γὰρ φιλόσοφοι ζητοῦσιν,
        ὡς ἀκούω, τί ἐστιν ἀγαθόν, εὑρίσκειν δ' οὐδεὶς δύναται.
        οἱ μὲν γὰρ ἀρετήν, οἱ δὲ δικαιοσύνην ἡγοῦνται τὸ ἀγαθόν.
        ἀλλ' οὐδὲν ἴσασιν ἐκεῖνοι. οἱ δὲ γεωργοὶ τὸ ἀγαθὸν ἴσασι,
        τί ἐστιν. ἐν ἀγρῷ γὰρ ἔτυχον εὑρόντες αὐτό. ἔστι δ' εἰρήνη.   25
        ὁ μὲν γὰρ πόλεμος πλέως πραγμάτων, ἀπορίας, νόσου,
        παρασκευῆς νεῶν, ἡ δ' εἰρήνη πλέα γάμων, ἑορτῶν,
        συγγενῶν, παίδων, φίλων, πλούτου, ὑγιείας, σίτου, οἴνου,
        ἡδονῆς. εἰ δ' ἄλλος τις βούλεται σπονδὰς ποιεῖσθαι καὶ
        εἰρήνην ἄγειν, οὐκ οἶδα. ἀλλ' ἐγὼ αὐτὸς ἂν βουλοίμην.   30
        ἀλλὰ πῶς μόνος ὢν τὸν δῆμον ἀναπείσω; τί λέγων, ἢ τί
        βοῶν, ἢ τί κελεύων, σπονδὰς ποιήσομαι; ἀλλ' οὖν εἶμι,
        ἕτοιμος ὢν βοᾶν καὶ κακὰ λέγειν τὸν ἄλλο τι πλὴν
        περὶ εἰρήνης λέγοντα. φέρε νυν, εἰς τὴν ἐκκλησίαν,
        Δικαιόπολι.   35

ΕΥ. καὶ *ΠΕΙΣ.* καίτοι ἡμεῖς γ' ἀνιστάμεθα εἰς τὸν τόπον τὸν
        ἀπράγμονα. χαίρετε.

ΡΑΨ.   μώρους δὴ ἡγοῦμαι τούτους τοὺς ἀνθρώπους. ἐγὼ γὰρ οὐκ
        ἂν ποιοίην ταῦτα. οὔτε γὰρ εἰς ἐκκλησίαν σπεύδοιμι ἄν,
        οὔτε ἂν ἐκ τῆς πατρίδος φεύγειν βουλοίμην. ἆρ' οὐκ   40

ἴσασιν ὅτι ἀληθῆ ἐποίησεν ὁ ποιήτης ὁ ποιήσας·

'ἀλλ' ἦ˜τοι μὲν ταῦτα θεῶν ἐν γούνασι κεῖται;'
δεῖ γὰρ ἡμᾶς τὰ τῶν θεῶν δῶρα καρτερεῖν, καὶ χαλεπὰ καὶ
τὰ˜βελτίω.

'ἀλλὰ θεῶν μὲν δῶρα, καί˹ ἀχνύμενοί ˺περ, ἀνάγκῃ   5
τέτλαμεν ἄνθρωποι. ἐπὶ˹ γὰρ ζυγὸς ˺αὐχένι κεῖται.'

Section Eight A–J
Aristophanes' Wasps

Introduction

The reason that Euelpides gave for leaving Athens was that he and Peisetairos had been unjustly found guilty in a law-suit. Whatever the actual rights and wrongs of the matter, the Athenians' reputation for litigiousness was notorious throughout the Mediterranean. Pericles (Περικλῆς) had introduced pay for dikasts (δικασταί, jurors), so that even the poorest might be encouraged to take part in the democratic process of judging their fellow-man, and it would appear that some men were happy to scrape a living out of serving as dikasts. The courts handled not only judicial business, but political cases as well: their power was, potentially, enormous, and could be wielded to deadly effect. There was little 'procedure' in the courts; certainly no judge to guide dikasts and clarify the law; no question of the dikasts (usually 501 Athenian males) retiring to discuss what they had heard; few rules of evidence; and no cross-questioning of witnesses. The dikasts listened to both sides, and voted on the issue at once. In such an atmosphere, the law could easily be abused.

In *Wasps*, Aristophanes presents his vision of the 'typical' Athenian dikast, and leaves us to ponder its implications for the administration of justice in Athens.

A

The stage-set represents a house with a door and a window at a higher level. There is a bar across the door and a net draped over the window. In front of the house are standing two slaves, Sosias and Xanthias. They are supposed to be on guard duty, but Xanthias keeps falling asleep.

(ἔμπροσθεν τῆς οἰκίας εἰσὶ δοῦλοι δύο. διαλέγονται πρῶτον μὲν ἀλλήλοις, ἔπειτα τοῖς‿θεαταῖς.)

ΣΩΣΙΑΣ οὗτος, τί πάσχεις;
> *(again, louder)*
> οὗτος, τί πάσχεις;   5
> *(louder still)*
> σοὶ λέγω, ὦ Ξανθία.

ΞΑΝΘΙΑΣ *(wakes up with a start)* τίς ἡ βοή;
> *(sees Sosias)*
> τίνι λέγεις, Σωσία; τί βουλόμενος οὕτω βοᾷς; ἀπολεῖς με   10
> βοῶν.

Σ.   σοὶ λέγω, ὦ κακόδαιμον Ξανθία, καὶ σοῦ‿ἔνεκα βοῇ
     χρῶμαι. ἀλλὰ τί πάσχεις;

Ξ.   καθεύδω ἡδέως.

Σ.   καθεύδεις; ἀλλὰ λέγοιμ' ἄν τί σοι,   15
     κακοδαίμονι‿ἀνθρώπῳ‿ὄντι, καὶ δυστυχεῖ.

Ξ.   τί μοι λέγοις ἄν;

Σ.   λέγοιμ' ἄν σοι ὅτι μέγα κακόν σοι ἐμπεσεῖται. ἀπολεῖ γάρ
     σε ὁ δεσπότης. μὴ οὖν κάθευδε. ἆρ' οὐ τυγχάνεις εἰδὼς
     οἷον θηρίον φυλάττομεν;   20

Ξ.   δοκῶ γ' εἰδέναι.

Σ.   ἀλλ' οὑτοιὶ οὐκ ἴσασιν οἱ θεαταί. κάτειπε οὖν τὸν τοῦ
     δράματος λόγον τοῖς‿θεαταῖς, πολλοῖςꓘ δὴ ꓘοὖσιν.

Ξ.   καὶ‿δὴ καταλέξω τῷꓘ τῶν θεατῶν ꓘπλήθει τὸν τοῦ ἡμετέρου
     δράματος λόγον.   25

B   30

Ξ.   ἔστιν γὰρ ἡμῖν δεσπότης ἐκεινοσί, ὁ ἄνω ἥσυχος καθεύδων.
     ἆρ' οὐχ ὁρᾶτε αὐτὸν καθεύδοντα;
> *(points up to the roof)*
> ἔστι μὲν οὖν ἡμῖν δεσπότης οὗτος. τῷꓘ δὲ ꓘδεσπότῃ πατήρ   35
> ἐστι πάνυ γέρων. ὁ δὲ δεσπότης ἡμᾶς ἐκέλευε φυλάττειν
> τὸν πατέρα, κελεύοντι δὲ ἐπιθόμεθα. ἐν γὰρ ἀπορίᾳ
> ἐνέπεσεν ὁ δεσπότης περὶ τοῦ πατρός, ἐπειδὴ ἔγνω αὐτὸν
> πονηρότερον ὄντα τῶν ἄλλων ἐν τῇ‿πόλει, καὶ αἴτιον
> κακῶν πολλῶν. ἔστι γὰρ τῷ‿πατρὶ‿τῷ τοῦ δεσπότου νόσος   40

HO ΠΑΙΣ ΚΑΛΟΣ

   τις. ἐρωτῶ οὖν ὑμᾶς, ὦ θεαταί, τί τυγχάνει ὂν τὸ ὄνομα   15
ταύτῃ τῇ νόσῳ; ὑμεῖς δ' ἀποκρίνεσθε ἡμῖν ἐρωτῶσιν.
(appeals to the audience for suggestions)
φέρε νυν· τί φησιν οὗτος;

Σ.   οὑτοσὶ μὲν ἡμῖν ἀποκρινόμενος 'φιλόκυβον' ἡγεῖται τὸν
γέροντα. ἀλλὰ λέγω τῷ ἀνδρὶ ὅτι δῆλός ἐστιν οὐδὲν λέγων,   20
τοιαῦτα ἀποκρινόμενος. οὐ μὴν ἀλλὰ 'φιλο' μέν ἐστιν ἡ
ἀρχὴ τοῦ κακοῦ.

Ξ.   φιλεῖ γάρ τι ὁ γέρων. ἀλλὰ τί φησιν οὗτος;

Σ.   οὗτος δέ μοι ἐρομένῳ ἀποκρίνεται ὅτι 'φιλοθύτην' ἢ
'φιλόξενον' νομίζει τὸν πατέρα εἶναι.   25

Ξ.   μὰ τὸν κύνα, ὦ τᾶν, οὐ φιλόξενος, ἐπεὶ καταπύγων ἐστὶν ὅ
γε Φιλόξενος.

                                           30

C

Ξ.   οὐδέποτ' ἐξευρήσετε, ὦ θεαταί. εἰ δὴ βούλεσθε εἰδέναι τίς
ἡ νόσος ἡ τῷ πατρὶ ἐμπεσοῦσα, σιωπᾶτε νῦν. λέξω γὰρ
ὑμῖν ἐν ἀπορίᾳ δὴ οὖσι τὴν τοῦ γέροντος νόσον.   35
φιληλιαστής ἐστιν ὥσπερ οὐδεὶς ἀνήρ. δίκας γὰρ ἀεὶ
δικάζει καὶ τὸ δικαστήριον φιλεῖ, τῆς μὲν ἡμέρας
καθιζόμενος ἐν τῷ δικαστηρίῳ, τῆς δὲ νυκτὸς
ὀνειροπολῶν δίκας. καίτοι οἱ μὲν ἐρασταὶ γράφουσιν ἐν
θύρᾳ τινί 'Δῆμος καλός', οὗτος δὲ ἰδὼν καὶ προσιὼν   40

παραγράφει πλησίον ʻΚημὸς καλός'. τοῦτον οὖν φυλάττομεν
τούτοις τοῖς μοχλοῖς ἐγκλείσαντες, πολλοῖς τε οὖσι καὶ
μεγάλοις. ὁ γὰρ υἱὸς αὐτοῦ, ἐπεὶ τὸν πατέρα ἔμαθεν
φιληλιαστὴν ὄντα, τὴν νόσον βαρέως φέρων, πρῶτον μὲν
ἐπειρᾶτο ἀναπείθειν αὐτὸν μὴ ἐξιέναι θύραζε, τοιάδε λέγων·   5
   ʻδιὰ τί', ἦ δ' ὅς, ʻἀεὶ δίκας δικάζεις, ὦ πάτερ, ἐν
τῷ δικαστηρίῳ; ἆρ' οὐ παύσῃ ἡλιαστὴς ὤν; ἆρα
τῷ σῷ υἱῷ οὐ πείσῃ;'
   ὁ δὲ πατὴρ αὐτῷ μὴ ἐξιέναι ἀναπείθοντι οὐκ ἐπείθετο.
εἶτα ὁ υἱὸς τὸν πατέρα ἐκορυβάντιζεν. ὁ δὲ πατὴρ εἰς τὸ   10
δικαστήριον ἐμπεσὼν αὐτῷ τῷ τυμπάνῳ ἐδίκαζεν.
ἐντεῦθεν ἔνδον ἐγκλείσαντες αὐτὸν ἐφυλάττομεν τούτοις
τοῖς δικτύοις. ἔστι δ' ὄνομα τῷ μὲν γέροντι Φιλοκλέων,
τῷ δ' υἱῷ γε τούτῳ Βδελυκλέων.

αὐτῷ τῷ τυμπάνῳ

D

ΒΔΕΛΥΚΛΕΩΝ (βοᾷ τοῖς δούλοις ἀπὸ τοῦ τέγους)
  ὦ Ξανθία καὶ Σωσία, καθεύδετε;
Ξ. οἴμοι, τάλας.   5
Σ. τί ἐστιν;
Ξ. ὁ δεσπότης οὐκέτι καθεύδει ἀλλ' ἀνίσταται ἤδη καὶ βοῇ
  χρῆται.
Σ. ἀλλὰ τίσι λέγει ὁ ἀνήρ;
Ξ. λέγει τι ἡμῖν ὁ Βδελυκλέων, ὡς ἐμοὶ δοκεῖ. καὶ   10
  ἡμῖν καθεύδουσιν ἐντυχὼν ἀπολεῖ ὁ δεσπότης.
Σ. κἀμοὶ δοκεῖ λέγειν τι, Ξανθία. ἀλλὰ τί βουλόμενος
  ἀνίστασαι, ὦ δέσποτα;
ΒΔΕΛ. (pointing inside the house)
  ὅ τι; λόγῳ μὲν ὁ πατὴρ ἡσυχάζει, Σωσία, ἔργῳ δὲ   15
  βούλεται ἐξιέναι. καὶ ἀεὶ τόλμῃ χρῆται ὁ πατὴρ ἐξιέναι
  βουλόμενος. νῦν δέ, ὡς ἔμοιγε δοκεῖ, ὁ πατὴρ εἰς τὸν ἱπνὸν
  εἰσελθὼν ὀπήν τινα ζητεῖ πολλῇ σπουδῇ.
  (looking at the chimney)
  ἄναξ Πόσειδον, τί ποτ' ἄρ' ἡ κάπνη ψοφεῖ;   20
(ἐκ τῆς κάπνης ἐξέρχεται ὁ Φιλοκλέων)
  οὗτος τίς εἶ σύ;
ΦΙΛΟΚΛΕΩΝ (emerging from the chimney)
  καπνὸς ἔγωγε ἐξέρχομαι.
ΒΔΕΛ. καπνός; ἀλλὰ καπνῷ μὲν ἐξιόντι οὐχ ὅμοιος εἶ, ὡς ἔμοιγε 25
  δοκεῖ, Φιλοκλέωνι δ' ὁμοιότερος. τί δέ σοι δοκεῖ, Ξανθία;
Ξ. οὐδενὶ ὁμοιότερος εἶναί μοι δοκεῖ ἢ τῷ Φιλοκλέωνι, ὦ
  δέσποτα.
ΒΔΕΛ. (puts the cover back on the chimney)
  ἐνταῦθά νυν ζήτει τιν' ἄλλην μηχανήν.   30

E

ΦΙΛ. (commandingly)   35
  ἀλλ' ἄνοιγε τὴν θύραν.
ΒΔΕΛ. (resolutely)
  μὰ τὸν Ποσειδῶ, πάτερ, οὐδέποτέ γε.
ΦΙΛ. (a pause, then craftily)
  ἀλλ' ἔστι νουμηνία τήμερον.   40

ὁ ἡμίονος . . .   . . . φέρει Ὀδυσσέα τινά

ΒΔΕΛ. ὁ ἄνθρωπος οὗτος μέγα τι κακὸν παρασκευάζεται, ὡς
        ἔμοιγε δοκεῖ. τί σοι δοκεῖ, Ξανθία;

Ξ.   κἀὶ ἔμοιγε δοκεῖ.   20

ΦΙΛ.   (overhears)
        μὰ τὸν Δία οὐ δῆτα, ἀλλ' ἔξειμι, ἐπεὶ τὸν ἡμίονον ἐν
        τῇ ἀγορᾷ πωλεῖν βούλομαι αὐτοῖς τοῖς κανθηλίοις.

ΒΔΕΛ. πωλεῖν βούλῃ τὸν ἡμίονον αὐτοῖς τοῖς κανθηλίοις; ἀλλ'
        ἐγὼ τοῦτο ἂν δρᾶν δυναίμην.   25

ΦΙΛ.   ἐγὼ δὲ τοῦτο ἂν δυναίμην ἄμεινον ἢ σύ.

ΒΔΕΛ. οὐ μὰ τὸν Δία, ἀλλ' ἐγὼ σοῦ ἄμεινον.

ΦΙΛ.   ἀλλὰ εἰσιὼν τὸν ἡμίονον ἔξαγε.

The mule is led out of the courtyard.

ΒΔΕΛ. ἀλλὰ τί παθὼν στένεις, ἡμίονε; ἆρα ὅτι τήμερον πωλήσομέν 30
        σε; ἀλλὰ μὴ στένε μηκέτι, ἡμίονε. τί δὲ τουτὶ τὸ πρᾶγμα;
        τί στένεις, εἰ μὴ φέρεις Ὀδυσσέα τινά;

Σ.   (looks under the mule)
        ἀλλὰ ναὶ μὰ Δία φέρει κάτω γε τουτονί τινα.

ΒΔΕΛ. τίνα φέρει ὁ ἡμίονος; τίς εἶ ποτ', ὦ 'νθρωπε;   35

ΦΙΛ.   Οὖτις νὴ Δία.

ΒΔΕΛ. Οὖτις σύ; ποδαπὸς εἶ;

ΦΙΛ.   Ἰθακήσιος, ὁ τοῦ Ἀποδρασιππίδου.

ΒΔΕΛ. (to Sosias)
        ὕφελκε αὐτόν.   40

(looks at Philokleon with disgust)
ὦ μιαρώτατος. γιγνώσκω γάρ σε πάντων πονηρότατον
ὄντα. τῷⁿ γὰρ Ὀδυσσεῖ δὴ ὁμοιότατός ἐστιν ὁ πατήρ, ὡς
ἔμοιγε δοκεῖ. ἀλλ' ὦ πάτερ, σπουδῇ πάσῃ ὤθει τὸν
ἡμίονον καὶ σεαυτὸν εἰς τὴν οἰκίαν.   5
(points to a pile of stones)
σὺ δέ, Σωσία, ὤθει ταῖς χερσὶ πολλοὺς τῶν λίθων πρὸς
τὴν θύραν.
Σ.   *(busies himself with the task. Suddenly . . .)*
οἴμοι τάλας. τί τοῦτο; πόθεν ποτ' ἐνέπεσέ μοι τὸ βώλιον;   10
Ξ.   *(points to the roof)*
ἰδού, ὦ δέσποτα. ὁ ἀνὴρ στρουθὸς γίγνεται.
ΒΔΕΛ.   οἴμοι κακοδαίμων. οὐ γάρ με λανθάνει ὁ πατὴρ στρουθὸς
γιγνόμενος. ἀλλὰ φθήσεται ἡμᾶς ἐκφυγών. ποῦ ποῦ ἐστί
μοι τὸ δίκτυον; σοῦ σοῦ, πάλιν σοῦ.   15
(τῷ δικτύῳ διώκει τὸν πατέρα)
Σ.   *(with relief, determined that the old man will give no more trouble)*
ἄγε νυν. ἐπειδὴ τουτονὶ μὲν ἐνεκλείσαμεν, ἐγκλείσασιⁿ δ'
ⁿἡμῖν καὶ φύλαξιν οὖσι πράγματαⁿ οὐκ αὖθις ⁿπαρέξει ὁ
γέρων οὐδὲ λήσει ἡμᾶς ἀποδραμών, τί οὐ καθεύδομεν   20
ὀλίγον χρόνον;

F

Bdelykleon now persuades Philokleon that he should not go out to the
court, but should stay at home and judge offences committed by members
of his own household. The old man agrees, and they begin to set up the   30
courtroom.

(Βδελυκλέων τῷ πατρὶ λέγει)
ΒΔΕΛ.   ἄκουε, ὦ πάτερ, οὐκέτι σε ἐάσω εἰς τὸ δικαστήριον
ἀπιέναι, οὐδ' ἐμὲ λήσεις πειρώμενος ἐξιέναι.   35
ΦΙΛ.   *(dismayed)*
τί τοῦτο; ἀλλ' ἀπολεῖς με, οὐκ ἐάσας ἐξιέναι.
ΒΔΕΛ.   *(firmly)*
ἐνθάδε μένειν σε χρή, πάτερ, καὶ ἐμοὶ πιθέσθαι.
ΦΙΛ.   ἀλλ' ὅμως ἐγὼ δικάζειν βούλομαι.   40

    (falls to the floor in a rage)

ΒΔΕΛ. ἀνίστασο, ὦ πάτερ, ἐπεὶ τήμερον δικάσαι δυνήσῃ.

ΦΙΛ. ἀλλὰ πῶς δικάζειν μοι ἐξέσται, ἐνθάδε μένοντι;

ΒΔΕΛ. ἐν τῇ σαυτοῦ οἰκίᾳ ἔσται σοι δικαστήριον καὶ τοῖς οἰκέταις
    δικάσαι ἐξέσται.   5

ΦΙΛ. τί φής; ἀλλὰ τίνι τρόπῳ καὶ περὶ τίνος;

ΒΔΕΛ. περὶ πολλῶν. φέρε γάρ. εἰσὶ γάρ σοι πολλοὶ οἰκέται, ἀλλὰ
    εὖ οἶσθ' ὅτι οἱ οἰκέται οὐ βούλονται παύσασθαι ἀδικοῦντες
    ἀλλ' αἴτιοί εἰσι πολλῶν κακῶν. χρὴ οὖν σε κατάσκοπον
    γενέσθαι τῶν πραγμάτων τῶν ἐν τῇ οἰκίᾳ γιγνομένων. καὶ   10
    ταῦτα τὰ κακὰ ἐξέσται σοι σκοπουμένῳ τήμερον ἐξευρεῖν,
    ἐξευρόντι δὲ δίκην λαβεῖν. οὔκουν ἂν βούλοιο τοῦτο δρᾶν,
    καὶ ἀναγκάζειν τοὺς οἰκέτας τῶν κακῶν παύσασθαι καὶ
    βελτίους γενέσθαι;

ΦΙΛ. (eagerly)   15
    καὶ πάνυ βουλοίμην ἄν, ἀναπείθεις γάρ με τοῖς λόγοις. ἀλλ'
    ἐκεῖνο οὔπω λέγεις, τὸν μισθὸν ὁπόθεν λαβεῖν δυνήσομαι.
    οὔκουν βούλοιο ἂν τὸ πρᾶγμα δηλοῦν;

ΒΔΕΛ. λήψῃ παρ' ἐμοῦ.

ΦΙΛ. (satisfied)   20
    καλῶς λέγεις.

ΒΔΕΛ. καὶ ποιῆσαι τοῦτο ἐθέλοις ἄν;

ΦΙΛ. τοῦτο ἂν ποιοίην.

ΒΔΕΛ. ἀνάμενε νυν. ἐγὼ γὰρ ταχέως ἥξω φέρων τὰ τοῦ
    δικαστηρίου ταῖς χερσί. νὴ Δία, ἐξοίσω πάντα.   25

(ἀναμένει μὲν ὁ γέρων, ὁ δ' υἱὸς εἰς τὴν οἰκίαν εἰσέρχεται. δι' ὀλίγου Βδελυκλέων
ἐξελθὼν τὰ τοῦ δικαστηρίου ταῖς χερσὶ μόγις ἐκφέρει.)

ΒΔΕΛ. (panting, and finally depositing the equipment)
    ἰδού. τέλος γὰρ ἐξήνεγκον τὰ τοῦ δικαστηρίου ἐγώ.

ΦΙΛ. (looking at what Bdelykleon brought in)   30
    ἐξήνεγκας δὴ σὺ πάντα;

ΒΔΕΛ. νὴ Δία, δοκῶ γ' ἐνεγκεῖν πάντα.
    (points to a brazier)
    καὶ πῦρ γε τουτὶ ἐξήνεγκον. ἰδού, ἐγγὺς τοῦ πυρὸς φακῆ
    τίς σοί ἐστιν.   35

ΦΙΛ. (joyfully)
    ἰοὺ ἰού. ἐξέσται γάρ μοι δικάζοντι τὴν φακῆν ἐσθίειν. καὶ
    νὴ τὸν Δία αὐτὴν ἔδομαι, ὡς ἔμοιγε δοκεῖ, πάσῃ προθυμίᾳ,
    δεινὸς δὴ ὢν φαγεῖν.

    (pointing at a cockerel)

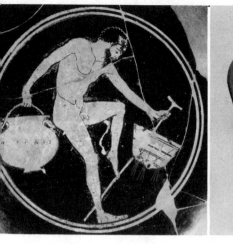

κάδον φέρει   ΚΑΔΟΣ ΕΙΜΙ

ἀτὰρ τί βουλόμενος τὸν ἀλεκτρυόνα ἐξήνεγκας;
ΒΔΕΛ.   ὅ τι; ὁ ἀλεκτρυών σ᾿ ἐγείρειν οἷός τ᾿ ἔσται τῇ φωνῇ.   20
         μακροὶ μὲν γάρ εἰσιν οἱ τῶν κατηγόρων λόγοι, σὺ δὲ
         δεινὸς καθεύδειν, καίπερ ἐν τῷ δικαστηρίῳ καθιζόμενος.

G   25

ΒΔΕΛ.   ἆρα πάντ᾿ ἀρέσκει σοι, πάτερ; εἰπέ μοι.
ΦΙΛ.   πάντα δή μοι ἀρέσκει, εὖ ἴσθ᾿ ὅτι.
ΒΔΕΛ.   οὐκοῦν κάθιζε, πάτερ. ἰδοὺ τὴν γὰρ πρώτην δίκην καλῶ.
ΦΙΛ.   μὴ κάλει τὴν δίκην, ὦ παῖ, ἀλλ᾿ ἄκουσον.   30
ΒΔΕΛ.   καὶ δὴ ἀκούω. τί λέγεις; ἴθι, ὦ πάτερ, λέξον.
ΦΙΛ.   ποῦ εἰσιν οἱ κάδοι; οὐ γὰρ δύναμαι τὴν ψῆφον θέσθαι ἄνευ
         τῶν κάδων, εὖ ἴσθ᾿ ὅτι.
(ἐκτρέχων ἄρχεται ὁ γέρων)
ΒΔΕΛ.   (shouting after him)   35
         οὗτος, σὺ ποῖ σπεύδεις;
ΦΙΛ.   κάδων ἕνεκα ἐκτρέχω.
ΒΔΕΛ.   μὴ ἄπιθι μηδαμῶς, ἀλλ᾿ ἐμοὶ πιθοῦ καὶ ἄκουσον, ὦ πάτερ.
ΦΙΛ.   (looking back over his shoulder)
         ἀλλ᾿ ὦ παῖ, δεῖ με τοὺς κάδους ζητήσαντα τὴν ψῆφον   40

αἱ κλεψύδραι   ἡ ἀμὶς κλεψύδρα ἀρίστη

θέσθαι. ἀλλ᾽ ἔασον.
(αὖθις ἄρχεται ἐκτρέχων)
ΒΔΕΛ. (points to some cups)   20
παῦσαι ἐκτρέχων, πάτερ, ἐπειδὴ τυγχάνω ἔχων ταῦτα τὰ
κυμβία. μὴ οὖν ἄπιθι.
ΦΙΛ. (satisfied)
καλῶς ͜ γε. πάντα γὰρ τὰ τοῦ δικαστηρίου πάρεστι –
(has a sudden thought)   25
πλήν –
ΒΔΕΛ. λέξον· τὸ τί;
ΦΙΛ. πλὴν τῆς κλεψύδρας. ποῦ ἐστιν ἡ κλεψύδρα; ἔνεγκέ μοι.
ΒΔΕΛ. ἰδού.
(τὴν τοῦ πατρὸς ἀμίδα δηλοῖ)   30
εἰπέ, αὕτη δὴ τίς ἐστιν; οὐχὶ κλεψύδραν ἀρίστην ἡγῇ τὴν
ἀμίδα ταύτην; πάντα νῦν πάρεστιν.

Sosias enters leading two dogs. It seems that one, Labes (Λάβης 'Grabber'), has wolfed
a whole cheese, and it is decided that the other dog should charge him with theft.
Bdelykleon orders the slaves to clear the 'courtroom' and asks for ritual prayers.   35
ΒΔΕΛ. κάθιζε οὖν, πάτερ, καὶ παῦσαι φροντίζων. ἀκούσατε,
παῖδες, καὶ ἐμοὶ πίθεσθε, καὶ ἐξενέγκατε τὸ πῦρ. ὑμεῖς δὲ
εὔξασθε πᾶσι τοῖς θεοῖς, εὐξάμενοι δὲ κατηγορεῖτε.
(ἐξενεγκόντες τὸ πῦρ ἀπέρχονται πάντες οἱ δοῦλοι, εὔχονται δὲ τοῖς θεοῖς οἱ
παρόντες)   40

The trial of Labes from Aristophanes' *Wasps*

20

H

After the prayers, Bdelykleon acts as herald and opens the proceedings.
Philokleon eats happily as he listens to the case, which is a γραφή for theft   25
brought by Dog against Labes.

ΒΔΕΛ.   εἴ τις ἡλιαστὴς ἔξω ὢν τυγχάνει, εἰσίτω καὶ σπευδέτω.
ΦΙΛ.   (looks about expectantly)
      τίς ἐσθ' ὁ φεύγων; προσίτω.   30
(προσέρχεται ὁ φεύγων, κύων ὤν)
ΒΔΕΛ.   ἀκούσατ' ἤδη τῆς γραφῆς.
      (he reads out the charge)
      ἐγράψατο Κύων Κυδαθηναιεὺς κύνα Λάβητ' Αἰξωνέα
      κλοπῆς. ἠδίκησε γὰρ ὁ φεύγων, μόνος τὸν τυρὸν   35
      καταφαγών. καὶ μὴν ὁ φεύγων οὑτοσὶ Λάβης πάρεστιν.
ΦΙΛ.   (regarding the dog balefully)
      προσίτω. ὦ μιαρὸς οὗτος, γιγνώσκω σε κλέπτην ὄντα. ἀλλ'
      ἐξαπατήσειν μ' ἐλπίζεις, εὖ οἶδα. ποῦ δ' ἐσθ' ὁ διώκων, ὁ
      Κυδαθηναιεὺς κύων; ἴθι, κύον.   40

χύτρα καὶ τὰ ἄλλα σκεύη

ΚΥΩΝ   αὖ αὖ.

ΒΔΕΛ.   πάρεστιν οὗτος.   15

ΞΑΝΘΙΑΣ   ἕτερος οὗτος αὖ Λάβης εἶναί μοι δοκεῖ, λόγῳ μὲν
ἀναίτιος ὤν, ἔργῳ δὲ κλέπτης καὶ αὐτός, καὶ ἀγαθός γε
καταφαγεῖν πάντα τὸν τυρόν.

ΒΔΕΛ.   σίγα, κάθιζε. σὺ δέ, ὦ κύον, ἀναβὰς κατηγόρει.

(ὁ δὲ κύων, ἀναβῆναι οὐκ ἐθέλων, ἀποτρέχει)   20

The dog runs off round the courtroom. At last he is caught and put on the rostrum.

ΦΙΛ.   εὖ γε. τέλος γὰρ ἀνέβη ὁ κύων. ἐγὼ δέ, ἅμα δικάζων,
πᾶσαν τὴν φακῆν ἔδομαι, τῆς δὲ κατηγορίας ἀκούσομαι
ἐσθίων.

ΚΥΩΝ   τῆς μὲν γραφῆς ἠκούσατ’, ὦ ἄνδρες δικασταί. οὗτος γὰρ ὁ   25
ἀδικήσας με ἔλαθε ἀπιὼν μόνος καὶ πάντα τὸν τυρὸν
καταφαγών. καὶ ὅτε μέρος ᾔτησα ἐγώ, οὐ παρεῖχέ μοι
αἰτοῦντι. παύσομαι κατηγορῶν· δίκασον.

ΦΙΛ.   ἀλλ’ ὦ ’γαθέ, τὸ πρᾶγμα φανερόν ἐστιν. αὐτὸ γὰρ βοᾷ. τὴν
ψῆφον οὖν θέσθαι με δεῖ, καὶ ἑλεῖν αὐτόν.   30

ΒΔΕΛ.   (appeals to Philokleon)
ἴθι, πάτερ, πρὸς τῶν θεῶν, ἐμοὶ πιθοῦ καὶ μὴ
προκαταγίγνωσκε. δεῖ γάρ σε ἀμφοτέρων ἀκοῦσαι,
ἀκούσαντα δὲ οὕτω τὴν ψῆφον θέσθαι.

ΚΥΩΝ   κολάσατε αὐτόν, ὡς ὄντα αὖ πολὺ κυνῶν ἁπάντων ἄνδρα   35
μονοφαγίστατον, καὶ ἕλετε τοῦτον.

ΒΔΕΛ.   νῦν δὲ τοὺς μάρτυρας εἰσκαλῶ ἔγωγε.

(calls out a summons)
προσιόντων πάντες οἱ Λάβητος μάρτυρες, κυμβίον,
τυρόκνηστις, χύτρα, καὶ τὰ ἄλλα σκεύη πάντα. ἴθι, ὦ κύον,
ἀνάβαινε, ἀπολογοῦ.   40

(there is a long silence from Labes)

τί παθὼν σιωπᾷς; λέγοις ἄν. ἔξεστι γάρ· καὶ δὴ δεῖ σε
ἀπολογεῖσθαι.

ΦΙΛ.   ἀλλὰ οὐ δύναται οὗτός γ', ὡς ἔμοιγε δοκεῖ. οὐ γὰρ
ἐπίσταται λέγειν.   5

ΒΔΕΛ.   κατάβηθι, ὦ κύον. ἐγὼ γὰρ μέλλω ἀπολογήσεσθαι, εὖ
εἰδὼς περὶ τὰ δικανικά.

I   10

(ὁ Βδελυκλέων τῆς ἀπολογίας ἀρχόμενος λέγει)

ΒΔΕΛ.   χαλεπὸν μέν, ὦνδρες, ἐστὶν ὑπὲρ κυνὸς τοσαύτης διαβολῆς
τυχόντος ἀποκρίνασθαι, λέξω δ' ὅμως. γιγνώσκω γὰρ
αὐτὸν ἀγαθὸν ὄντα καὶ διώκοντα τοὺς λύκους.   15

ΦΙΛ.   *(dissenting)*
κλέπτης μὲν οὖν οὗτός γ' εἶναί μοι δοκεῖ καὶ ἄξιος
θανάτου. δεῖ οὖν με ἑλεῖν αὐτὸν κλέψαντα, ἑλόντα δ' ἑτέραν
αὖ δίκην δικάζειν.

ΒΔΕΛ.   μὰ Δί', ἀλλ' ἄριστός ἐστι πάντων τῶν νυνὶ κυνῶν, ἐπειδὴ   20
οἷός τ' ἐστὶ πολλὰ πρόβατα φυλάττειν.

ΦΙΛ.   τί οὖν ὄφελος, εἰ τὸν τυρὸν ὑφαιρεῖται, ὑφελόμενος δὲ
κατεσθίει;

ΒΔΕΛ.   ὅ τι; φυλάττει γὰρ καὶ τὴν θύραν. εἰ δ' ὑφείλετο τὸν τυρόν,
συγγνώμην ἔχετε. κιθαρίζειν γὰρ οὐκ ἐπίσταται. ἄκουσον,   25
ὦ δαιμόνιε, τῶν μαρτύρων. ἀνάβηθι, τυρόκνηστι, καὶ λέξον

γυνή τις τυροκνήστιδι χρωμένη

μέγα. σὺ γὰρ τὸν τυρὸν φυλάττουσα ἔτυχες.
(ἀνίσταται ἡ τυρόκνηστις)
ἀπόκριναι σαφῶς· ἆρα κατέκνησας τὸν τυρὸν ἀμφοτέροις
τοῖς κυσίν;
(bends his head towards the grater and pretends to listen)   5
λέγει ὅτι πάντα κατέκνησεν ἀμφοτέροις.

ΦΙΛ.   νὴ Δία, ἀλλὰ γιγνώσκω αὐτὴν ψευδομένην.

ΒΔΕΛ. (pleading)
ἀλλ' ὦ δαιμόνιε, οἴκτιρε τοὺς κακὰ πάσχοντας. οὗτος γὰρ ὁ
Λάβης οὐδέποτε ἐν τῇ οἰκίᾳ μένει, ἀλλὰ τὰ σιτία ζητῶν ἐκ   10
τῆς οἰκίας ἐξέρχεται. ὁ δ' ἕτερος κύων τὴν οἰκίαν φυλάττει
μόνον. ἐνθάδε γὰρ μένων ἐλπίζει τὰ σιτία ὑφαιρήσεσθαι
παρὰ τῶν ἄλλων. καὶ ὑφελόμενος μηδέν, δάκνει.

ΦΙΛ.   (feels his resolve breaking)
αἰβοῖ. τί κακόν πότ' ἐστι τόδε; κακόν τι περιβαίνει με, καὶ   15
ὁ λέγων με πείθει τοῖς λόγοις.

ΒΔΕΛ. (still pleading)
ἴθ' ἀντιβολῶ σε, οἰκτίρατε αὐτόν, ὦ πάτερ, κακὰ παθόντα,
καὶ ἀπολύσατε. ποῦ τὰ παιδία; ἀναβαίνετε, ὦ πονηρά,
αἰτεῖτε καὶ ἀντιβολεῖτε δακρύοντα.   20

ΦΙΛ.   (exasperated)
κατάβηθι, κατάβηθι, κατάβηθι, κατάβηθι.

ΒΔΕΛ. καταβήσομαι. καίτοι τὸ 'κατάβηθι' τοῦτο πολλοὺς δὴ πάνυ
ἐξαπατᾷ. οἱ γὰρ δικασταὶ τὸν φεύγοντα καταβῆναι
κελεύουσιν, εἶτα καταβάντος αὐτοῦ καταδικάζουσιν. ἀτὰρ   25
ὅμως καταβήσομαι.

J

  30

ΦΙΛ.   (weeping)
εἰς κόρακας. ὡς οὐκ ἀγαθὴν νομίζω τὴν φακῆν. ἐγὼ γὰρ
ἀπεδάκρυσα, τὴν φακῆν ταύτην κατεσθίων.

ΒΔΕΛ. οὔκουν ἀποφεύγει δῆτα ὁ κύων;   35

ΦΙΛ.   χαλεπόν μοί ἐστιν εἰδέναι.

ΒΔΕΛ. (pleads again)
ἴθ', ὦ πατρίδιον, ἐπὶ τὰ βελτίω τρέπου.
(hands him a voting-pebble)
τήνδε λαβὼν τὴν ψῆφον τῇ χειρὶ, θὲς ἐν τῷ ὑστέρῳ κάδῳ,   40

καὶ ἀπόλυσον, ὦ πάτερ.

ΦΙΛ.   (his resolve returns)
        οὐ δῆτα. κιθαρίζειν γὰρ οὐκ ἐπίσταμαι.

ΒΔΕΛ.   φέρε⌐ νύν σε τῇδε ⌐περιάγω.

(περιάγων οὖν περίπατον πολύν, ἐπὶ τὸν ὕστερον κάδον πρῶτον βαδίζει)   5

ΦΙΛ.   ὅδε ἐσθ' ὁ πρότερος;

ΒΔΕΛ.   οὗτος. θὲς τὴν ψῆφον.

ΦΙΛ.   αὕτη ἡ ψῆφος ἐνταῦθ' ἔνεστιν.
        (puts pebble into the acquittal urn)

ΒΔΕΛ.   (πρὸς ἑαυτὸν λέγει)   10
        εὖ⌐γε. ἐξηπάτησα αὐτόν. ἀπέλυσε γὰρ Φιλοκλέων τὸν κύνα
        οὐχ ἑκών, τὴν ψῆφον θεὶς ἐν τῷ ὑστέρῳ κάδῳ.

ΦΙΛ.   πῶς ἄρ' ἠγωνισάμεθα;

ΒΔΕΛ.   δηλώσειν μέλλω.
        (looks in the urn, counts, and then declares)   15
        ἀπέφυγες ὦ Λάβης.
        (Philokleon faints)
        πάτερ, πάτερ. τί πάσχεις; οἴμοι ποῦ ἐσθ' ὕδωρ; ἔπαιρε
        σεαυτόν, ἀνίστασο.

ΦΙΛ.   (still not believing what has happened)   20
        εἰπέ νυν ἐκεῖνό μοι, ὄντως ἀπέφυγεν; ἀπολεῖς με τῷ λόγῳ.

ΒΔΕΛ.   νὴ Δία.

ΦΙΛ.   οὐδέν εἰμ' ἄρα.

ΒΔΕΛ.   μὴ φρόντιζε, ὦ δαιμόνιε, ἀλλ' ἀνίστασο.

ΦΙΛ.   ἀλλ' ἐγὼ φεύγοντα ἀπέλυσα ἄνδρα τῇ ψήφῳ; τί πάσχω; τί   25
        ποτε πείσομαι; ἀλλ' ὦ πολυτίμητοι θεοὶ συγγνώμην⌐ μοι
        ⌐ἔχετε, ὅτι ἄκων αὐτὸ ἔδρασα τὴν ψῆφον θεὶς καὶ οὐχ ἑλών.

Section Nine A–E
Aristophanes' Lysistrata

Introduction

Peisetairos and Euelpides decided that the only solution to the troubles of Athens was to escape to Cloudcuckooland. In *Lysistrata,* Aristophanes envisages the women of Athens finding a different solution by staging a sex-strike and forcing their men to end the war.

An Athenian woman had no political rights at all, but that did not mean that she had no influence, and Aristophanes could make good comedy from the idea of women taking command of their men and of public affairs, as he did in more than one play. *Lysistrata* raises perfectly serious questions about family life and husband–wife relations in general, but we should not forget that Aristophanes' aim is to make us laugh.

Note

While this passage is adapted, many lines from the original still survive. You may find it profitable to compare the original sources (quoted on p. 58) with the adaptation.

A

Lysistrata has gathered together a group of women from all over Greece to talk of ways to end the war. Lampito is a Spartan.

ΛΥΣΙΣΤΡΑΤΗ (Λυσιστράτη, ἣ Ἀθηναία ἐστὶ γυνή, παρελθοῦσα λέγει)
　　ἆρα ἐλπίζετε, ὦ γυναῖκες, μετ᾽ ἐμοῦ καταλύσειν τὸν
　　πόλεμον; εὖ γὰρ ἴστε ὅτι τὸν πόλεμον καταλύσασαι τὴν
　　εἰρήνην αὖθις ὀψόμεθα.

ΜΥΡΡΙΝΗ (Μυρρίνη, ἣ φίλη ἐστὶ Λυσιστράτῃ, ὁμολογεῖ)   10
　　νὴ τοὺς θεοὺς ἡδέως ἂν ἴδοιμι ἔγωγε τὴν εἰρήνην τὸν
　　πόλεμον καταλύσασα.

ΚΛΕΟΝΙΚΗ (καὶ Κλεονίκη, ἣ ἑτέρα φίλη τυγχάνει οὖσα, ὁμολογεῖ)
　　κἀμοὶ δοκεῖ τὸν πόλεμον καταλῦσαι. ἀλλὰ πῶς ἔξεστιν
　　ἡμῖν, γυναιξὶν οὔσαις; ἆρα μηχανήν τιν᾽ ἔχεις; δεῖ γὰρ τοὺς   15
　　ἄνδρας, οἳ τὰς μάχας μάχονται, καταλύσαντας τὸν πόλεμον
　　σπονδὰς ποιεῖσθαι.

ΛΥ.　λέγοιμ᾽ ἄν. οὐ γὰρ δεῖ σιωπᾶν. ἀλλ᾽, ὦ γυναῖκες, εἴπερ
　　μέλλομεν ἀναγκάσειν τοὺς ἄνδρας εἰρήνην ἄγειν, ἡμᾶς χρὴ
　　ἀπέχεσθαι —   20

ΜΥ.　τίνος; τίς ἡ μηχανή; λέξον ἐκεῖνο ὃ ἐν νῷ ἔχεις.

ΛΥ.　ποιήσετ᾽ οὖν ὃ κελεύω;

ΜΥ.　ποιήσομεν πάνθ᾽ ἃ κελεύεις.

ΛΥ.　δεῖ τοίνυν ἡμᾶς ἀπέχεσθαι τῶν ἀφροδισίων.

(αἱ γυναῖκες πᾶσαι, ἀκούσασαι τοὺς λόγους, οὓς λέγει Λυσιστράτη, ἀπιέναι   25
ἄρχονται)

ΛΥ.　ποῖ βαδίζετε; τί δακρύετε; ποιήσετ᾽ ἢ οὐ ποιήσετε ἃ
　　κελεύω; ἢ τί μέλλετε;

ΜΥ.　(resolutely)
　　οὐκ ἂν ποιήσαιμι τοῦθ᾽ ὃ λέγεις, ὦ Λυσιστράτη, ἀλλ᾽ ὁ   30
　　πόλεμος ἑρπέτω.

ΚΛ.　μὰ Δί᾽ οὐδ᾽ ἐγὼ γάρ, ἀλλ᾽ ὁ πόλεμος ἑρπέτω. κέλευσόν με
　　διὰ τοῦ πυρὸς βαδίζειν. τοῦτο μᾶλλον ἐθελήσαιμι ἂν ποιεῖν
　　ἢ τῶν ἀφροδισίων ἀπέχεσθαι. οὐδὲν γὰρ τοῖς ἀφροδισίοις
　　ὅμοιον, ὦ φίλη Λυσιστράτη, οὐκ ἂν ποιήσαιμι οὐδαμῶς.   35

ΛΥ.　(turns back to Myrrhine)
　　τί δαὶ σύ; ποιήσειας ἂν ἃ κελεύω;

ΜΥ.　κἀγὼ ἐθελήσαιμ᾽ ἂν διὰ τοῦ πυρός. οὐ μὰ Δία, οὐκ ἂν
　　ποιήσαιμι ἐγώ.

ΛΥ.   ὦ παγκατάπυγον τὸ ἡμέτερον ἅπαν γένος. ἆρ' οὐδεμία
        ποιήσειε ἄν, ὃ κελεύω;

        (addresses the Spartan, Lampito)
        ἀλλ' ὦ φίλη Λάκαινα, ἆρα συμψηφίσαιο ἄν μοι; οὕτω γὰρ
        τὸ πρᾶγμα σώσαιμεν ἄν ἔτι.   5

ΛΑΜΠΙΤΩ χαλεπὸν μὲν ναὶ τὼ σιὼ ἐστιν ἡμῖν ἄνευ τῶν
        ἀφροδισίων καθεύδειν. ἀλλὰ δεῖ ἡμᾶς τὸν πόλεμον
        καταλυσάσας εἰρήνην ἄγειν. συμψηφισαίμην ἄν σοι.

ΛΥ.   *(joyfully)*
        ὦ φιλτάτη σὺ καὶ μόνη τούτων γυνή.   10

ΜΥ.   *(reluctantly)*
        εἴ τοι δοκεῖ ὑμῖν ταῦτα, καὶ ἡμῖν συνδοκεῖ.

                                              15

B

ΛΑΜ. ἡμεῖς οὖν τοὺς ἡμετέρους ἄνδρας πείσασαι ἀναγκάσομεν
        εἰρήνην ἄγειν. τίνι τρόπῳ τοὺς ὑμετέρους δυνήσεσθε
        πεῖσαι, οἳ τὰς τριήρεις γ' ἔχουσι καὶ τἀργύριον; ἢ χρήμασιν   20
        ἢ δώροις ἢ τί ποιοῦσαι;

ΛΥ.   ἀλλὰ καὶ τοῦτ' εὖ παρεσκευασάμεθα, ὅτι καταληψόμεθα
        τήμερον τὴν ἀκρόπολιν, θύειν δοκοῦσαι. καταλαβοῦσαι δὲ
        φυλάξομεν αὐτὴν αὐτῷ τῷ ἀργυρίῳ.

(βοήν τινα ἐξαίφνης ἀκούει ἡ Λαμπιτώ, ἀκούσασα δὲ τὴν Λυσιστράτην   25
προσαγορεύει)

ΛΑΜ. τίς ἐβόησε; τίς αἴτιος τῆς βοῆς;

ΛΥ.   τοῦτ' ἐκεῖνο ὃ ἔλεγον. αἱ γὰρ γρᾶες, ἃς ἔδει τὴν ἀκρόπολιν
        τῆς θεοῦ καταλαβεῖν, νῦν ἔχουσιν. ἀλλ' ὦ Λαμπιτοῖ, σὺ μὲν
        οἴκαδε ἐλθοῦσα τὰ παρ' ὑμῖν εὖ θές, ἡμεῖς δ' εἰσελθοῦσαι   30
        τὴν ἀκρόπολιν, ἣν ἄρτι κατέλαβον αἱ γρᾶες, φυλάξομεν.

(ἡ μὲν Λαμπιτὼ ἀπιοῦσα βαδίζει τὴν ὁδόν, ἣ εἰς Λακεδαίμονα φέρει, αἱ δ' ἄλλαι
εἰσελθοῦσαι τὴν ἀκρόπολιν φυλάττουσιν. ἐξαίφνης δὲ βοᾷ ἡ Λυσιστράτη ἰδοῦσα
ἄνδρα τινά, ὃς τυγχάνει προσιών.)

ΛΥ.   ἰοὺ ἰοὺ γυναῖκες, ἴτε δεῦρο ὡς ἐμὲ ταχέως.   35

ΚΛ.   τί δ' ἐστίν; εἰπέ μοι, τίς ἡ βοή;

ΛΥ.   ἄνδρα ἄνδρα ὁρῶ προσιόντα. ὁρᾶτε. γιγνώσκει τις ὑμῶν
        τὸν ἄνδρα ὃς προσέρχεται;

ΜΥ.   οἴμοι.

ΚΛ.   ἀλλὰ δῆλον, Λυσιστράτη, ὅτι ἡ Μυρρίνη αὐτὸν ἔγνω.   40 ἰδοῦσα γὰρ καὶ γνοῦσα ᾤμωξε.

ΛΥ.   λέγε, ὦ Μυρρίνη. ἆρ' ἡ Κλεονίκη ἀληθῆ λέγει; τὸν ἄνδρα
        ἔγνως σύ; κἀμοὶ γὰρ δοκεῖς τὸν ἄνδρα γνῶναι.

ΜΥ.   νὴ Δία ἔγνων ἔγωγε. ἔστι γὰρ Κινησίας, οὗ γυνή εἰμι ἐγώ.

ΛΥ.   *(reveals her plan)*   5
        σὸν ἔργον ἤδη τοῦτον, ᾧ συνοικεῖς, ἐξαπατᾶν καὶ φιλεῖν
        καὶ μὴ φιλεῖν.

ΜΥ.   ποιήσω ταῦτ' ἐγώ.

ΛΥ.   καὶ μὴν ἐγὼ συνεξαπατήσαιμ' ἂν σοι παραμένουσα ἐνθάδε,
        ἀποπέμψασα τὰς γραῦς, ὧν ἔργον ἐστὶ τὴν ἀκρόπολιν   10
        φυλάττειν.

C   15

(αἱ μὲν οὖν γρᾶες ἀπέρχονται, ὁ δὲ Κινησίας ἀφικνεῖται, προσιὼν δ' ὀλοφύρεται)

ΚΙΝΗΣΙΑΣ   οἴμοι κακοδαίμων, οἷος ὁ σπασμός μ' ἔχει.

ΛΥ.   *(ἀπὸ τοῦ τείχους λέγουσα)*
        τίς οὗτος ὃς διὰ τῶν φυλάκων λαθὼν ἐβιάσατο;   20

ΚΙΝ.   ἐγώ.

ΛΥ.   ἀνὴρ εἶ;

ΚΙΝ.   ἀνὴρ δῆτα.

ΛΥ.   οὐκ ἄπει δῆτ' ἐκποδών;

ΚΙΝ.   σὺ δ' εἶ τίς, ἢ ἐκβάλλεις με;   25

ΛΥ.   φύλαξ.

ΚΙΝ.   οἴμοι.

(πρὸς ἑαυτὸν λέγων)
        δῆλον ὅτι δεῖ με δυστυχῆ ὄντα εὔξασθαι τοῖς θεοῖς ἅπασιν.
        ἴσως δὲ οἱ θεοί, οἷς εὔχομαι, δώσουσί μοι τὴν γυναῖκα   30
        ἰδεῖν.

(εὔχεται ὁ ἀνήρ)
        ἀλλ' ὦ πάντες θεοί, δότε μοι τὴν γυναῖκα ἰδεῖν.

(αὖθις τὴν Λυσιστράτην προσαγορεύει)
        πρὸς τῶν θεῶν νῦν ἐκκάλεσόν μοι Μυρρίνην.

ΛΥ.   *(appearing to soften)*   35
        σὺ δὲ τίς εἶ;

ΚΙΝ.   ἀνὴρ ἐκείνης, Κινησίας Παιονίδης, ᾧ συνοικεῖ.

(πρὸς ἑαυτὸν λέγων)
        εὖ γε, ὡς εὐξαμένῳ ἔδοσάν μοι οἱ θεοὶ τὴν Μυρρίνην ἰδεῖν.   40

ΛΥ.   (*very friendly*)
ὦ χαῖρε φίλτατε Κινησία. εὖ ἴσμεν γὰρ τὸ σὸν ὄνομα καὶ
ἡμεῖς. ἀεὶ γὰρ ἡ γυνή σ' ἔχει διὰ στόμα. καὶ μὴν λαβοῦσα
μῆλον 'ὡς ἡδέως', φησί, 'Κινησίᾳ τοῦτ' ἂν διδοίην.'

KIN.   (*his passion increasing*)
ὦ πρὸς τῶν θεῶν· ἐγὼ ὁ ἀνὴρ ᾧ Μυρρίνη βούλεται μῆλα
διδόναι;

ΛΥ.   νὴ τὴν Ἀφροδίτην. καὶ δὴ καὶ χθές, ὅτε περὶ ἀνδρῶν
ἐνέπεσε λόγος τις, ἡ σὴ γυνὴ 'πάντων', ἔφη, 'ἄριστον
νομίζω τὸν Κινησίαν.'

KIN.   (*desperately*)
ἴθι νυν κάλεσον αὐτήν.

ΛΥ.   (*stretching out her hand*)
τί οὖν; δώσεις τί μοι;

KIN.   νὴ τὸν Δία ἔγωγέ σοί τι δώσω. ἔχω δὲ τοῦτο· ὅπερ οὖν
ἔχω δίδωμί σοι. σὺ οὖν, ᾗ δίδωμι τόδε, κάλεσον αὐτήν.

(*ὃ ἔχει ἐν τῇ χειρὶ δίδωσι τῇ Λυσιστράτῃ*)

ΛΥ.   εἶεν· καταβᾶσα καλῶ σοι αὐτήν.

(*καταβαίνει ἀπὸ τοῦ τείχους*)

KIN.   ταχέως.

MY.   (*ἔνδον οὖσα*)
σὺ δ' ἐμὲ τούτῳ μὴ κάλει, Λυσιστράτη. οὐ γὰρ βούλομαι
καταβῆναι.

KIN.   ὦ Μυρρινίδιον, τί ταῦτα δρᾷς; καταβᾶσα πάσῃ σπουδῇ
δεῦρ' ἐλθέ.

MY.   μὰ Δί' ἐγὼ μὲν οὔ. ἀλλ' ἄπειμι.

KIN.   μὴ δῆτ' ἄπιθι, ἀλλὰ τῷ γοῦν παιδίῳ ὑπάκουσον.

(*τῷ παιδίῳ λέγει, ὃ θεράπων τις φέρει*)
οὗτος, οὐ καλεῖς τὴν μαμμίαν;

ΠΑΙΣ   μαμμία μαμμία μαμμία.

KIN.   αὕτη, τί πάσχεις; ἆρ' οὐκ οἰκτίρεις τὸ παιδίον, ὃ ἄλουτον
ὂν τυγχάνει;

MY.   ἔγωγε οἰκτίρω δῆτα.

KIN.   κατάβηθι οὖν, ὦ δαιμονία, τοῦ παιδίου ἕνεκα.

MY.   (*sighing*)
οἷον τὸ τεκεῖν. χρὴ καταβῆναι.

5

10

15

20

25

30

35

D

(καταβᾶσα δὲ καὶ ἀφικομένη ἡ Μυρρίνη εἰς τὴν πύλην, τὸ παιδίον προσαγορεύει)

MY.   *(fondling the child)*

    ὦ τέκνον, ὡς γλυκὺς εἶ σύ. φέρε⌐ σε ⌐φιλήσω. γλυκὺ γὰρ τὸ   5
    τῆς μητρὸς φίλημα. γλυκεῖα δὲ καὶ ἡ μήτηρ· ἀλλ' οὐ
    γλυκὺν ἔχεις τὸν πατέρα, ἀλλ' ἀμελῆ. ἐγὼ δὲ μέμφομαι τῷ
    σῷ πατρὶ ἀμελεῖ ὄντι. ὦ τέκνον, ὡς δυστυχὴς φαίνῃ ὢν διὰ
    τὸν πατέρα.

KIN.   *(angrily)*   10

    ἀλλὰ σὺ τὸν ἄνδρα ἀμελῆ καλεῖς; οὐδεμία μὲν γάρ ἐστι σοῦ
    ἀμελεστέρα, οὐδεὶς δὲ δυστυχέστερος ἐμοῦ.

(προσάγων τῇ γυναικὶ τὴν χεῖρα, λέγει)

    τί βουλομένη, ὦ πονηρά, ταῦτα ποιεῖς, γυναιξὶ πιθομένη
    τοιαύταις;   15

MY.   *(brushing aside his advances)*

    παῦσαι, κάκιστε, καὶ μὴ πρόσαγε τὴν χεῖρά μοι.

KIN.   *(pleading)*

    οἴκαδε δ' οὐ βαδιῇ πάλιν;

MY.   *(firmly)*   20

    μὰ Δί' οὐκ ἔγωγε οἴκαδε βαδιοῦμαι. ἀλλὰ πρότερον τοὺς
    ἄνδρας δεῖ τοῦ πολέμου παυσαμένους σπονδὰς ποιεῖσθαι.
    ποιήσετε ταῦτα;

KIN.   σὺ δὲ τί οὐ κατακλίνῃ μετ' ἐμοῦ ὀλίγον χρόνον;

MY.   οὐ δῆτα· καίτοι σ' οὐκ ἐρῶ γ' ὡς οὐ φιλῶ.   25

καίτοι σ' οὐκ ἐρῶ γ' ὡς οὐ φιλῶ

KIN. φιλεῖς; τί οὖν οὐ κατακλίνῃ;
MY. ὦ καταγέλαστε, ἐναντίον τοῦ παιδίου;
KIN. (turning to the slave)
  μὰ Δί', ἀλλὰ τοῦτό γ' οἴκαδε, ὦ Μανῆ, φέρε.
(ὁ θεράπων, ὃς τὸ παιδίον φέρει, οἴκαδε ἀπέρχεται)   5
  ἰδοὺ τὸ μέν σοι παιδίον καὶ δὴ ἐκποδών, σὺ δ' οὐ
  κατακλίνῃ;
MY. ἀλλὰ ποῦ γὰρ ἄν⌜ τις ⌐δράσειε τοῦτο; πρῶτον γὰρ δεῖ μ'
  ἐνεγκεῖν κλινίδιον.
KIN. μηδαμῶς, ἐπειδὴ ἔξεστιν ἡμῖν χαμαὶ κατακλίνεσθαι.   10
MY. (firmly)
  μὰ τὸν Ἀπόλλω, οὐκ ἐάσω σ' ἐγὼ καίπερ τοιοῦτον ὄντα
  κατακλίνεσθαι χαμαί.
(ἐξέρχεται)   15
KIN. (joyfully)
  ὦ τῆς εὐτυχίας· ἤ τοι γυνὴ φιλοῦσά με δήλη ἐστίν.

    20

E

(ἐπανέρχεται ἡ Μυρρίνη κλινίδιον φέρουσα)
MY. ἰδοὺ ἐγὼ ἐκδύομαι.
  (has a sudden thought)   25
  καίτοι ψίαθον χρή μ' ἐνεγκεῖν.
KIN. (surprised)
  ποία ψίαθος; μὴ μοί γε. ἀλλὰ δός μοί νυν κύσαι.
MY. ἰδού.
(κύσασα τὸν ἄνδρα αὖθις ἐξέρχεται. φέρουσα δὲ ψίαθον πάνυ ταχέως   30
ἐπανέρχεται.)
  ἰδού, ψίαθος. ἀλλὰ τί οὐ κατακλίνῃ; καὶ δὴ ἐκδύομαι.
  (another sudden thought)
  καίτοι προσκεφάλαιον οὐκ ἔχεις.
KIN. (belligerently)   35
  ἀλλ' οὐ δέομαι οὐδέν ἔγωγε.
MY. (firmly)
  νὴ Δί', ἀλλ' ἐγὼ δέομαι.
(αὖθις ἐξέρχεται. ἐπανέρχεται δὲ προσκεφάλαιον φέρουσα.)
MY. ἀνίστασο, ἀναπήδησον.   40

τὸ στρόφιον ἤδη λύομαι   νῦν σε φιλήσω

KIN.   (shaking his head)
        ἤδη πάντ᾽ ἔχω, ὅσων δέομαι.

MY.   ἅπαντα δῆτα;

KIN.   δεῦρό νυν, ὦ Μυρρινίδιον.   20

MY.   (teasing, then seriously)
        τὸ στρόφιον ἤδη λύομαι. ἀλλὰ φύλαξαι μή μ᾽ ἐξαπατᾶν
        περὶ τῶν σπονδῶν, περὶ ὧν ἄρτι λόγους ἐποιούμεθα.

KIN.   (absently)
        νὴ Δί᾽, ἀπολοίμην ἄρα.   25

MY.   (ἐξαίφνης παύεται ἐκδυομένη)
        σισύραν οὐκ ἔχεις.

KIN.   (shouting out in frustration)
        μὰ Δί᾽, οὐδὲ δέομαί γε, ἀλλὰ βινεῖν βούλομαι.

MY.   (teasing again)   30
        ἀμέλει ποιήσεις τοῦτο. ταχὺ γὰρ ἔρχομαι.

(ἐξέρχεται)

KIN.   (sighing wearily)
        ἡ ἄνθρωπός διαφθερεῖ με ταῖς σισύραις.

(ἐπανέρχεται ἡ Μυρρίνη σισύραν φέρουσα)   35

        (firmly)
        νῦν σε φιλήσω. ἰδού.

MY.   (holds him off)
        ἀνάμενε. ἆρα μυρίω σε;

KIN.   μὰ τὸν Ἀπόλλω, μή ἐμέ γε.   40

MY.   (*firmly, picking up a flask of ointment*)
νὴ τὴν Ἀφροδίτην, ποιήσω τοῦτο. πρότεινε δὴ τὴν χεῖρα
καὶ ἀλείφου λαβών, ὅ σοι δώσω.

KIN.   (*suspiciously*)
οὐχ ἡδὺ τὸ μύρον ὅ μοι ἔδωκας. διατριβῆς γὰρ ὄζει, ἀλλ'   5
οὐκ ὄζει γάμων.

MY.   (*looking in mock anger at the flask*)
τάλαιν' ἐγώ, τὸ 'Ρόδιον ἤνεγκον μύρον.

KIN.   (*impatiently*)
ἀγαθόν. ἔα αὐτό, ὦ δαιμονία. κάκιστ' ἀπόλοιτο, ὅστις   10
πρῶτος ἐποίησε μύρον. ἀλλὰ κατακλίνηθι καὶ μή μοι φέρε
μηδέν.

MY.   ποιήσω ταῦτα, νὴ τὴν Ἄρτεμιν, ὑπολύομαι γοῦν. ἀλλ', ὦ
φίλτατε, σπονδὰς ποιεῖσθαι ψηφιεῖ;

KIN.   (*absently*)   15
ψηφιοῦμαι.

(*ἡ Μυρρίνη ἀποτρέχει*)
τί δὲ τουτὶ τὸ πρᾶγμα; ἡ γυνὴ ἀπελθοῦσά μ' ἔλιπεν. οἴμοι,
τί πάσχω; τί πείσομαι; οἴμοι, ἀπολεῖ με ἡ γυνή. τίνα νῦν
βινήσω; οἴμοι. δυστυχέστατος ἐγώ.   20

Section Ten A–C
Aristophanes' Akharnians

Introduction

We return for the last time to Dikaiopolis, who ceases to be a mere observer of the troubles which seem to him to infect Athens, and which he attributes chiefly to the war and the Athenians' obstinate refusal to end it. Dikaiopolis is the hero of Aristophanes' comedy *Akharnians*.

View across the agora from the north west (c. 425)

A

Dikaiopolis has made his way to the Assembly on the Pnyx, and is determined to take action to find peace for himself. He looks around in surprise at the empty Assembly.

ΔΙΚΑΙΟΠΟΛΙΣ ἀλλὰ τί τοῦτο; οἶδα γὰρ ὅτι κυρία ἐκκλησία
γενήσεσθαι μέλλει τήμερον. ἀλλ' ἐρῆμος ἡ Πνὺξ αὑτηί.

(looks down into the agora*)*

οἱ δὲ ἐν τῇ ἀγορᾷ πρὸς ἀλλήλους διαλεγόμενοι ἄνω καὶ   10
κάτω τὸ σχοινίον φεύγουσιν. ὀψὲ δὲ οἱ πρυτάνεις ἥξουσιν,
εὖ οἶδα. ἀλλ' ὅπως εἰρήνη ἔσται φροντίζει οὐδείς. ἐγὼ δ'
ἀεὶ πρῶτος εἰς τὴν ἐκκλησίαν εἰσιὼν καθίζω, καὶ μόνος ὤν,
ἀποβλέπω εἰς τὸν ἀγρόν, εἰρήνην φιλῶν, μισῶν μὲν ἄστυ,
τὸν δ' ἐμὸν δῆμον ποθῶν.   15

(pauses; looks at the entrance)

ἀλλ' οἱ πρυτάνεις γὰρ οὑτοιὶ ὀψὲ ἥκουσι. τοῦτ' ἐκεῖνο ὃ
ἐγὼ ἔλεγον.

Proceedings begin: the herald invites speakers.

ΚΗΡΥΞ *(κηρύττει)*   20
πάριτ' εἰς τὸ πρόσθεν. πάριτ' ἐντὸς τοῦ καθάρματος.

(παρέρχονται εἰς τὸ πρόσθεν πάντες οἱ παρόντες. παρελθόντων δὲ πάντων,
ἐξαίφνης τὸν κήρυκα προσαγορεύει τις, 'Αμφίθεος ὀνόματι.)

ΑΜΦΙΘΕΟΣ *(anxiously)*
ἤδη τις εἶπε;   25

(ὁ μὲν 'Αμφίθεος μένει, ὁ δὲ κῆρυξ οὐκ ἀποκρίνεται. μένοντος δ' 'Αμφιθέου,
κηρύττει ἔτι.)

ΚΗΡΥΞ τίς ἀγορεύειν βούλεται;
ΑΜΦΙ. *(αὖθις τὸν κήρυκα προσαγορεύει)*
ἐγώ.   30
ΚΗΡΥΞ τίς ὤν;
ΑΜΦΙ. 'Αμφίθεος.
ΚΗΡΥΞ οὐκ ἄνθρωπος;
ΑΜΦΙ. οὔκ, ἀλλὰ ἀθάνατος, ὃν ἐκέλευσαν οἱ θεοὶ σπονδὰς ποιῆσαι
πρὸς Λακεδαιμονίους. ἀλλ' ἀθανάτῳ ὄντι, ὦνδρες, ἐφόδια   35
οὐκ ἔστι μοι ἃ δεῖ. οὐ γὰρ διδόασιν οἱ πρυτάνεις. ἐλπίζω
οὖν δέξεσθαι τὰ ἐφόδια —

τοξότης τις

ΡΗΤΩΡ ΤΙΣ εὖ ἴστε, ὦ ἄνδρες Ἀθηναῖοι, ὅτι εὔνους εἰμὶ
        τῷ πλήθει. μὴ οὖν ἀκούετε τούτου, εἰ μὴ περὶ πολέμου
        λέγοντος.
(ἐπαινοῦσι καὶ θορυβοῦσιν οἱ Ἀθηναῖοι)
ΚΗΡΥΞ οἱ τοξόται.   30
(εἰσελθόντες οἱ τοξόται τὸν Ἀμφίθεον ἀπάγουσιν. ἀπαγόντων δὲ αὐτῶν, ὀργίζεται
Δικαιόπολις.)
ΔΙΚ.   ὦνδρες πρυτάνεις, ἀδικεῖτε τὴν ἐκκλησίαν τὸν ἄνδρα
        ἀπάγοντες, ὅστις ἡμῖν ἔμελλε σπονδὰς ποιήσειν.
ΚΗΡΥΞ κάθιζε, σίγα.   35
ΔΙΚ.   μὰ τὸν Ἀπόλλω, ἐγὼ μὲν οὔ, ἀλλὰ περὶ εἰρήνης
        χρηματίσατε.
ΚΗΡΥΞ οἱ πρέσβεις οἱ παρὰ βασιλέως.

B

ΔΙΚ.   ὄλοιντο πάντες Ἀθηναῖοι ὅσοι ἐπαινοῦσί τε καὶ πείθονται
οἷς λέγουσιν οἱ πρυτάνεις, κάκιστα δ' ἀπόλοιντο οἱ ῥήτορες
οἳ τὸν δῆμον θωπεύουσι καὶ ἐξαπατῶσιν ἀεί. τί γὰρ οὐ   5
πάσχομεν ἡμεῖς οἱ γεωργοὶ ὑπ' αὐτῶν; ἀεὶ γὰρ ὑπ' αὐτῶν
ἐξαπατώμεθα καὶ ἀδικούμεθα καὶ ἀπολλύμεθα. ἀλλὰ τί
ἔξεστιν ἡμῖν ποιεῖν, οὕτως ἀεὶ ὑπ' αὐτῶν ἀδικουμένοις; ὁ
γὰρ δῆμος δοκεῖ γ' ἥδεσθαι πειθόμενος ὑπὸ τῶν ῥητόρων,
καὶ τοῖς λόγοις αὐτῶν θωπευόμενος καὶ ἐξαπατώμενος καὶ   10
διαφθειρόμενος. ἀεὶ γὰρ τιμᾶται ὑπὸ τοῦ δήμου ὁ λέγων
ὅτι 'εὔνους εἰμὶ τῷ πλήθει', οὐδέποτε τιμᾶται ὁ χρηστὸς ὁ
τὰ χρηστὰ συμβουλεύων.
       ἴσως δὲ ἂν φαίη τις 'τί οὖν; ἐλεύθερός γ' ὁ δῆμος καὶ
αὐτὸς ἄρχει, καὶ ὑπ' οὐδενὸς ἄλλου ἄρχεται. εἰ δὲ τυγχάνει   15
βουλόμενος ὑπὸ τῶν ῥητόρων ἐξαπατᾶσθαι καὶ πείθεσθαι
καὶ θωπεύεσθαι, ἔστω.'
       ἐγὼ δ' ἀποκρίνομαι, 'καίτοι οἱ μὲν ναῦται κρατοῦσιν ἐν
τῇ ἐκκλησίᾳ, οἱ δὲ γεωργοὶ ἄκοντες ἀναγκάζονται οἰκεῖν ἐν
τῷ ἄστει, ἀπολλύμενοι τῇ οἰκήσει καὶ τῇ ἀπορίᾳ καὶ τῇ   20
νόσῳ.'
       ἴσως δὲ ἀποκρίναιτ' ἂν οὗτος 'σὺ δὲ ἐλεύθερος ὢν οὐ
τυγχάνεις; μὴ οὖν φρόντιζε μηδέν, μήτε τοῦ δήμου μήτε
τῶν ῥητόρων μήτε τοῦ πολέμου μήτε τῶν νόμων ἢ
γεγραμμένων ἢ ἀγράφων. ἐν γὰρ ταύτῃ τῇ πόλει οὐδεὶς ὑπ'   25
οὐδενὸς οὐδέποτε ἀναγκάζεται ποιεῖν ἃ μὴ ἐθέλει. ἀτεχνῶς
δὲ ἐλευθέρους ἡγοῦμαι τούς τε ἵππους καὶ τοὺς ἡμιόνους
τοὺς ἐν τῇ πόλει, οἳ κατὰ τὰς ὁδοὺς πορευόμενοι ἐμβάλλειν
φιλοῦσι τοῖς ὁδοιπόροις τοῖς μὴ ἐξισταμένοις.'
       εἶεν. γνοὺς οὖν ἐμαυτὸν ἐλεύθερόν γ' ὄντα καὶ οὐκ   30
ἀναγκαζόμενον ὑπ' οὐδενὸς ποιεῖν ἃ μὴ ἐθέλω, τῶν ἄλλων
πολεμούντων ἐγὼ αὐτὸς οὐ πολεμήσω, ἀλλ' εἰρήνην ἄξω.
Ἀμφίθεε, δεῦρ' ἐλθέ· ἀλλ' Ἀμφίθεός μοι ποῦ ἐστιν;
ΑΜΦΙ. πάρειμι.
ΔΙΚ.   (δοὺς τῷ Ἀμφιθέῳ ὀκτὼ δραχμάς)   35
σὺ ταυτασὶ λαβὼν ὀκτὼ δραχμὰς σπονδὰς ποιῆσαι πρὸς
Λακεδαιμονίους ἐμοὶ μόνῳ καὶ τοῖς παιδίοις.
(τοῦ Δικαιοπόλεως δόντος τὰ ἐφόδια, ἀπέρχεται ὁ Ἀμφίθεος)
       (turns to the Prytanes)
       ὑμεῖς δὲ πρεσβεύεσθε, ἔπειτα δὲ ἐκδικάζετε, ἔπειτα   40

χρηματίζετε περὶ τοῦ πολέμου καὶ περὶ πόρου χρημάτων
καὶ περὶ νόμων θέσεως καὶ περὶ συμμάχων καὶ περὶ
τριήρων καὶ περὶ νεωρίων καὶ περὶ ἱερῶν. ἀλλ' οὔτε
τριήρων οὔτε νεωρίων δεῖται ἡ πόλις, εἰ μέλλει
εὐδαιμονήσειν, οὔτε πλήθους οὔτε μεγέθους, ἄνευ εἰρήνης.   5

C

ΔΙΚ.   ἀλλ' ἐκ Λακεδαίμονος γὰρ Ἀμφίθεος ὁδί. χαῖρ' Ἀμφίθεε.   10
(Δικαιοπόλεως δὲ ταῦτα εἰπόντος, ὁ Ἀμφίθεος τρέχει ἔτι)
ΑΜΦΙ.   μήπω γε, Δικαιόπολι. δεῖ γάρ με φεύγοντ' ἐκφυγεῖν
        Ἀχαρνέας.
ΔΙΚ.   τί δ' ἐστίν;   15
ΑΜΦΙ.   (looks around anxiously)
        ἐγὼ μὲν δεῦρό σοι σπονδὰς φέρων ἔσπευδον. ἀλλ' οὐκ
        ἔλαθον τοὺς Ἀχαρνέας. οἱ δὲ γέροντες ἐκεῖνοι,
        Μαραθωνομάχαι ὄντες, εὐθὺς αἰσθόμενοί με σπονδὰς
        φέροντα ἐβόησαν πάντες, 'ὦ μιαρώτατε, σπονδὰς φέρεις,   20
        Λακεδαιμονίων τὴν ἡμετέραν γῆν ὀλεσάντων;' καὶ λίθους
        ἔλαβον. λίθους δὲ λαβόντων αὐτῶν, ἐγὼ ἔφευγον. οἱ δ'
        ἐδίωκον καὶ ἐβόων.
ΔΙΚ.   οἱ δ' οὖν βοώντων. ἀλλὰ τὰς σπονδὰς φέρεις;
ΑΜΦΙ.   ἔγωγέ φημι.   25
        (produces some sample bottles from his pouch)
        τρία γε ταυτὶ γεύματα.
(δίδωσιν αὐτῷ γεῦμά τι)

δίδωσιν αὐτῷ γεῦμά τι

αὗται μέν εἰσι πεντέτεις. γεῦσαι λαβών.

ΔΙΚ.   (δόντος Ἀμφιθέου, γεύεται Δικαιόπολις)
αἰβοῖ.

ΑΜΦΙ.   τί ἐστιν;

ΔΙΚ.   οὐκ ἀρέσκουσί μοι ὅτι ὄζουσι παρασκευῆς νεῶν.   5

ΑΜΦΙ.   (δοὺς ἄλλο τι γεῦμα)
σὺ δ' ἀλλὰ τάσδι τὰς δεκέτεις γεῦσαι λαβών.

ΔΙΚ.   ὄζουσι χαὗται πρεσβέων εἰς τὰς πόλεις ὀξύτατα.

ΑΜΦΙ.   ἀλλ' αὗταί εἰσι σπονδαὶ τριακοντούτεις κατὰ γῆν τε καὶ
θάλατταν.   10

ΔΙΚ.   (*joyfully*)
ὦ Διονύσια, αὗται μὲν ὄζουσ' ἀμβροσίας καὶ νέκταρος.
ταύτας ἥδιστ' ἂν αἱροίμην, χαίρειν πολλὰ κελεύων τοὺς
Ἀχαρνέας. ἐγὼ δὲ πολέμου καὶ κακῶν παυσάμενος ἄξειν
μέλλω εἰσιὼν τὰ κατ' ἀγροὺς Διονύσια.   15

ΑΜΦΙ.   (κατιδὼν προσιόντας τοὺς Ἀχαρνέας)
ἐγὼ δὲ φεύξομαί γε τοὺς Ἀχαρνέας.

PART FOUR
Women in Athenian society

Introduction

Institutionally, Athenian society was male-dominated; and nearly all Greek literature was written by men. How then can we assess the impact and importance of women in Athenian society, especially when we cannot help but see them through twentieth-century eyes? A straight, short and true answer is 'With much difficulty'. But the question is an important one for many reasons, particularly because women play such a dominant role in much Greek literature (e.g. Homer, tragedy and, as we have seen, comedy).

One of the best sources we have for the attitudes and prejudices of the ordinary people in Athenian society is the speeches from the law courts, and much information about women's lives emerges almost

An Athenian wedding

incidentally from these to balance the silence of some literary sources
and the 'tragic' stature of the great dramatic heroines.

In the *Prosecution of Neaira* the prosecutor, Apollodoros, charges
the woman Neaira with being an alien (i.e. non-Athenian) and living
with an Athenian Stephanos as if she were his wife, so falsely claiming
the privileges of Athenian citizenship. Apollodoros mentions her
early life in Corinth as a slave and prostitute, and how her subsequent
career took her all over Greece and brought her into contact with
men in the first rank of Athenian society, before she eventually settled
down with Stephanos. Apollodoros' condemnation of her behaviour,
which he denounces as a threat and affront to the status and security of
native Athenian women, indicates by contrast his attitude to citizen
women.

It is important to remember that Apollodoros' aim is to win his
case. We can therefore assume that everything he says is, in his
opinion, calculated to persuade the hearts and minds of the jury, 501
Athenian males over the age of 30. You must continually ask yourself
the question 'What do Apollodoros' words tell us about the average
Athenian male's attitude to the subject under discussion?'

Counterpointing the speech are discussions of some of the prosecu-
tor's points by three listening dikasts, Komias, Euergides and Strymo-
doros. Their reactions serve to bring out some of the attitudes and
prejudices which the prosecutor was trying to arouse.

The picture of the status of women in Athens given in Apollo-
doros' prosecution of Neaira is balanced by the figure of a mythical
heroine. Alkestis was traditionally the supreme example of a
woman's devotion. Euripides enables us to see the mythical heroine
very much in terms of a fifth-century Athenian woman in her
concern for her husband and children.

Sources
Demosthenes 59, *The Prosecution of Neaira (pass.)*
Euripides, *Alkestis* 150–207
(For the dikast dialogue) Extracts from Plato, Aristophanes, Solon,
Theokritos, Demosthenes, Lysias

Time to be taken
Seven weeks

Sections Eleven to Thirteen
The prosecution of Neaira

Introduction

These selections are adapted from the speech *Κατὰ Νεαίρας, The Prosecution of Neaira* (attributed to Demosthenes), given by Apollodoros in the Athenian courts about 340. Neaira is accused of being non-Athenian and of claiming marriage to the Athenian Stephanos, and so usurping the privileges of citizenship. Citizenship at Athens was restricted to the children of two Athenian citizen parents, legally married, and it was a jealously guarded privilege. Apollodoros was therefore able to bring the charge as a matter of public interest, in a γραφή. He sketches Neaira's past to prove that she is an alien, but also makes great play of the fact that she was a slave and prostitute as well, thus making her 'pretence' to Athenian citizenship all the more shocking; and goes on to show that Stephanos and Neaira were treating Neaira's alien children as if they were entitled to Athenian citizenship. This evidence gives Apollodoros the occasion to claim that Neaira and Stephanos are undermining the whole fabric of society.

Apollodoros had a personal interest in the matter as well, for he had a long-standing feud with Stephanos, as the start of the speech makes clear. If Apollodoros secured Neaira's conviction, she would be sold into slavery: Stephanos' 'family' would be broken up (and Neaira and Stephanos, formally married or not, had been living together for probably thirty years by the time of this case) and Stephanos himself would be liable to a heavy fine; if he could not pay it, he would lose his rights of citizenship (ἀτιμία). It is revenge on Stephanos that Apollodoros is really after, which is why Stephanos is so heavily implicated in the incidents cited. Neaira just happens to be the weak point through which Apollodoros can hit at Stephanos.

The speech draws attention to a number of important points about the Athenian world, among which we draw especial attention to:

(i) Personal security for oneself, one's property and one's family depended first and foremost on being a full citizen of the πόλις. In return for this personal security, the citizen was expected to do his duty by the community of which he was a member. This bond of obligation between citizen and πόλις, expressed most powerfully in the laws of the community, was shaken if outsiders forced their way in, and consequently the πόλις was at risk if those who had no duty to it inveigled their way in. The close link which the native inhabitants felt with their local patron god, on whose protection they had a strong claim, could also be weakened by the intrusion of outsiders.

(ii) Athenians were extremely sensitive about their status in other people's eyes. In the face of a personal affront (however justified), an Athenian would be applauded for taking swift and decisive steps to gain revenge (remember that Christianity was some 500 years away from fifth-century Athens). Any citizen whose rights to citizenship had been put at risk (as Apollodoros' had been by Stephanos) would be quick to seek retribution, on whatever grounds he could find, and he would not be afraid to explain that personal revenge was the motive for the attack (imagine the consequences of saying that to a jury today).

(iii) While it is dangerous to generalise about the status of women in the ancient world, Apollodoros in this speech says what he thinks he *ought* to say about Neaira in particular and women in general in order to win over a jury of 501 males over the age of 30. He paints an unpleasant and quite unsympathetic picture of Neaira because he hopes the jury will respond favourably to that; and while we may feel moved to sympathy by Neaira's experience as a slave and prostitute (over which she almost certainly had no choice) and by her efforts to gain security for her children by marriage with Stephanos, Apollodoros clearly presumed that his audience's response would be very different.

Again, Apollodoros' picture of citizen women as either highly virtuous or rather weak-headed was not drawn because he necessarily believed it or because it was the case. It was supposed to strike a chord in the hearts of his listeners – nothing more or less. The speech thus gives us an invaluable glimpse into what an average Athenian male might be presumed to think about the opposite sex, both citizen and alien. With such evidence of attitudes and prejudices before us, it

should be easier for us to assess, for example, the emotional impact
that a figure such as Antigone or Medea might have had upon an
Athenian audience.

(iv) In a world where the spoken word is the main means of com-
munication and persuasion, and the mass meeting the main context,
the orator's art is of the highest importance. It was a skill much
cultivated and admired by Athenian writers, and much suspected by
thinkers like Plato (himself, of course, a master of the art). However
unsympathetic the twentieth century may be to the orator's art
(though it is simply one variant of a number of means of persuading
people, with which we are far more conversant than the Greeks who
did not have radio, T.V. or *The Sunday Times*), it is important to
understand it and the impact it had on the Greek world.

The speech

The speech is set in the context of a meeting between three of the
dikasts who will be judging the case – the experienced Komias and
Euergides, and the inexperienced Strymodoros. They appear at the
beginning and end of the speech, but hardly interrupt the flow of
evidence at all.

The speech is divided up as follows:

Section Eleven: Neaira as slave

A–B: The dikasts enter the court.

C. Apollodoros outlines in general his motives for bringing the action
and the dikasts urge Strymodoros not to believe everything that he
hears.

D: Apollodoros reviews his grudge against Stephanos and details the
charge against Neaira.

E: The dikasts argue about the validity of Apollodoros' motives.

F: Apollodoros sketches Neaira's past as a slave in Corinth.

G: Strymodoros' memory lets him down.

H: Neaira runs away from Phrynion and meets Stephanos.

I: Neaira sets up home with Stephanos in Athens.

Section Twelve: Neaira as married woman

A: Stephanos marries off Neaira's daughter Phano to the Athenian
Phrastor, briefly.

B: Phrastor falls ill and re-adopts Phano's son.

C: Phrastor recovers and marries someone else.

D: The incident between Phano and Phrastor is reviewed.
E: Stephanos marries Phano off to Theogenes.
F: The Areopagos find out and call Theogenes to account.
G: Komias suggests arguments Stephanos will use to clear his name.
I: Apollodoros implicates Stephanos along with Neaira in the charges.

Section Thirteen: *guarding a woman's purity*
A–B: How could anyone not condemn a woman like Neaira?
C–D: Komias argues that the acquittal of Neaira would be intolerable.
E: Apollodoros' final appeal to the dikasts.
F. The dikasts await the speech for the defence – and their pay.

The characters
The main characters involved are:
Komias, Euergides, Strymodoros: three listening dikasts.
Apollodoros: the prosecutor, making the speech, a man with a reputation for litigiousness.
Neaira: the defendant, a woman now living in Athens with Stephanos. It is her past that Apollodoros uncovers in an attempt to prove that she is non-Athenian and pretending to be married to Stephanos.
Stephanos: a personal enemy of Apollodoros and an old adversary in several legal and political battles in the past. He brought Neaira back to Athens from Megara, and is claimed by Apollodoros to be living with Neaira as if they were husband and wife.
Nikarete: Neaira's owner and 'madam' in Corinth in her youth.
Phrynion: one of Neaira's lovers, a wealthy and well-connected figure in Athenian society. She went to live with him after buying her freedom from her two previous lovers Timanoridas and Eukrates (largely because he gave her most of the money for her freedom). She ran away from him to Megara; on her return to Athens with Stephanos, Phrynion and Stephanos clashed over who rightfully owned her.
Phano: Neaira's daughter, and therefore non-Athenian. But Stephanos tried to palm her off as *his* own Athenian daughter to a number of Athenian men. These included:
   Phrastor: a self-made man who had quarrelled with his family, and
   Theogenes: a poor man who had been chosen by lot as *archon basileus*, the position of greatest importance in conducting the religious rites of the Athenian state.

Section Eleven A–I
Neaira as slave

A

κελεύοντος τοῦ κήρυκος ἥκουσιν οἱ δικασταὶ εἰς τὸ δικαστήριον.
καὶ ἄλλος ἄλλον ὡς ὁρῶσιν ἥκοντα, εὐθὺς ἀσπάζονται, λαβόμενοι
τῆς χειρός. ἐπεὶ δὲ ἥκουσιν ὁ Κωμίας καὶ Εὐεργίδης εἰς τὸ   15
δικαστήριον – οὗ μέλλουσι δικάσειν γραφήν τινα περὶ
Νεαίρας – ἀσπάζεται ὁ ἕτερος τὸν ἕτερον.

ΕΥΕΡΓΙΔΗΣ χαῖρε, ὦ Κωμία.
ΚΩΜΙΑΣ νὴ καὶ σύ γε, ὦ Εὐεργίδη. ὅσος ὁ ὄχλος. ἀλλὰ τίς ἐστιν   20
  οὑτοσί; οὐ δήπου Στρυμόδωρος ὁ γείτων; ναὶ μὰ τὸν Δία,
  αὐτὸς δῆτ' ἐκεῖνος. ὦ τῆς τύχης. ἀλλ' οὐκ ἤλπιζον
  Στρυμοδώρῳ ἐντεύξεσθαι ἐν δικαστηρίῳ διατρίβοντι, νέῳ
  δὴ ὄντι καὶ ἀπείρῳ τῶν δικανικῶν.
ΕΥ. τί οὐ καλεῖς αὐτὸν δεῦρο; ἐξέσται γὰρ αὐτῷ μεθ' ἡμῶν   25
  καθίζειν.
ΚΩ. ἀλλὰ καλῶς λέγεις καὶ καλοῦμεν αὐτόν. ὦ Στρυμόδωρε,
  Στρυμόδωρε.

The agora area of Athens, where the law-courts were.

ΣΤΡΥΜΟΔΩΡΟΣ χαίρετε, ὦ γείτονες. ὅσον τὸ χρῆμα τοῦ ὄχλου.
(ὠθεῖται ὑπὸ δικαστοῦ τινος, ὃς τοῦ ἱματίου λαμβάνεται)
     οὗτος, τί βουλόμενος ἐλάβου τοῦ ἐμοῦ ἱματίου; ὄλοιο.
ΕΥ.   εὖ γε. κάθιζε.   5

Β

(εἰσέρχεται Ἀπολλόδωρος ὁ κατήγορος)   10
ΣΤΡ. ἀλλὰ τίς ἐστιν ἐκεῖνος, ὃς πρὸς τὸ βῆμα προσέρχεται
      ταχέως βαδίζων;
ΚΩ.   τυγχάνει κατηγορῶν ἐν τῇ δίκῃ οὗτος, ᾧ ὄνομά ἐστιν
      Ἀπολλόδωρος, φύσις δὲ αὐτοῦ πολυπράγμων.
ΕΥ.   ἀλλ' οὐδὲν διαφέρει εἴτε πολυπράγμων ἡ φύσις αὐτοῦ ἢ οὔ.   15
      δεῖ γὰρ ἡμᾶς κοινὴν τὴν εὔνοιαν τοῖς ἀγωνιζομένοις
      παρέχειν καὶ ὁμοίως ἀκοῦσαι τοὺς λόγους οἷς χρῆται
      ἑκάτερος, κατὰ τὸν ὅρκον ὃν ἀπέδομεν.
          καὶ μὴν ὁ Ἀπολλόδωρος ἑαυτῷ καὶ ἄλλοις πολλοῖς
      δοκεῖ εὐεργετεῖν τὴν πόλιν καὶ κυρίους ποιεῖν τοὺς νόμους, 20
      τὴν Νέαιραν γραψάμενος γραφὴν ξενίας.
ΚΩ.   ἴσως δὴ φιλόπολις ἔφυ ὁ Ἀπολλόδωρος. ἀλλὰ γιγνώσκω
      σέ, ὦ Εὐεργίδη, κατήγορον ὄντα πάνυ δεινὸν λέγειν. ἀεὶ
      γὰρ ὑπὸ τῶν διωκόντων λέγεται τὰ τοιαῦτα. καὶ
      Ἀπολλόδωρος, εὖ οἶδ' ὅτι, τὰ αὐτὰ ἐρεῖ· 'οὐχ ὑπῆρξα τῆς   25
      ἔχθρας', φήσει, καὶ 'ὁ φεύγων ἡμᾶς ἠδίκησε μάλιστα', καὶ
      'βούλομαι τιμωρεῖσθαι αὐτόν.' ἐγὼ δὲ οὐκ ἀεὶ ὑπὸ τῶν
      τοιούτων πείθομαι.
ΕΥ.   εἰκός. νῦν δὲ οὐκ ἂν σιγῴης καὶ προσέχοις τὸν νοῦν;
      χρέμπτεται γὰρ ἤδη ὁ Ἀπολλόδωρος, ὅπερ ποιοῦσιν οἱ   30
      ἀρχόμενοι λέγοντες, καὶ ἀνίσταται.
ΚΩ.   σιγήσομαι, ὦ Εὐεργίδη. ἀλλ' ὅπως σιωπήσεις καὶ σύ, ὦ
      Στρυμόδωρε, καὶ προσέξεις τὸν νοῦν.

C

Apollodoros outlines in general his motives for bringing the action, and the dikasts urge Strymodoros not to believe everything that he hears.

πολλῶν ἕνεκα, ὦ ἄνδρες Ἀθηναῖοι, ἐβουλόμην γράψασθαι Νέαιραν
τὴν γραφήν, ἣν νυνὶ διώκω, καὶ εἰσελθεῖν εἰς ὑμᾶς. καὶ γὰρ
ἠδικήθην μεγάλα ὑπὸ Στεφάνου, οὗ γυνή ἐστιν ἡ Νέαιρα αὑτηί. καὶ
ἀδικηθεὶς ὑπ' αὐτοῦ εἰς κινδύνους τοὺς ἐσχάτους κατέστην, καὶ   10
οὐ μόνον ἐγὼ ἀλλὰ καὶ αἱ θυγατέρες καὶ ἡ γυνὴ ἡ ἐμή. τιμωρίας
οὖν ἕνεκα ἀγωνίζομαι τὸν ἀγῶνα τουτονί, καταστὰς εἰς τοιοῦτον
κίνδυνον. οὐ γὰρ ὑπῆρξα τῆς ἔχθρας ἐγώ, ἀλλὰ Στέφανος, οὐδὲν
ὑφ' ἡμῶν πώποτε οὔτε λόγῳ οὔτε ἔργῳ ἀδικηθείς. βούλομαι δ'
ὑμῖν προδιηγήσασθαι πάνθ' ἃ ἐπάθομεν καὶ ὡς ἀδικηθέντες ὑπ'   15
αὐτοῦ εἰς τοὺς ἐσχάτους κινδύνους κατέστημεν περί τε τῆς πενίας
καὶ περὶ ἀτιμίας.

ΣΤΡ.   δεινὸς δὴ λέγειν, ὡς ἔοικεν, Ἀπολλόδωρος, ὃς ὑπὸ
        Στεφάνου ἠδικήθη. εὔνοιαν δ' ἔχω εἰς αὐτὸν ὅτι ὑπῆρξε τῆς   20
        ἔχθρας Στέφανος. τίς γὰρ οὐκ ἂν βούλοιτο τιμωρεῖσθαι τὸν
        ἐχθρόν; πάντες γὰρ ἐθέλουσι τοὺς μὲν φίλους εὖ ποιεῖν,
        τοὺς δ' ἐχθροὺς κακῶς.
ΚΩ.   ὅπως μὴ ῥᾳδίως τοῖς ἀντιδίκοις πιστεύσεις, ὦ
        Στρυμόδωρε. ἀναστάντες γὰρ ἐν τῷ δικαστηρίῳ οἱ   25
        ἀντίδικοι τοὺς δικαστὰς πάσαις χρώμενοι τέχναις εἰς
        εὔνοιαν καθίστασιν.
ΣΤΡ.   ἀλλ' ἡδέως ἄν τι μάθοιμι. ὁ γὰρ Ἀπολλόδωρος λέγει ὅτι
        ἀδικηθεὶς ὑπὸ τοῦ Στεφάνου εἰς κίνδυνον κατέστη περὶ τῆς
        πενίας. τί ποιῶν ὁ Στέφανος κατέστησε τὸν Ἀπολλόδωρον   30
        εἰς τοῦτον τὸν κίνδυνον;
ΕΥ.   ἀλλ' ἄκουε. περὶ γὰρ τῆς τοῦ ἀγῶνος ἀρχῆς διατελεῖ λέγων
        ὁ Ἀπολλόδωρος.

                                                                    35

D

Apollodoros reviews his grudge against Stephanos—that some time ago Stephanos had successfully brought a charge (γραφὴ παρανόμων) against

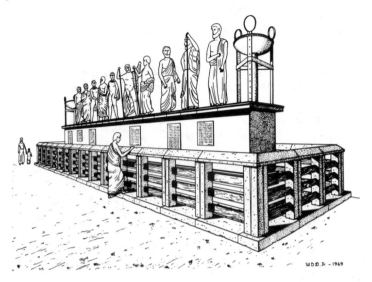

Proposals for new laws were displayed in front of the monument of the
Eponymous Heroes in the agora

him for proposing an illegal change in the law, and this had almost reduced
him to poverty. He details the charge against Neaira.

ἐγὼ μὲν γὰρ βουλευτής ποτε καταστὰς ἔγραψα ψήφισμά τι ὃ
ἐξήνεγκα εἰς τὸν δῆμον. ὁ δὲ Στέφανος οὑτοσί, γραψάμενος   25
παρανόμων τὸ ἐμὸν ψήφισμα, τῆς ἔχθρας ὑπῆρξεν. ἑλὼν γὰρ τὸ
ψήφισμα, ψευδεῖς μάρτυρας παρασχόμενος, ᾔτησε τίμημα μέγα, ὃ
οὐχ οἷός τ᾽ ἦ ἐκτεῖσαι. ἐζήτει γάρ, εἰς τὴν ἐσχάτην ἀπορίαν
καταστήσας ἐμέ, ἄτιμον ποιεῖσθαι, ὀφείλοντα τὰ χρήματα τῇ πόλει
καὶ οὐ δυνάμενον ἐκτεῖσαι.   30

ἐμέλλομεν οὖν ἡμεῖς ἅπαντες εἰς ἔνδειαν καταστήσεσθαι. μεγάλη
δ᾽ ἔμελλεν ἔσεσθαι ἡ συμφορὰ καὶ μεγάλη ἡ αἰσχύνη μοι ὑπέρ τε
τῆς γυναικὸς καὶ τῶν θυγατέρων, εἰς πενίαν καταστάντι καὶ προῖκα
οὐ δυναμένῳ παρασχεῖν καὶ τὸ τίμημα τῇ πόλει ὀφείλοντι. πολλὴν
οὖν χάριν οἶδα τοῖς δικασταῖς, οἳ οὐκ ἐπείσθησαν ὑπὸ Στεφάνου,   35
ἀλλ᾽ ἐλάττονά μοι ἐτίμησαν δίκην.

οὐκοῦν τοσούτων κακῶν αἴτιος ἡμῖν πᾶσιν ἐγίγνετο Στέφανος,
οὐδέποτε ὑφ᾽ ἡμῶν ἀδικηθείς. νῦν δέ, πάντων τῶν φίλων
παρακαλούντων με καὶ κελευόντων τιμωρεῖσθαι Στέφανον, ὑφ᾽ οὗ
τοιαῦτα ἠδικήθην, εἰσάγω εἰς ὑμᾶς ταύτην τὴν δίκην. ὀνειδίζουσι   40

γάρ μοι οἱ φίλοι, ἀνανδρότατον ἀνθρώπων καλοῦντες, εἰ μὴ
λήψομαι δίκην ὑπέρ τε τῶν θυγατέρων καὶ τῆς γυναικὸς τῆς ἐμῆς.
εἰσάγω οὖν εἰς ὑμᾶς καὶ ἐξελέγχω τὴν Νέαιραν ταυτηνί, ἣ εἰς
τοὺς θεοὺς ἀσεβεῖ καὶ εἰς τὴν πόλιν ὑβρίζει καὶ τῶν νόμων τῶν
ὑμετέρων καταφρονεῖ. Στέφανος γὰρ ἐπειρᾶτό με ἀφαιρεῖσθαι τοὺς   5
οἰκείους παρὰ τοὺς νόμους. οὕτω καὶ ἐγὼ ἥκω εἰς ὑμᾶς καὶ φάσκω
Στέφανον τοῦτον συνοικεῖν μὲν ξένῃ γυναικὶ παρὰ τὸν νόμον,
εἰσαγαγεῖν δὲ ἀλλοτρίους παῖδας εἴς τε τοὺς φράτερας καὶ εἰς τοὺς
δημότας, ἐγγυᾶν δὲ τὰς τῶν ἑταιρῶν θυγατέρας ὥσπερ αὑτοῦ
οὔσας, ἀσεβεῖν δὲ εἰς τοὺς θεούς.   10
ὅτι μὲν οὖν ὑπὸ τοῦ Στεφάνου πρότερον ἠδικήθην, εὖ ἴστε. ὅτι δὲ
Νέαιρά ἐστι ξένη καὶ συνοικεῖ Στεφάνῳ παρὰ τοὺς νόμους, ταῦθ᾽
ὑμῖν βούλομαι σαφῶς ἐπιδεῖξαι.

                                                                    15

E

The dikasts argue about the validity of Apollodoros' motives.

                                                                    20
ΚΩ.   οὐχ ὁρᾷς; τοῦτ᾽ ἐκεῖνο ὃ ἔλεγον. τοιαῦτα δὴ ἀεὶ λέγουσιν οἱ
       ἀντίδικοι. ἀλλ᾽ οὐ πείθομαι ὑπ᾽ αὐτῶν ἔγωγε.
ΣΤΡ. εἰκός γε· φησὶ γὰρ ὁ Ἀπολλόδωρος τὸν Στέφανον ἄρξαι
       τῆς ἔχθρας καὶ αὐτὸς τιμωρίας ἕνεκα ἀγωνίζεσθαι
       ἀδικηθεὶς ὑπ᾽ αὐτοῦ. ἃ πάντα ἔλεγες σύ, ὦ Κωμία.   25
ΕΥ.   ταῦτα δὴ ἐλέχθη ὑπὸ Ἀπολλοδώρου, ἀλλ᾽ ἡγοῦμαι τὸν
       Ἀπολλόδωρον ἴσως γέ τι σπουδαῖον λέγειν. πρῶτον μὲν
       γὰρ ἔφη Ἀπολλόδωρος εἰς κίνδυνον καταστῆναι περὶ
       πενίας καὶ ἀτιμίας, καὶ οὐ δυνήσεσθαι τὰς θυγατέρας
       ἐκδοῦναι. ἔπειτα δὲ Στέφανον καὶ Νέαιραν τῶν νόμων   30
       καταφρονεῖν καὶ εἰς τοὺς θεοὺς ἀσεβεῖν. τίς οὐκ ἂν
       σπουδάζοι περὶ ταῦτα;
ΣΤΡ. οὐδείς, μὰ Δία. πῶς γὰρ οὐκ ἂν αἰσχύνοιτο ὁ
       Ἀπολλόδωρος τὰς θυγατέρας ἀνεκδότους ἔχων; καὶ τίς ἂν
       γαμοίη γυναῖκα προῖκα οὐκ ἔχουσαν παρὰ τοιούτου πατρός; 35
ΕΥ.   ἀλλ᾽ ἴσως ὁ Κωμίας οὐκ ἂν ὁμολογοίη;
ΚΩ.   περὶ τῆς πενίας ὁμολογοίην ἄν. πῶς γὰρ οὔ; περὶ δὲ τῶν
       νόμων καὶ τῶν θεῶν, οὐ σαφῶς οἶδα. τεκμηρίων δὲ
       βεβαίων ὑπὸ τοῦ Ἀπολλοδώρου παρεχομένων ἀκριβῶς
       μαθησόμεθα.   40

F

Introduction

Apollodoros has introduced the case by indicating his personal and political motives for bringing it, and has outlined the charges he is making against Neaira. The law he is invoking runs as follows:

'If a ξένος lives with (συνοικεῖν) an ἀστή in any way at all, any qualified Athenian who wishes to may bring a case against him before the Thesmothetai. If he is convicted, both the man and his property shall be sold and a third of the proceeds shall go to the man who secured the conviction. The same shall apply if a ξένη lives with an ἀστός. In this case, the man living with the convicted ξένη shall be fined 1,000 drachmas in addition.'

ξένος	a non-Athenian male, without Athenian citizen rights; an alien.
ξένη	a non-Athenian female, without Athenian citizen rights; an alien.
ἀστός	a male Athenian citizen.
ἀστή	a female Athenian citizen.

Apollodoros has then to establish two charges. First, that Neaira is an alien; second, that Stephanos is living with her as if she were his wife. The proof of the first charge will occupy the rest of Section Eleven; the proof of the second charge will occupy Section Twelve.

Apollodoros sketches Neaira's past as a slave in Corinth, under the 'care' of Nikarete.

τοῦ νόμου τοίνυν ἠκούσατε, ὦ ἄνδρες δικασταί, ὃς οὐκ ἐᾷ τὴν ξένην τῷ ἀστῷ συνοικεῖν οὐδὲ τὴν ἀστὴν τῷ ξένῳ, οὐδὲ παιδοποιεῖσθαι. ὅτι οὖν ἐστιν οὐ μόνον ξένη Νέαιρα ἀλλὰ καὶ δούλη καὶ ἑταίρα, τοῦθ' ὑμῖν βούλομαι ἐξ ἀρχῆς ἀκριβῶς ἐπιδεῖξαι.   30

ἡ γὰρ Νέαιρα πρῶτον μὲν δούλη ἐν Κορίνθῳ ἦν Νικαρέτης, ὑφ' ἧς ἐτρέφετο παῖς μικρὰ οὖσα. καὶ τόδε φανερὸν καὶ βέβαιον τεκμήριόν ἐστι τούτου· ἦν γὰρ δὴ ἑτέρα δούλη Νικαρέτης, Μετάνειρα ὀνόματι, ἧς ἐραστὴς ὢν Λυσίας ὁ σοφιστὴς πολλὰς δραχμὰς ἔθηκεν ὑπὲρ αὐτῆς. ἀλλ' ἐπειδὴ ὑπὸ Νικαρέτης ἐλήφθησαν   35 πᾶσαι αἱ δραχμαὶ ἃς ἔθηκεν, ἔδοξεν αὐτῷ μυῆσαι αὐτὴν καὶ πολλὰ χρήματα καταθεῖναι εἴς τε τὴν ἑορτὴν καὶ τὰ μυστήρια, βουλομένῳ ὑπὲρ Μετανείρας καὶ οὐχ ὑπὲρ Νικαρέτης τιθέναι τὰ χρήματα. καὶ

The courtesan Niinnion set up this plaque to commemorate her initiation
into the Mysteries at Eleusis

ἐπείσθη Νικαρέτη ἐλθεῖν εἰς τὰ μυστήρια, ἄγουσα τὴν Μετάνειραν.
ἀφικομένας δὲ αὐτὰς ὁ Λυσίας εἰς μὲν τὴν αὑτοῦ οἰκίαν οὐκ εἰσάγει
(ᾐσχύνετο γὰρ τὴν γυναῖκα ἣν εἶχε καὶ τὴν μητέρα τὴν αὑτοῦ, ἣ
γραῦς οὖσα ἐν τῇ οἰκίᾳ συνῴκει). καθίστησι δ’ αὐτὰς ὁ Λυσίας ὡς   30
Φιλόστρατον, ἠΐθεον ἔτι ὄντα καὶ φίλον αὐτῷ. μεθ’ ὧν συνῆλθεν
Ἀθήναζε Νέαιρα, δούλη Νικαρέτης οὖσα καὶ αὐτή, ἐργαζομένη μὲν
ἤδη τῷ σώματι, νεωτέρα δὲ οὖσα. ὡς οὖν ἀληθῆ λέγω, ὅτι Νέαιρα
Νικαρέτης ἦν καὶ συνῆλθε μετ’ αὐτῆς, τούτων ὑμῖν αὐτὸν τὸν
Φιλόστρατον μάρτυρα καλῶ.   35

EVIDENCE
(The heading EVIDENCE means that the passage quoted was read out in
court. It was *not* spoken by the witness, nor was there any questioning
of it.)

'Philostratos, son of Dionysios, from Kolonos, gives evidence that he knows that Neaira was Nikarete's property, as was Metaneira too; that they were residents of Corinth; and that they lodged at his house when they came to Athens for the Mysteries; and that Lysias, a close friend of his, brought them to his house.'

G

[The incident with Lysias and Metaneira is not the only one that Apollodoros quotes. He goes on to Neaira's later career, which takes her all over Greece, but always in the company of men of wealth and high social position. They include Simos, a Thessalian, who brought her to Athens for the great Panathenaia, Xenokleides the poet and Hipparchos the actor; then Timanoridas from Corinth and Eukrates from Leukadia eventually decide to buy Neaira outright from Nikarete, and do so for 30 mnas. She lives a long time with them. No wonder that Strymodoros' memory lets him down . . .]

Strymodoros' memory lets him down.

ΣΤΡ.   ἀπολοίμην, εἰ μνημονεύω –
ΚΩ.   δοκεῖς μοι, ὦ Στρυμόδωρε, εἰς ἀπορίαν τινὰ καταστῆναι.
       μὴ οὖν ἐπικάλυπτε τὴν ἀπορίαν, αἰσχυνόμενος τὸν
       Εὐεργίδην, ἀλλὰ λέγε μοι ὃ ἀπορεῖς.   25
ΣΤΡ.   ἐγώ σοι ἐρῶ, ὦ Κωμία, ὃ ἀπορῶ. διὰ τί μνείαν ἐποιήσατο
       ὁ Ἀπολλόδωρος τοῦ Λυσίου καὶ τῆς Μετανείρας; οὐ γὰρ
       μνημονεύω ἔγωγε. βουλοίμην μεντἂν νὴ Δία μνημονεύειν ἃ
       λέγει ὁ ἀντίδικος. εἴθε μνημονεύοιμι πάνθ᾽ ἃ λέγει, καὶ
       ἀπολοίμην, εἰ μνημονεύω. πῶς γὰρ ἂν δικαίως τιθεῖτό τις   30

ΨΗΦΟΙ ΔΗΜΟΣΙΑΙ

ΚΩ. τὴν ψῆφον, μὴ μνημονεύσας τοὺς λόγους;

ΚΩ. χαλεπὸν δή ἐστι τῷ δικαστῇ διακρίνειν τὴν δίκην, μὴ
μνημονεύοντι πάνθ᾽ ἃ λέγει ὁ κατήγορος. εἰ μέντοι
σοφιστὴς γένοιο σύ, ῥᾳδίως ἂν μνημονεύσαις πάντας τοὺς
λόγους, ὦ Στρυμόδωρε, ὡς ἔοικε, καὶ οὐκ ἂν ἐπιλάθοιο   5
τῶν λεχθέντων. ἀλλ᾽ ὥσπερ Ἱππίας τις, ἅπαξ ἀκούσας,
πάντα μνημονεύσαις ἄν.

ΣΤΡ. ὥσπερ Ἱππίας; εἴθε Ἱππίας γενοίμην ἐγώ.

ΚΩ. εἰ νῦν Ἱππίας ἦσθα, οἷός τ᾽ ἂν ἦσθα καταλέγειν πάντας
τοὺς ἀπὸ Σόλωνος ἄρχοντας. ὁ γὰρ Ἱππίας, ἅπαξ ἀκούσας,   10
ἐμνημόνευε πεντήκοντα ὀνόματα.

ΣΤΡ. ὦ τῆς τέχνης. εἴθε τοσαῦτα μνημονεύσαιμι. ἀλλ᾽ ἐγὼ φύσει
σοφὸς οὐκ εἰμί. εἰ πάντες οἱ σοφισταί με διδάσκοιεν, οὐκ
ἂν οἷοί τ᾽ εἶεν σοφιστήν με ποιεῖν. ἀλλ᾽ εἰ Ἱππίας ἡμῖν νῦν
συνεγίγνετο, πῶς ἂν ἐδίδασκέ με, καὶ τί ἂν ἔλεγεν; καὶ πῶς   15
ἂν ἐμάνθανον ἐγώ;

ΚΩ. εἴθε ταῦτα εἰδείην, ὦ Στρυμόδωρε. εἰ γὰρ ταῦτα ἤδη ἐγώ,
πλούσιος ἂν ἦ τὸ νῦν, καὶ οὐ πένης οὐδὲ δικαστής.

ΣΤΡ. οἴμοι. ἐγὼ γάρ, ὥσπερ γέρων τις, ἐπιλανθάνομαι πάνθ᾽ ἃ
ἀκούω, τῶν τε νόμων καὶ τῶν λόγων καὶ τῶν μαρτυριῶν.   20
εἰ δέ τις τοσαῦτα ἐπιλάθοιτο, πῶς ἂν δικάσειε τὴν δίκην
καὶ τὴν ψῆφον θεῖτο ἄν;

ΚΩ. οὐκ οἶδ᾽ ἔγωγε, ὦ Στρυμόδωρε. οὐ γὰρ ἂν γένοιτό ποτε
ἀγαθὸς δικαστής, εἰ μὴ μνημονεύσειε τὰ ὑπὸ τοῦ
κατηγόρου λεχθέντα. ἀλλ᾽ ὅπως προθύμως προσέξεις τὸν   25
νοῦν τοῖς λόγοις καὶ τοῖς νόμοις καὶ ταῖς μαρτυρίαις. τοῦτο
γὰρ ποιοῦντες ῥᾳδίως τὴν ψῆφον τίθενται οἱ δικασταί.

ΣΤΡ. ἀπόλοιντο οἵτινες δικασταὶ ὄντες ἐπιλανθάνονται ἃ λέγουσιν
οἱ ἀντίδικοι.

H

[Eventually, Timanoridas and Eukrates both decide to get married. They give Neaira
the chance to buy her freedom for 20 mnas (as against the 30 they gave for her). She
collects donations from old admirers, of which the handsomest sum comes from an
Athenian acquaintance, Phrynion. In gratitude to Phrynion, Neaira goes to live with
him in Athens, where she mixes with the highest and wealthiest levels of Athenian
male society.]

ἐκώμαζέ τ' ἀεὶ μετ' αὐτῆς

Neaira runs away from Phrynion and meets Stephanos.

ὁ τοίνυν Φρυνίων, καταθεὶς τὸ ἀργύριον ὑπὲρ Νεαίρας ἐπ'   20
ἐλευθερίᾳ, ᾤχετο Ἀθήναζε ἀπάγων αὐτήν. ἀλλ' ἀφικόμενος
Ἀθήναζε ἀσελγῶς ἐχρῆτο αὐτῇ καὶ ἐπὶ τὰ δεῖπνα ἔχων αὐτὴν
πανταχοῖ ἐπορεύετο, ἐκώμαζέ τ' ἀεὶ μετ' αὐτῆς. Νέαιρα δέ, ἐπειδὴ
ἀσελγῶς προὐπηλακίζετο ὑπὸ τοῦ Φρυνίωνος καὶ οὐχ, ὡς ᾤετο,
ἠγαπᾶτο, συνεσκευάσατο πάντα τὰ Φρυνίωνος ἐκ τῆς οἰκίας καὶ τὰ   25
ἱμάτια καὶ τὰ χρυσία, ἃ Φρυνίων αὐτῇ ἔδωκεν. ἔχουσα δὲ ταῦτα
πάντα, καὶ θεραπαίνας δύο, Θρᾷτταν καὶ Κοκκαλίνην, ἀποδιδράσκει
εἰς Μέγαρα. διέτριψε δὲ Νέαιρα ἐν τοῖς Μεγάροις δύο ἔτη, ἀλλ' οὐκ
ἐδύνατο ἱκανὴν εὐπορίαν παρέχειν εἰς τὴν τῆς οἰκίας διοίκησιν. τότε
δ' ἐπιδημήσας ὁ Στέφανος οὑτοσὶ εἰς τὰ Μέγαρα, κατήγετο ὡς   30
αὐτήν, ἑταίραν οὖσαν. ἡ δὲ Νέαιρα, διηγησαμένη πάντα τὰ
πράγματα καὶ τὴν ὕβριν τοῦ Φρυνίωνος, ἔδωκε Στεφάνῳ πάνθ' ἃ
ἔχουσα ἐξῆλθεν ἐκ τῶν Ἀθηνῶν, ἐπιθυμοῦσα μὲν τῆς ἐνθάδε
οἰκήσεως, φοβουμένη δὲ τὸν Φρυνίωνα. ᾔδει γὰρ ἀδικηθέντα μὲν
τὸν Φρυνίωνα ὑφ' αὐτῆς καὶ ὀργιζόμενον αὐτῇ, σοβαρὸν δὲ καὶ   35
ὀλίγωρον αὐτοῦ τὸν τρόπον ὄντα. δοῦσα οὖν Νέαιρα πάντα τὰ
αὐτῆς τῷ Στεφάνῳ, προΐσταται ἐκεῖνον αὐτῆς.

I

Neaira sets up home with Stephanos in Athens. Phrynion hears of it and demands Neaira's return and compensation from Stephanos.

ὁ δὲ Στέφανος οὑτοσὶ εἰς μεγίστην ἐλπίδα κατέστησε Νέαιραν ἐν τοῖς Μεγάροις τῷ λόγῳ. ἐκόμπαζε γὰρ τὸν μὲν Φρυνίωνα οὐχ ἅψεσθαι αὐτῆς οὐδέποτε, αὐτὸς δὲ γυναῖκα αὐτὴν ἕξειν. ἔφη δὲ καὶ τοὺς παῖδας αὐτῆς εἰσαχθήσεσθαι εἰς τοὺς φράτερας ὡς αὐτοῦ   10
ὄντας, καὶ πολίτας γενήσεσθαι, ἀδικηθήσεσθαι δ' αὐτὴν ὑπ' οὐδενὸς ἀνθρώπων. ταῦτα δ' εἰπών, ἀφικνεῖται αὐτὴν ἔχων δεῦρο ἐκ τῶν Μεγάρων, καὶ παιδία μετ' αὐτῆς τρία, Πρόξενον καὶ Ἀρίστωνα καὶ παῖδα κόρην, ἣ νυνὶ Φανὼ καλεῖται.

καὶ εἰσάγει αὐτὴν καὶ τὰ παιδία εἰς τὸ οἰκίδιον ὃ ἦν αὐτῷ   15
Ἀθήνησι παρὰ τὸν ψιθυριστὴν Ἑρμῆν, μεταξὺ τῆς Δωροθέου τοῦ Ἐλευσινίου οἰκίας καὶ τῆς Κλεινομάχου. δυοῖν δὲ ἕνεκα ἦλθεν ἔχων αὐτήν, ὡς⌐ ἐξ ἀτελείας ⌐ἕξων καλὴν ἑταίραν καὶ ὡς ἐργασομένην⌐ αὐτὴν⌐καὶ⌐θρέψουσαν τὴν οἰκίαν. εὖ γὰρ ᾔδει Στέφανος ἄλλην πρόσοδον οὐκ ἔχων οὐδὲ βίον, εἰ μή τι λαβὼν διὰ τὴν συκοφαντίαν.   20
ὁ δὲ Φρυνίων, πυθόμενος Νέαιραν ἐπιδημοῦσαν καὶ οὖσαν παρὰ Στεφάνῳ, παραλαβὼν νεανίσκους μεθ' αὑτοῦ, ἦλθεν ἐπὶ τὴν οἰκίαν τὴν τοῦ Στεφάνου, ὡς⌐ἄξων αὐτήν. ἀφαιρουμένου δὲ αὐτὴν τοῦ Στεφάνου κατὰ τὸν νόμον εἰς ἐλευθερίαν, κατηγγύησεν αὐτὴν ὁ Φρυνίων πρὸς τῷ πολεμάρχῳ, ἡγούμενος αὐτὴν δούλην εἶναι αὐτῷ,   25
τὰ χρήματα ὑπὲρ αὐτῆς καταθέντι.

The settlement

One way of avoiding a court-case was to appoint three arbitrators to reach a decision. Both parties would appoint their own representative, and would agree on a third 'neutral'. The decision of these three was final and binding. Here is the translation of the passage in which Apollodoros explains what happened, giving the details of the arbitration and the evidence for it:

'The case Phrynion brought against Stephanos rested on two points: first, that Stephanos had taken Neaira from him and had asserted that she was free, and second, that Stephanos had taken possession of all the goods that Neaira had brought with her from Phrynion's house. But their friends brought them together and persuaded them to submit their quarrel to arbitration (δίαιτα). Satyros, from Alopeke, the brother of Lakedaimonios, acted as arbitrator on Phrynion's behalf, while Saurias from Lamptrai acted for Stephanos here. Both sides also agreed to make Diogeiton from Akharnai the third member of the panel. These men met in the sacred place and heard the facts from both sides and from Neaira herself. They then gave their decision, which met with agreement from both sides. It was:

(a) that the woman should be free and her own mistress (αὐτῆς κυρία);

(b) that she should return to Phrynion everything she had taken with her from his house, apart from the clothes and gold jewellery and the female servants (since these had been bought for her own personal use);

(c) that she should live with each man on alternate days, although if the men reached any other mutually satisfactory arrangement, it should be binding;

(d) that maintenance for the woman should be provided by whichever of them had her in his keeping at the time;

(e) that from now on the two men should be on friendly terms and should harbour no further resentment against each other.

Such were the terms of the reconciliation between Phrynion and Stephanos which the arbitrators brought about in regard to this woman Neaira.

To prove that these statements of mine are true, the clerk shall read you the depositions regarding these matters.

EVIDENCE

"Satyros from Alopeke, Saurias from Lamptrai and Diogeiton from Akharnai depose that, having been appointed arbitrators in the matter of Neaira, they brought about a reconciliation between Stephanos and Phrynion, and that the terms on which the reconciliation was brought about were such as Apollodoros produces.'''

Section Twelve A–I
Neaira as married woman

Introduction

Apollodoros has now established that Neaira is non-Athenian. He has sketched her past as a slave and prostitute in Corinth, detailed a number of her lovers, and shown how she came to live with Stephanos in Athens. Now that it has been proved that Neaira is non-Athenian, Apollodoros has to prove that she is living with Stephanos *as his wife*. A formal betrothal was normally validated by witnesses and the marriage itself confirmed by cohabitation to produce legitimate heirs. Apollodoros, however, produces no evidence of the birth of children to Neaira and Stephanos. In the absence of evidence from such children, Apollodoros concentrates on establishing the marriage of Stephanos and Neaira in other ways. The most important evidence is that Stephanos attempted to pass off Neaira's children *as if they were his own children* (as he indeed boasted that he would do at 11. I.).

A

Stephanos marries off Neaira's daughter Phano to the Athenian Phrastor, pretending that Phano was a true-born Athenian. Phrastor discovers the truth, and wants a divorce.

ὅτι μὲν τοίνυν ἐξ ἀρχῆς δούλη ἦν Νέαιρα καὶ ἑταίρα, καὶ ἀπέδρα
ἀπὸ τοῦ Φρυνίωνος εἰς Μέγαρα, καὶ ὁ Φρυνίων ἐπανελθοῦσαν
᾿Αθήναζε αὐτὴν κατηγγύησε πρὸς τῷ πολεμάρχῳ ὡς ξένην οὖσαν,
δῆλά ἐστι τὰ τεκμήρια.

Women working in the home weaving and spinning

νῦν δὲ βούλομαι ὑμῖν ἐπιδεῖξαι ὅτι Στέφανος αὐτὸς καταμαρτυρεῖ
Νεαίρας ὡς ξένη οὖσα συνοικεῖ αὐτῷ ὡς γυνή.   15
ἦν γὰρ τῇ Νεαίρᾳ θυγάτηρ, ἣν ἦλθεν ἔχουσα εἰς τὴν τοῦ
Στεφάνου οἰκίαν. καὶ Ἀθήναζε ἐλθόντες τὴν κόρην ἐκάλουν Φανώ.
πρότερον γὰρ Στρυβήλη ἐκαλεῖτο, πρὶν Ἀθήναζε ἐλθεῖν. αὕτη δὲ ἡ
κόρη ἐξεδόθη ὑπὸ τοῦ Στεφάνου τουτουί, ὥσπερ αὑτοῦ θυγάτηρ
οὖσα καὶ ἐξ ἀστῆς γυναικός, ἀνδρὶ Ἀθηναίῳ, Φράστορι Αἰγιλεῖ.   20
καὶ προῖκα ἔδωκεν ὁ Στέφανος τριάκοντα μνᾶς. καὶ δὴ ἴστε τὴν
Φανώ, πρὶν συνοικεῖν τῷ Φράστορι, τὴν τῆς μητρὸς φύσιν καὶ
ἀκολασίαν μαθοῦσαν. ἐπειδὴ οὖν ἦλθεν ὡς τὸν Φράστορα, ὃς ἀνὴρ
ἐργάτης ἦν καὶ ἀκριβῶς τὸν βίον συνελέγετο, οὐκ ἠπίστατο τοῖς
τοῦ Φράστορος τρόποις ἀρέσκειν.   25
ὁρῶν δὲ ὁ Φράστωρ αὐτὴν οὔτε κοσμίαν οὖσαν οὔτ' ἐθέλουσαν
πείθεσθαι αὐτῷ, ἅμα δὲ πυθόμενος σαφῶς τὴν Φανὼ οὐ Στεφάνου
ἀλλὰ Νεαίρας θυγατέρα οὖσαν, ὠργίσθη μάλιστα, ἡγούμενος ὑπὸ
Στεφάνου ὑβρισθῆναι καὶ ἐξαπατηθῆναι. ἔγημε γὰρ τὴν Φανὼ πρὶν
εἰδέναι αὐτὴν Νεαίρας οὖσαν θυγατέρα. ἐκβάλλει οὖν τὴν Φανώ,   30
ἐνιαυτὸν συνοικήσας αὐτῇ, κυοῦσαν, καὶ τὴν προῖκα οὐκ
ἀποδίδωσιν. ἀλλ' εἰ ὑπὸ Στεφάνου μὴ ἐξηπατήθη ὁ Φράστωρ καὶ
Φανὼ γνησία ἦν, ἢ οὐκ ἂν ἐξέβαλεν αὐτὴν ὁ Φράστωρ ἢ ἀπέδωκεν
ἂν τὴν προῖκα.
ἐκπεσούσης δὲ Φανοῦς, ἔλαχε Στέφανος δίκην τῷ Φράστορι,   35
κατὰ τὸν νόμον ὃς κελεύει τὸν ἄνδρα τὸν ἀποπέμποντα τὴν γυναῖκα
ἀποδιδόναι τὴν προῖκα. λαχόντος δὲ Στεφάνου τὴν δίκην ταύτην,
γράφεται Φράστωρ Στέφανον τουτονὶ γραφὴν κατὰ τὸν νόμον ὃς
οὐκ ἐᾷ τινα ἐγγυῆσαι τὴν ξένης θυγατέρα ἀνδρὶ Ἀθηναίῳ. γνοὺς δὲ
Στέφανος ὅτι ἐξελεγχθήσεται ἀδικῶν καὶ ὅτι ἐξελεγχθεὶς   40

κινδυνεύσει ταῖς ἐσχάταις ζημίαις περιπεσεῖν (ξένης γὰρ θυγάτηρ
ἦν ἡ Φανώ) διαλλάττεται πρὸς τὸν Φράστορα καὶ ἀφίσταται τῆς
προικὸς καὶ ἀνείλετο τὴν δίκην. καὶ πρὶν εἰς δικαστήριον εἰσελθεῖν,
καὶ ὁ Φράστωρ ἀνείλετο τὴν γραφήν. ἀλλ' εἰ ἀστῆς θυγάτηρ ἦν
Φανώ, οὐκ ἂν διηλλάχθη Στέφανος.   5

B
                                                                    10
*Phrastor then falls ill but, not wishing to die childless, decides to take back
Phano and her son.*

βούλομαι δ' ὑμῖν παρέχειν ἑτέραν μαρτυρίαν τοῦ τε Φράστορος καὶ
τῶν φρατέρων αὐτοῦ καὶ τῶν γεννητῶν, ὡς ἔστι ξένη Νέαιρα   15
αὑτηί. οὐ πολλῷ χρόνῳ γὰρ ὕστερον ἢ ἐξεπέμφθη ἡ τῆς Νεαίρας
θυγάτηρ, ἠσθένησεν ὁ Φράστωρ καὶ πάνυ πονηρῶς διετέθη καὶ εἰς
πᾶσαν ἀπορίαν κατέστη. καί, πρὶν αὐτὸν ἀσθενεῖν, πρὸς τοὺς
οἰκείους αὐτοῦ διαφορὰ ἦν παλαιὰ καὶ ὀργὴ καὶ μῖσος. καὶ ἄπαις ἦν
Φράστωρ. ἀλλ' εἰς ἀπορίαν καταστάς, ὑπό τε τῆς Νεαίρας καὶ τῆς   20
Φανοῦς ἐψυχαγωγεῖτο. ἐβάδιζον γὰρ πρὸς αὐτόν,
ὡς‿θεραπεύσουσαι‿καὶ‿ προθύμως ⸢ἐπιμελησόμεναι (ἐρῆμος δὲ
τῶν‿θεραπευσόντων ἦν Φράστωρ), καὶ ἔφερον τὰ πρόσφορα τῇ
νόσῳ καὶ ἐπεσκοποῦντο. ἴστε δήπου καὶ ὑμεῖς αὐτοί, ὦ ἄνδρες
δικασταί, ὡς ἀξία πολλοῦ ἐστι γυνὴ ἐν ταῖς νόσοις, παροῦσα   25
κάμνοντι ἀνθρώπῳ.
   τοῦτο οὖν ποιουσῶν αὐτῶν, ἐπείσθη Φράστωρ, πρὶν ὑγιαίνειν,
πάλιν λαβεῖν τὸ τῆς Φανοῦς παιδίον καὶ ποιήσασθαι υἱὸν αὐτοῦ.
τοῦτο δὲ τὸ παιδίον ἔτεκε Φανὼ ὅτε ἐξεπέμφθη ὑπὸ τοῦ Φράστορος
κυοῦσα. καὶ πρὶν ὑγιαίνειν ὑπέσχετο δὴ τοῦτο ποιήσειν ὁ Φράστωρ,   30
λογισμὸν ἀνθρώπινον καὶ ἐοικότα λογιζόμενος, ὅτι πονηρῶς μὲν
ἔχει καὶ οὐκ ἐλπίζει περιγενήσεσθαι, ἐβούλετο δὲ ἀναλαβεῖν τὸ τῆς
Φανοῦς παιδίον πρὶν ἀποθανεῖν (καίπερ εἰδὼς αὐτὸν οὐ γνήσιον
ὄντα), οὐκ ἐθέλων τοὺς οἰκείους λαβεῖν τὰ αὑτοῦ, οὐδ' ἄπαις
ἀποθανεῖν. εἰ γὰρ ἄπαις ἀπέθανε Φράστωρ, οἱ οἰκεῖοι ἔλαβον ἂν τὰ   35
αὑτοῦ.

C

Phrastor recovers and at once marries someone else. The status of Phano's son in the eyes of the Athenian γένος is made quite clear.

νῦν δὲ μεγάλῳ τεκμηρίῳ καὶ περιφανεῖ ἐγὼ ὑμῖν ἐπιδείξω ὅτι οὐκ
ἄν ποτε ἔπραξε τοῦτο ὁ Φράστωρ, εἰ μὴ ἠσθένησε. ὡς⌐ γὰρ ἀνέστη
⌐τάχιστα ἐξ ἐκείνης τῆς ἀσθενείας ὁ Φράστωρ, λαμβάνει γυναῖκα
ἀστὴν κατὰ τοὺς νόμους, Σατύρου μὲν τοῦ Μελιτέως θυγατέρα   10
γνησίαν, Διφίλου δὲ ἀδελφήν· ὃ ὑμῖν ἐστι τεκμήριον, ὅτι οὐχ ἑκὼν
ἀνέλαβε τὸ παιδίον, ἀλλὰ βιασθεὶς διὰ τὸ⌐νοσεῖν καὶ
τὸ⌐ἄπαις⌐εἶναι καὶ τὸ⌐θεραπεύειν αὐτὰς αὐτὸν καὶ τὸ⌐ τοὺς
οἰκείους ⌐μισεῖν. εἰ γὰρ μὴ ἠσθένησε Φράστωρ, οὐκ ἂν ἀνέλαβε τὸ
παιδίον.   15
    καὶ δὴ καὶ ἄλλο τεκμήριον βούλομαι ὑμῖν ἐπιδεῖξαι ὅτι ξένη ἐστὶ
Νέαιρα αὑτηί. ὁ γὰρ Φράστωρ, ἐν τῇ ἀσθενείᾳ ὤν, εἰσήγαγε τὸν
Φανοῦς παῖδα εἰς τοὺς φράτερας καὶ τοὺς Βρυτίδας, ὧν Φράστωρ
ἐστὶ γεννήτης. ἀλλὰ οἱ γεννῆται, εἰδότες τὴν γυναῖκα θυγατέρα
Νεαίρας οὖσαν, καὶ ἀκούσαντες Φράστορα αὐτὴν ἀποπέμψαντα,   20
ἔπειτα διὰ τὸ⌐ἀσθενεῖν ἀναλαβεῖν τὸ παιδίον, ἀποψηφίζονται τοῦ
παιδὸς καὶ οὐκ ἐνέγραφον αὐτὸν εἰς τὸ γένος. ἀλλ' εἰ ἀστῆς
θυγάτηρ ἦν Φανώ, οὐκ ἂν ἀπεψηφίσαντο τοῦ παιδὸς οἱ γεννῆται,
ἀλλ' ἐνέγραψαν ἂν εἰς τὸ γένος. λαχόντος οὖν τοῦ Φράστορος
αὐτοῖς δίκην, προκαλοῦνται αὐτὸν οἱ γεννῆται ὀμόσαι καθ' ἱερῶν   25
τελείων ἦ μὴν νομίζειν τὸν παῖδα εἶναι αὐτοῦ υἱὸν ἐξ ἀστῆς
γυναικὸς καὶ ἐγγυητῆς κατὰ τὸν νόμον. προκαλουμένων δ' αὐτὸν
τῶν γεννητῶν, ἔλιπεν ὁ Φράστωρ τὸν ὅρκον καὶ ἀπῆλθε πρὶν
ὀμόσαι τὸν παῖδα γνήσιον εἶναι. ἀλλ' εἰ ὁ παῖς γνήσιος ἦν καὶ ἐξ
ἀστῆς γυναικός, ὤμοσεν ἄν.   30

D

The incident between Phrastor and Phano is reviewed by Apollodoros.

οὐκοῦν περιφανῶς ἐπιδεικνύω ὑμῖν καὶ αὐτοὺς τοὺς οἰκείους
Νεαίρας ταυτησὶ καταμαρτυρήσαντας αὐτὴν ξένην εἶναι, Στέφανόν
τε τουτονὶ τὸν ἔχοντα ταύτην νυνὶ καὶ συνοικοῦντ' αὐτῇ καὶ   4

Φράστορα τὸν λαβόντα τὴν θυγατέρα. ὁ μὲν γὰρ Στέφανος
καταμαρτυρεῖ Νεαίρας διὰ τὸ ̄μὴ ̄ἐθελῆσαι ἀγωνίσασθαι ὑπὲρ τῆς
θυγατρὸς περὶ τῆς προικός, Φράστωρ δὲ μαρτυρεῖ ἐκβαλεῖν τε τὴν
θυγατέρα τὴν Νεαίρας ταυτησὶ καὶ οὐκ ἀποδοῦναι τὴν προῖκα,
ἔπειτα δὲ αὐτὸς ὑπὸ Νεαίρας καὶ Φανοῦς πεισθῆναι διὰ τὴν   5
ἀσθενείαν καὶ τὸ ̄ἄπαις ̄εἶναι καὶ τὴν ἔχθραν τὴν πρὸς τοὺς
οἰκείους ἀναλαβεῖν τὸ παιδίον καὶ υἱὸν ποιήσασθαι, αὐτὸς δὲ
εἰσαγαγεῖν τὸν παῖδα εἰς τοὺς γεννήτας, ἀλλ' οὐκ ὀμόσαι τὸν υἱὸν
ἐξ ἀστῆς γυναικὸς εἶναι· ὕστερον δὲ γῆμαι γυναῖκα ἀστὴν κατὰ τὸν
νόμον. αὗται δὲ αἱ πράξεις, περιφανεῖς οὖσαι, μεγάλας μαρτυρίας   10
διδόασιν, ὅτι ᾔδεσαν ξένην οὖσαν τὴν Νέαιραν ταυτηνί. εἰ γὰρ ἀστὴ
ἦν Νέαιρα, οὐκ ἂν ἐξεπέμφθη ἡ Φανώ. Φανὼ γὰρ ἀστὴ ἂν ἦν. καὶ
δὴ καί, εἰ Φανὼ ἀστὴ ἦν, οἱ γεννῆται οὐκ ἂν ἀπεψηφίσαντο τοῦ
παιδὸς αὐτῆς. διὰ οὖν τὸ ̄μὴ ̄ἐθέλειν ὀμόσαι τὸν Φράστορα καὶ τὸ ⌐
τοὺς γεννήτας τοῦ παιδὸς ̣ἀποψηφίσασθαι, Στέφανος δῆλός ἐστιν   15
ἀδικῶν καὶ ἀσεβῶν εἴς τε τὴν πόλιν καὶ τοὺς θεούς.

E   20

Introduction
The incident between Phrastor and Phano is the first major piece of
evidence that Apollodoros brings to bear on his contention that
Stephanos and Neaira are living together as man and wife.   25

The second incident would have appeared yet more heinous to the
dikasts – for Stephanos tried to marry Phano off to a man who was
standing for the office of βασιλεὺς ἄρχων, an office which entailed
performing, with one's wife, some of Athens' most sacred rites on
behalf of the state.   30

*Stephanos takes advantage of Theogenes' poverty to win political power for
himself and a marriage for Phano.*

διὰ οὖν ταῦτα πάντες ἔγνωσαν τὴν Φανὼ περιφανῶς ξένην οὖσαν   35
καὶ οὐκ ἀστήν. σκοπεῖτε τοίνυν ὁποία ἦν ἡ ἀναίδεια ἡ τοῦ
Στεφάνου καὶ Νεαίρας καὶ ὅπως τὴν πόλιν ἠδίκησαν. ἐμφανῶς γὰρ
ἐτόλμησαν φάσκειν τὴν θυγατέρα τὴν Νεαίρας ἀστὴν εἶναι. ἦν γάρ
ποτε Θεογένης τις, ὃς ἔλαχε βασιλεύς, εὐγενὴς μὲν ὤν, πένης δὲ
καὶ ἄπειρος τῶν πραγμάτων. καὶ πρὶν εἰσελθεῖν τὸν Θεογένη εἰς   40

τὴν ἀρχήν, χρήματα παρεῖχεν ὁ Στέφανος, ὡς πάρεδρος
γενησόμενος καὶ τῆς ἀρχῆς μεθέξων. ὅτε δὲ Θεογένης εἰσῄει εἰς τὴν
ἀρχήν, Στέφανος οὑτοσί, πάρεδρος γενόμενος διὰ τὸ Θεογένει
χρήματα παρασχεῖν, δίδωσι τὴν Νεαίρας θυγατέρα γυναῖκα
Θεογένει καὶ ἐγγυᾷ αὐτὴν ὡς αὑτοῦ θυγατέρα οὖσαν. οὐ γὰρ ᾔδει ὁ
Θεογένης ὅτου θυγάτηρ ἐστὶ οὐδὲ ὁποῖά ἐστιν αὐτῆς τὰ ἔθη. οὕτω
πολὺ τῶν νόμων καὶ ὑμῶν κατεφρόνησεν οὗτος. καὶ αὕτη ἡ γυνὴ
ὑμῖν ἔθυε τὰ ἄρρητα ἱερὰ ὑπὲρ τῆς πόλεως, καὶ εἶδεν ἃ οὐ
προσῆκεν αὐτῇ ὁρᾶν, ξένη οὔσῃ. καὶ εἰσῆλθεν οἷ οὐδεὶς ἄλλος
Ἀθηναίων εἰσέρχεται ἀλλ' ἢ ἡ τοῦ βασιλέως γυνή, ἐξεδόθη δὲ τῷ   1
Διονύσῳ γυνή, ἔπραξε δ' ὑπὲρ τῆς πόλεως τὰ πάτρια τὰ πρὸς τοὺς
θεούς, πολλὰ καὶ ἅγια καὶ ἀπόρρητα.

βούλομαι δ' ὑμῖν ἀκριβέστερον περὶ τούτων διηγήσασθαι. οὐ
μόνον γὰρ ὑπὲρ ὑμῶν αὐτῶν καὶ τῶν νόμων τὴν ψῆφον θήσεσθε,
ἀλλὰ καὶ ὑπὲρ τῆς πρὸς θεοὺς εὐλαβείας. δεδήλωκα τοίνυν ὑμῖν ὅτι   1
Στέφανος ἀσεβέστατα πεποίηκε. τοὺς γὰρ νόμους ἀκύρους
πεποίηκε καὶ τῶν θεῶν καταπεφρόνηκε, τὴν Νεαίρας θυγατέρα
γυναῖκα Θεογένει βασιλεύοντι ἐκδούς. καὶ μὴν αὕτη πεποίηκε τὰ
ἱερὰ καὶ τὰς θυσίας ὑπὲρ τῆς πόλεως τέθυκεν. ὅτι δ' ἀληθῆ λέγω,
αὗται αἱ πράξεις δηλώσουσιν.   2

F

The Areopagos Council finds out about Phano's true status, and calls
Theogenes to account.

Στέφανος μὲν τοίνυν τὴν θυγατέρα γυναῖκα Θεογένει βασιλεύοντι
ἠγγύησεν, αὕτη δὲ ἐποίει τὰ ἱερὰ ταῦτα. γενομένων δὲ τούτων τῶν   3
ἱερῶν καὶ ἀναβάντων εἰς Ἄρειον πάγον τῶν ἐννέα ἀρχόντων, ἤρετο
ἡ βουλὴ ἡ ἐν Ἀρείῳ πάγῳ περὶ τῶν ἱερῶν, τίς αὐτὰ ποιήσειε καὶ
πῶς πράξειαν οἱ ἄρχοντες. καὶ εὐθὺς ἐζήτει ἡ βουλὴ τὴν γυναῖκα
ταύτην τὴν Θεογένους, ἥτις εἴη. καὶ πυθομένη ἧστινος θυγατέρα
γυναῖκα ἔχοι Θεογένης καὶ ὁποῖα ποιήσειεν αὐτή, περὶ τῶν ἱερῶν   3
πρόνοιαν ἐποιεῖτο καὶ ἐζημίου τὸν Θεογένη. γενομένων δὲ λόγων
καὶ χαλεπῶς φερούσης τῆς ἐν Ἀρείῳ πάγῳ βουλῆς καὶ ζημιούσης
τὸν Θεογένη ὅτι τοιαύτην λάβοι γυναῖκα καὶ ταύτην ἐάσειε ποιῆσαι
τὰ ἱερὰ τὰ ἄρρητα ὑπὲρ τῆς πόλεως, ἐδεῖτο ὁ Θεογένης, ἱκετεύων
καὶ ἀντιβολῶν. ἔλεγεν γὰρ ὅτι οὐκ εἰδείη Νεαίρας αὐτὴν οὖσαν   4

θυγατέρα, ἀλλ᾽ ἐξαπατηθείη ὑπὸ Στεφάνου, καὶ αὐτὸς λάβοι Φανὼ
ὡς θυγατέρα αὐτοῦ οὖσαν γνησίαν κατὰ τὸν νόμον· διὰ δὲ τὸ
ἄπειρος εἶναι τῶν πραγμάτων καὶ τὴν ἀκακίαν τὴν αὐτοῦ
ποιήσασθαι πάρεδρον τὸν Στέφανον, ὡς διοικήσοντα τὴν ἀρχήν·
εὔνουν γὰρ φαίνεσθαι εἶναι τὸν Στέφανον· διὰ δὲ τοῦτο, κηδεῦσαι   5
αὐτῷ πρὶν μαθεῖν σαφῶς ὁποῖος εἴη. ᾽ὅτι δέ᾽, ἔφη, ᾽οὐ ψεύδομαι,
μεγάλῳ τεκμηρίῳ ἐπιδείξω ὑμῖν. τὴν γὰρ ἄνθρωπον ἀποπέμψω ἐκ
τῆς οἰκίας, ἐπειδὴ οὔκ ἐστι Στεφάνου θυγάτηρ ἀλλὰ Νεαίρας.᾽
ὑποσχομένου δὲ ταῦτα ποιήσειν Θεογένους καὶ δεομένου, ἡ ἐν
᾽Αρείῳ πάγῳ βουλή, ἅμα μὲν ἐλεήσασα αὐτὸν διὰ τὸ ἄκακον εἶναι,   10
ἅμα δὲ ἡγουμένη ὑπὸ τοῦ Στεφάνου ἀληθῶς ἐξαπατηθῆναι,
ἐπέσχεν. ὡς δὲ κατέβη ἐξ ᾽Αρείου πάγου ὁ Θεογένης, εὐθὺς τήν τε
ἄνθρωπον, τὴν τῆς Νεαίρας θυγατέρα, ἐκβάλλει ἐκ τῆς οἰκίας, τόν
τε Στέφανον, τὸν ἐξαπατήσαντα αὐτόν, ἀπελαύνει ἀπὸ τοῦ
συνεδρίου. καὶ ἐκπεσούσης τῆς Φανοῦς ἐπαύσαντο οἱ ᾽Αρεοπαγῖται   15
κρίνοντες τὸν Θεογένη καὶ ὀργιζόμενοι αὐτῷ, καὶ συγγνώμην εἶχον
ἐξαπατηθέντι.

EVIDENCE

'Theogenes from Erkhia deposes that when he was βασιλεὺς ἄρχων   20
he married Phano, believing her to be the daughter of Stephanos
and that, when he found he had been deceived, he divorced the
woman and ceased to live with her, and that he expelled Stephanos
from his post of Assistant, and no longer allowed him to serve in
that capacity.'   25

G
                                                                     30
Komias suggests arguments that Stephanos will use to clear his name.

ΣΤΡ.   ὦ τῆς ἀνομίας. πολλὰ γὰρ αἰσχρῶς διεπράξατο Στέφανος.
ΕΥ.   εἰ ἀληθῆ γε λέγει ᾽Απολλόδωρος, ἀσεβέστατα δὴ
       πεποιήκασι Στέφανος καὶ Νέαιρα. τῶν γὰρ νόμων τῶν   35
       ὑπὲρ τῆς πολιτείας καὶ τῶν θεῶν καταπεφρονήκασιν.
ΣΤΡ.   εἰκός γε. πολλοὶ γὰρ μεμαρτυρήκασιν αὐτοὺς
       καταπεφρονηκέναι τῆς τε πόλεως καὶ τῶν θεῶν. θαυμάζω
       δὲ τί ποτ᾽ ἐρεῖ Στέφανος ἐν τῇ ἀπολογίᾳ.
ΚΩ.   τοιαῦτα ἐρεῖ Στέφανος οἷα πάντες οἱ φεύγοντες ἐν τῷ   40

ἀπολογεῖσθαι λέγουσιν, ὡς 'εὖ πεπολίτευμαι' καὶ 'αἴτιος
γεγένημαι οὐδεμίας συμφορᾶς ἐν τῇ πόλει.' εὖ γὰρ οἶσθ'
ὅτι πάντες οἱ φεύγοντες φάσκουσι φιλοτίμως τὰς
λειτουργίας λελειτουργηκέναι καὶ νίκας πολλὰς καὶ καλὰς
ἐν τοῖς ἀγῶσι νενικηκέναι καὶ πολλὰ κἀγαθὰ διαπεπρᾶχθαι   5
τῇ πόλει.

ΕΥ.   εἰκότως. πολλάκις γὰρ ἀπολελύκασιν οἱ δικασταὶ τοὺς
ἀδικοῦντας οἳ ἂν ἀποφαίνωσι τὰς τῶν προγόνων ἀρετὰς
καὶ τὰς σφετέρας εὐεργεσίας. ἀλλ' εὖ ἴσμεν τὸν Στέφανον
οὔτε πλούσιον ὄντα οὔτε τετριηραρχηκότα οὔτε χορηγὸν   10
καθεστῶτα οὔτε εὖ πεπολιτευμένον οὔτε ἀγαθὸν οὐδὲν τῇ
πόλει διαπεπραγμένον.

15

Η

The dikasts have found Apollodoros very persuasive.

ΣΤΡ.   τί δέ; τί ποτ' ἐρεῖ Στέφανος ἐν τῷ ἀπολογεῖσθαι; ἆρα ὅτι   20
ἀστὴ ἔφυ ἡ Νέαιρα καὶ κατὰ τοὺς νόμους συνοικεῖ αὐτῷ;
ΚΩ.   ἀλλὰ τεκμηρίοις ἰσχυροτάτοις κέχρηται Ἀπολλόδωρος,
φαίνων Νέαιραν ἑταίραν οὖσαν καὶ δούλην Νικαρέτης
γεγενημένην, ἀλλ' οὐκ ἀστὴν πεφυκυῖαν. ὥστε δῆλον ὅτι
ἐξελεγχθήσεται ὁ Στέφανος ψευδόμενος, φάσκων τοιαῦτα.   25
ΣΤΡ.   τί δέ; ὅτι οὐκ εἴληφε τὴν Νέαιραν ὡς γυναῖκα, ἀλλ' ὡς
παλλακὴν ἔνδον;
ΕΥ.   ἀλλὰ καταμεμαρτύρηται Στέφανος αὐτὸς ὑφ' αὑτοῦ. οἱ γὰρ
παῖδες, Νεαίρας ὄντες καὶ εἰσηγμένοι εἰς τοὺς φρατέρας
ὑπὸ Στεφάνου, καὶ ἡ θυγάτηρ, ἀνδρὶ Ἀθηναίῳ ἐκδοθεῖσα,   30
περιφανῶς Νέαιραν ἀποφαίνουσι συνοικοῦσαν τῷ Στεφάνῳ
ὡς γυναῖκα.
ΣΤΡ.   καὶ γὰρ δῆλον ὅτι τὰ ἀληθῆ εἴρηται ὑπὸ Ἀπολλοδώρου. ἐν
τοῖς δεινοτάτοις οὖν κινδύνοις καθέστηκε Νέαιρα δι' ἃ
πέπρακται ὑπὸ Στεφάνου.   35
ΕΥ.   ἀλλ' ἀπόλωλε καὶ ὁ Στέφανος, ὡς ἐμοὶ δοκεῖ· πεφύκασί τοι
πάντες ἁμαρτάνειν.

I

Apollodoros implicates Stephanos along with Neaira in the charges he is bringing.

τὰς μαρτυρίας οὖν ἀκηκόατε, ὦ ἄνδρες δικασταί, καὶ ἀκριβῶς
μεμαθήκατε, Νέαιραν μὲν ξένην οὖσαν καὶ εἰς τοὺς θεοὺς
ἠσεβηκυῖαν, αὐτοὶ δὲ μεγάλα ἠδικημένοι καὶ ὑβρισμένοι. καὶ πρὶν
δικάζειν ἴστε ὅτι οὗτος ὁ Στέφανος ἄξιός ἐστιν οὐκ ἐλάττω
δοῦναι δίκην ἢ καὶ Νέαιρα αὑτηί, ἀλλὰ καὶ πολλῷ μείζω δι' ἃ
εἴργασται. δεδήλωκα γὰρ αὐτόν, Ἀθηναῖον φάσκοντα εἶναι, οὕτω
πολὺ τῶν νόμων καὶ ὑμῶν καταπεφρονηκέναι καὶ εἰς τοὺς θεοὺς
ἠσεβηκέναι. τιμωρίαν οὖν ˻ποιεῖσθε τῶν εἰς τοὺς θεοὺς
ἠσεβηκότων, καὶ κολάζετε τοὺς τὴν πόλιν ἠδικηκότας καὶ πρὸς τὸ
ἀσεβεῖν μᾶλλον ἢ πρὸς τὸ εὐσεβεῖν πεφυκότας.

5

10

15

Section Thirteen A–F
Guarding a woman's purity

Introduction

The evidence is over. Apollodoros has shown to his own satisfaction that Neaira is an alien and is living with Stephanos as his wife. But the matter cannot simply rest there, on the 'facts'. An appeal to the heart may carry far more weight than one to the intellect; and in an Athenian court, where there was no judge to warn the dikasts against such appeals or to guide them in what the issue at hand really was, pleas directed at the dikasts' emotions were common. Apollodoros thus makes a final emotional appeal to the dikasts and sketches an imagined picture of the likely reaction of their own womenfolk to Neaira, especially were she to be acquitted. Clearly, Apollodoros felt that the male dikasts would respond readily to such a picture.

A

How could any Athenian not condemn a woman like Neaira? The slur upon Athenian womanhood would be intolerable.

ἆρ' οὖν ἐάσετε, ὦ ἄνδρες δικασταί, τὴν Νέαιραν ταύτην αἰσχρῶς
καὶ ὀλιγώρως ὑβρίζειν εἰς τὴν πόλιν, ἣν οὔτε οἱ πρόγονοι ἀστὴν
κατέλιπον, οὔθ' ὁ δῆμος πολῖτιν ἐποιήσατο; ἆρ' ἐάσετε αὐτὴν   35
ἀσεβεῖν εἰς τοὺς θεοὺς ἀτιμώρητον, ἢ περιφανῶς ἐν πάσῃ τῇ
Ἑλλάδι πεπόρνευται; ποῦ γὰρ αὕτη οὐκ εἴργασται τῷ σώματι; ἢ
ποῖ οὐκ ἐλήλυθεν ἐπὶ τῷ καθ' ἡμέρας μισθῷ; ἆρα τὴν Νέαιραν
περιφανῶς ἐγνωσμένην ὑπὸ πάντων τοιαύτην οὖσαν ψηφιεῖσθε
ἀστὴν εἶναι; καὶ τί καλὸν φήσετε πρὸς τοὺς ἐρωτῶντας   40

ἡ πολῖτις καὶ ἡ πόρνη

διαπεπρᾶχθαι, οὕτω ψηφισάμενοι;

πρότερον γὰρ τὰ μὲν ἀδικήματα ταύτης ἦν, ἡ δ' ἀμέλεια τῆς
πόλεως, πρὶν γραφῆναι ὑπ' ἐμοῦ ταύτην καὶ εἰς ἀγῶνα καταστῆναι
καὶ πυθέσθαι πάντας ὑμᾶς ἥτις ἦν καὶ οἷα ἠσέβηκεν. ἐπειδὴ δὲ
πέπυσθε καὶ ἴστε ὑμεῖς πάντες, καὶ κύριοί ἐστε κολάσαι, ἀσεβήσετε
καὶ ὑμεῖς αὐτοὶ πρὸς τοὺς θεούς, ἐὰν μὴ ταύτην κολάσητε.   25

B

  30

τί δὲ καὶ φήσειεν ἂν ὑμῶν ἕκαστος, εἰσιὼν πρὸς τὴν αὑτοῦ γυναῖκα
ἢ παῖδα κόρην ἢ μητέρα, ἀποψηφισάμενος Νεαίρας; ἐπειδὰν γάρ τις
ἔρηται ὑμᾶς 'ποῦ ἦτε;' καὶ εἴπητε ὅτι 'ἐδικάζομεν', ἐρήσεταί τις   35
εὐθὺς 'τίνι ἐδικάζετε;' ὑμεῖς δὲ φήσετε 'Νεαίρᾳ' (οὐ γάρ;) 'ὅτι ξένη
οὖσα ἀστῷ συνοικεῖ παρὰ τὸν νόμον καὶ ὅτι τὴν θυγατέρα ἐξέδωκε
Θεογένει τῷ βασιλεύσαντι καὶ αὕτη ἔθυε τὰ ἱερὰ τὰ ἄρρητα ὑπὲρ
τῆς πόλεως καὶ τῷ Διονύσῳ γυνὴ ἐδόθη.' (καὶ τὰ ἄλλα περὶ τῆς
κατηγορίας διηγήσεσθε, ὡς εὖ καὶ ἐπιμελῶς καὶ μνημονικῶς περὶ   40

ἑκάστου κατηγορήθη.) αἱ δέ, ἀκούσασαι, ἐρήσονται 'τί οὖν
ἐποιήσατε;' ὑμεῖς δὲ φήσετε 'ἀπεψηφισάμεθα'. οὔκουν ἤδη αἱ
σωφρονέσταται τῶν γυναικῶν, ἐπειδὰν πύθωνται, ὀργισθήσονται
ὑμῖν διότι ὁμοίως αὐταῖς κατηξιοῦτε Νέαιραν μετέχειν τῶν τῆς
πόλεως καὶ τῶν ἱερῶν; καὶ δὴ καὶ ταῖς ἀνοήτοις γυναιξὶ δόξετε
ἄδειαν διδόναι ποιεῖν ὅ τι ἂν βούλωνται. δόξετε γὰρ ὀλίγωροι εἶναι
καὶ αὐτοὶ ὁμογνώμονες τοῖς Νεαίρας τρόποις.

C

*Komias argues that the acquittal of a woman like Neaira would pose an
intolerable threat to Athenian public and private life.*

ΣΤΡ.   σὺ δὲ δὴ τί σιγᾷς, ὦ Εὐεργίδη, καὶ οὔτε συνεπαινεῖς τοὺς
           λόγους οὔτε ἐλέγχεις; ἥδομαι γὰρ ἔγωγε μάλιστα ἀκούσας
           τὸν λόγον ὃν διέρχεται Ἀπολλόδωρος. τί οὖν λέγεις περὶ
           ὧν διῆλθεν; ἆρ' ἤδει καὶ σύ γε τοῖς λόγοις;

ΕΥ.   μάλιστά γε δήπου, ὦ Στρυμόδωρε, τοῖς λόγοις ἥδομαι οἷς
           διελήλυθεν Ἀπολλόδωρος. ἐπειδὰν γάρ τις καλῶς λέγῃ καὶ
           ἀληθῆ, τίς οὐχ ἥδεται ἀκούσας;

ΣΤΡ.   τί δέ; ἆρα δεῖ ἡμᾶς καταδικάσαι τῆς Νεαίρας;

ΕΥ.   πῶς γὰρ οὔ; ἐὰν γὰρ ἀποψηφισώμεθα Νεαίρας, ἐξέσται
           ταῖς πόρναις συνοικεῖν οἷς ἂν βούλωνται, καὶ φάσκειν τοὺς
           παῖδας εἶναι οὗ ἂν τύχωσιν.

ΣΤΡ.   οὐ μόνον γε, ὦ Εὐεργίδη, ἀλλὰ καὶ οἱ μὲν καθεστῶτες
           νόμοι ἄκυροι ἔσονται, αἱ δὲ ἑταῖραι κύριαι διαπράττεσθαι ὅ
           τι ἂν βούλωνται. τί φής, ὦ Κωμία; ἆρ' οἴει τοὺς νόμους
           ἀκύρους ἔσεσθαι;

ΚΩ.   ὑμῖν μὲν μέλει τῶν τε ἑταιρῶν καὶ τῶν νόμων, ἐμοὶ δὲ
           οὐδὲν τούτων μέλει. τῶν γὰρ πολιτίδων μοι μέλει.

ΣΤΡ.   σοὶ τῶν πολιτίδων μέλει; πῶς φής; ἴσως μέν τι λέγεις, ἐγὼ
           δ' οὐ μανθάνω.

ΚΩ.   εἰ σὺ γυνὴ ἦσθα, ὦ Στρυμόδωρε, ἐμάνθανες ἄν, καὶ σοὶ ἂν
           ἔμελε τῶν πολιτίδων. σκόπει δή, ὦ Στρυμόδωρε.

D

ΚΩ. νῦν μὲν γάρ, καὶ ἐὰν ἀπορηθῇ γυνή τις καὶ ὁ πατὴρ εἰς
πενίαν καθεστήκῃ καὶ μὴ δύνηται προῖκα δοῦναι τῇ
θυγατρί, ἱκανὴν τὴν προῖκα παρέχει ὁ νόμος.
ΣΤΡ. πῶς λέγεις;   5
ΚΩ. ἐάν τις βούληται παῖδας ἀστοὺς τρέφειν, δεῖ αὐτὸν ἀστοῦ
θυγατέρα γαμεῖν, εἰ καὶ πένητος ὄντος. οὕτως οἱ νομοθέται
σκοποῦσιν ὅπως αἱ τῶν πολιτῶν θυγατέρες μὴ ἀνέκδοτοι
γενήσονται –   10
ΣΤΡ. ἐὰν ἡ φύσις μετρίαν ὄψιν τῇ κόρῃ ἀποδῷ.
ΕΥ. τί οὖν δή;
ΚΩ. ἐὰν δὲ ἀπολυθῇ Νέαιρα, ἐξέσται τοῖς Ἀθηναίοις συνοικεῖν
ταῖς ἑταίραις καὶ παιδοποιεῖσθαι ὡς ἂν βούλωνται. ἀλλ᾽
ἐὰν οἱ Ἀθηναῖοι παιδοποιῶνται ὡς ἂν βούλωνται, πῶς   15
ἐξέσται ἡμῖν διακρίνειν τόν τε ἀστὸν καὶ τὸν ξένον; ἐὰν δὲ
μὴ δυνώμεθα διακρίνειν τόν τε ἀστὸν καὶ τὸν ξένον, οὐ
δεήσει τοὺς Ἀθηναίους γαμεῖν τὰς ἀστάς, ἀλλ᾽ ἥντινα ἂν
βούλωνται. ἐὰν οὖν οἱ Ἀθηναῖοι γαμῶσιν ἥντινα ἂν
βούλωνται, τίς γαμεῖ τὰς τῶν πενήτων θυγατέρας, τὰς   20
προῖκας μὴ ἐχούσας; παντελῶς οὖν ἡ μὲν τῶν πορνῶν
ἐργασία ἥξει εἰς τὰς τῶν πολιτῶν θυγατέρας διὰ τὸ προῖκα
μηδεμίαν ἔχειν, τὸ δὲ τῶν ἐλευθέρων γυναικῶν ἀξίωμα εἰς
τὰς ἑταίρας. ἐξέσται γὰρ ταῖς ἑταίραις παιδοποιεῖσθαι
ὡς ἂν βούλωνται καὶ τελετῶν καὶ ἱερῶν καὶ τιμῶν   25
μετέχειν ἐν τῇ πόλει. οὕτως μοι μέλει τῶν πολιτίδων.
ΕΥ. καλῶς μὲν διελήλυθε τὸν λόγον Ἀπολλόδωρος, κάλλιον δὲ
καὶ ἀληθέστερον δὴ τὸ πρᾶγμα ὑπὸ Κωμίου εἴρηται. ἀλλὰ
σιγᾶτε, ὦ φίλοι. παύεται γὰρ λέγων Ἀπολλόδωρος.

30

E

Apollodoros appeals to the dikasts to vote in the interests of their families and   35
of the state and its laws.

βούλομαι οὖν ἕνα ἕκαστον ὑμῶν εἰδέναι ὅτι τίθεσαι τὴν ψῆφον ὁ
μὲν ὑπὲρ γυναικός, ὁ δὲ ὑπὲρ θυγατρός, ὁ δὲ ὑπὲρ μητρός, ὁ δὲ
ὑπὲρ τῆς πόλεως καὶ τῶν νόμων καὶ τῶν ἱερῶν. μὴ οὖν τιμᾶτε   40

αὐτὰς ὁμοίως Νεαίρᾳ τῇ πόρνῃ. τρέφετε γάρ, ὦ ἄνδρες δικασταί,
τρέφετε αὐτὰς μετὰ πολλῆς καὶ καλῆς σωφροσύνης καὶ ἐπιμελείας,
καὶ ἐκδίδοτε κατὰ τοὺς νόμους. Νέαιρα δέ, μετὰ πολλῶν καὶ
ἀσελγῶν τρόπων, πολλοῖς πολλάκις ἑκάστης ἡμέρας συγγεγένηται.
καὶ ὅταν μὲν ἐπὶ τοῦ κατηγορεῖν γένησθε, τῶν νόμων αὐτῶν   5
ἀκούετε, δι' ὧν οἰκοῦμεν τὴν πόλιν, καὶ καθ' οὓς ὀμωμόκατε
δικάσειν. ὅταν δὲ ἐπὶ τοῦ ἀπολογεῖσθαι ἦτε, μνημονεύετε τὴν τῶν
νόμων κατηγορίαν καὶ τὸν τῶν εἰρημένων ἔλεγχον ὃν ἀκηκόατε. καὶ
ὅταν εἰς τὴν Νεαίρας ὄψιν ἀποβλέπητε, ἐνθυμεῖσθε τοῦτο μόνον, εἰ
Νέαιρα οὖσα ταῦτα διαπέπρακται.   10

F

The dikasts await the speech for the defence – and their pay.   15

ΕΥ.   εἶεν. τοσαύτη ἥ γε κατηγορία ἣν διελήλυθεν Ἀπολλόδωρος.
       τὴν δὲ ἀπολογίαν τὴν τοῦ Στεφάνου νῦν δεῖ ἡμᾶς ἀκούειν,
       ἀκούσαντας δὲ τὴν ψῆφον θέσθαι.

ΣΤΡ.   ἀλλὰ τί ἐρῶ, ὅταν οἱ παῖδες οἱ ἐμοὶ καὶ ἡ γυνὴ ἔρωνται   20
       πότερον κατεδίκασα ἢ ἀπεψηφισάμην;

ΕΥ.   ἐὰν μὲν καταδικασθῇ Νέαιρα, ὦ Στρυμόδωρε, ἐρεῖς ὅτι
       κατεδίκασας, ἐὰν δὲ ἀπολυθῇ, ὅτι ἀπεψηφίσω.

ΣΤΡ.   πῶς γὰρ οὔ; ἀλλὰ καίπερ προθυμούμενος οὐχ οἷός τ' εἰμὶ
       μνημονεύειν τὴν κατηγορίαν· περιέλκει γάρ με κύκλῳ ὁ   25
       κατήγορος, ὥσπερ σοφιστής τις, καὶ εἰς πολλὴν ἀπορίαν με
       καθίστησιν.

ΚΩ.   καὶ περιέλξει σε κύκλῳ ὁ ἀπολογούμενος, ὡς ἔοικεν, ὦ
       Στρυμόδωρε.

ΣΤΡ.   πῶς οὖν μοι ἐξέσται διακρίνειν τὴν δίκην;   30

ΕΥ.   πρῶτον μὲν ἄκουσον, ἔπειτα δὲ διάκρινον.

ΣΤΡ.   εἶεν. ὅταν δὲ τὴν ψῆφον θώμεθα, τί;

ΚΩ.   ὅ τι; ἐκ τῆς ἕδρας ἀνεστῶτες καὶ τὴν ψῆφον θέμενοι, τὸ
       τριώβολον ληψόμεθα, ὦ Στρυμόδωρε. ἥδιστον δή ἐστι
       τοῦτο, ὅταν οἴκαδ' ἴω, τὸ τριώβολον ἔχων ἐν τῷ στόματι,   35
       καὶ πάντες οἱ οἰκεῖοι ἀσπάζωνταί με διὰ τὸ τριώβολον.

ΕΥ.   εἰκότως. ἀλλὰ παῦε φλυαρῶν, ὦ Κωμία. ἀνέστηκε γὰρ ἤδη
       Στέφανος ὡς ἀπολογησόμενος. σιγῴης ἄν, καὶ τὸν νοῦν
       προσέχοις ἄν. καὶ σύ γε, ὦ Στρυμόδωρε, ὅπως
       μνημονεύσεις τὰ εἰρημένα ὑπὸ Ἀπολλοδώρου καὶ προσέξεις   40
       τὸν νοῦν πρὸς πάνθ' ἃ ἂν λέγῃ Στέφανος.

So ends the speech for the prosecution of Neaira. To the questions 'What did Stephanos reply? Who won?' we have no answer. But however damning Apollodoros' case may seem, it has a number of weaknesses that Stephanos would have exploited. Firstly, he could claim that Neaira was no wife of his, but simply a 'kept woman' (ἑταίρα), a normal practice in ancient Athens. Secondly, he could claim that Phano was not Neaira's child, but his own by a previous citizen woman, and therefore fully entitled to Athenian citizenship (and one may imagine how emotionally he would have described to the jury how his own dear child had had her reputation slurred simply because of his perfectly normal extra-marital relationship with Neaira). If you have read Apollodoros' evidence on one side of the case, there is absolutely no doubt at all that Stephanos would have produced plenty of quite contrary evidence on the other side. Apollodoros' case rested on his claim that by passing off Phano as free-born, Stephanos and Neaira have asserted the validity of their marriage and that this is an act of criminal collusion in which they are both implicated. His pleas for the preservation of public morality against the threat of people like Neaira must have added considerable emotional weight to his argument. If the birth of citizen children from marriage was the *sole* criterion for judging whether two people were married or not, Apollodoros had not a leg to stand on. The fact that he still brought the case illustrates that there were many other considerations which could sway the jury.

Whatever your feelings about the people involved (and remember you have heard only one side of the argument), bear in mind, as you leave Neaira to whatever fate she met, that at the time of the trial she was probably between fifty and sixty, and that a great number of the incidents referred to must have happened anything up to fifty years previously; and that she had been living with Stephanos in Athens for up to thirty years before this case. Apollodoros' desire for revenge was strong, and he left few stones unturned in his quest for it, however deeply time had buried them. One is left reflecting on what Neaira herself must have been thinking as her past was so ruthlessly dug up in the cause of Apollodoros' revenge on her man.

Section Fourteen A–C
Alkestis in Euripides' play

Introduction

The extracts from *The Prosecution of Neaira* may have given you one impression of the responsibilities, dignity and status of Athenian women, and of other women, seen through the eyes of one man. In the following brief extract, taken from Greek drama – the circumstances and conventions of which place it on a far different level from a speech in a courtroom (though both are written to win – the one a case, the other a dramatic prize) – you may receive a quite different impression, and one no less important than that given by *Neaira*.

The god Apollo, sentenced by Zeus to live a life of serfdom to a mortal (because he had killed Zeus' firemakers, the Cyclopes), serves his time under the human Admetos and, finding Admetos a pious man, tricks the Fates into offering him a reprieve from imminent death – on the condition that another will die in his place. No one can be found, except Admetos' wife, Alkestis. The day has now come on which Death is to take Alkestis away.

Note

For verse metre, see *Grammar*, **179, 228.** The text is unadapted.

Wedding preparations

A

A Chorus (χορός) of townsmen has come to Admetos' palace to find out whether Alkestis is already dead. A maidservant (θεράπαινα) comes weeping from Alkestis' rooms; she heartily agrees with the Chorus' praise of Alkestis' noble death, and describes Alkestis' last actions and her prayer for her husband and children.

ΧΟΡΟΣ ἴστω νυν εὐκλεής γε κατθανουμένη
    γυνή τ᾽ ἀρίστη τῶν ὑφ᾽ ἡλίῳ μακρῷ.　　　　10
ΘΕΡΑΠΑΙΝΑ πῶς δ᾽ οὐκ ἀρίστη; τίς δ᾽ ἐναντιώσεται;
    τί χρὴ γενέσθαι τὴν ὑπερβεβλημένην
    γυναῖκα; πῶς δ᾽ ἂν μᾶλλον ἐνδείξαιτό τις
    πόσιν προτιμῶσ᾽ ἢ θέλουσ᾽ ὑπερθανεῖν;
    καὶ ταῦτα μὲν δὴ πᾶσ᾽ ἐπίσταται πόλις·　　　　15
    ἃ δ᾽ ἐν δόμοις ἔδρασε θαυμάσῃ κλύων.
    ἐπεὶ γὰρ ᾔσθεθ᾽ ἡμέραν τὴν κυρίαν
    ἥκουσαν, ὕδασι ποταμίοις λευκὸν χρόα
    ἐλούσατ᾽, ἐκ⸢ δ᾽ ⸣ἑλοῦσα κεδρίνων δόμων
    ἐσθῆτα κόσμον τ᾽ εὐπρεπῶς ἠσκήσατο,　　　　20
    καὶ στᾶσα πρόσθεν Ἑστίας κατηύξατο·
    ‘δέσποιν᾽, ἐγὼ γὰρ ἔρχομαι κατὰ χθονός,
    πανύστατόν σε προσπίτνουσ᾽ αἰτήσομαι,
    τέκν᾽ ὀρφανεῦσαι τἀμά· καὶ τῷ μὲν φίλην
    σύζευξον ἄλοχον, τῇ δὲ γενναῖον πόσιν.　　　　25
    μηδ᾽ (ὥσπερ αὐτῶν ἡ τεκοῦσ᾽ ἀπόλλυμαι)
    θανεῖν ἀώρους παῖδας, ἀλλ᾽ εὐδαίμονας
    ἐν γῇ πατρῴᾳ τερπνὸν ἐκπλῆσαι βίον.’

　　　　30

B

The servant describes Alkestis' calm, and then her breakdown as she approaches her marriage bed.

　　　　35
    πάντας δὲ βωμούς, οἳ κατ᾽ Ἀδμήτου δόμους,
    προσῆλθε κἀξέστεψε καὶ προσηύξατο,
    ἄκλαυτος ἀστένακτος, οὐδὲ τοὐπιὸν
    κακὸν μεθίστη χρωτὸς εὐειδῆ φύσιν.
    κἄπειτα θάλαμον ἐσπεσοῦσα καὶ λέχος,　　　　40

παῖδες δὲ πέπλων μητρὸς ἐξηρτημένοι
ἔκλαιον

ἐνταῦθα δὴ 'δάκρυσε καὶ λέγει τάδε·
'ὦ λέκτρον, ἔνθα παρθένει' ἔλυσ' ἐγὼ   25
κορεύματ' ἐκ τοῦδ' ἀνδρός, οὗ θνῄσκω πέρι,
χαῖρ'· οὐ γὰρ ἐχθαίρω σ'· ἀπώλεσας δ' ἐμὲ
μόνην· προδοῦναι γάρ σ' ὀκνοῦσα καὶ πόσιν
θνῄσκω. σὲ δ' ἄλλη τις γυνὴ κεκτήσεται,
σώφρων μὲν οὐκ ἂν μᾶλλον, εὐτυχὴς δ' ἴσως.'   30

C

The reaction of her children and servants is described – and finally, Admetos'   35
tearful lament.

κυνεῖ δὲ προσπίτνουσα, πᾶν δὲ δέμνιον
ὀφθαλμοτέγκτῳ δεύεται πλημμυρίδι.
ἐπεὶ δὲ πολλῶν δακρύων εἶχεν κόρον,
στείχει προνωπὴς ἐκπεσοῦσα δεμνίων,   40

καὶ πολλὰ θαλάμων ἐξιοῦσ᾽ ἐπεστράφη
κἄρριψεν αὐτὴν αὖθις ἐς κοίτην πάλιν.
παῖδες δὲ πέπλων μητρὸς ἐξηρτημένοι
ἔκλαιον· ἡ δὲ λαμβάνουσ᾽ ἐς ἀγκάλας
ἠσπάζετ᾽ ἄλλοτ᾽ ἄλλον, ὡς θανουμένη.   5
πάντες δ᾽ ἔκλαιον οἰκέται κατὰ στέγας
δέσποιναν οἰκτίροντες. ἡ δὲ δεξιὰν
προὔτειν᾽ ἑκάστῳ, κοὔτις ἦν οὕτω κακὸς
ὃν οὐ προσεῖπε καὶ προσερρήθη πάλιν.
τοιαῦτ᾽ ἐν οἴκοις ἐστὶν Ἀδμήτου κακά.   10
καὶ κατθανὼν τἂν ὤλετ᾽, ἐκφυγὼν δ᾽ ἔχει
τοσοῦτον ἄλγος, οὗ ποτ᾽ – οὐ λελήσεται.

ΧΟΡΟΣ ἦ που στενάζει τοισίδ᾽ Ἄδμητος κακοῖς,
ἐσθλῆς γυναικὸς εἰ στερηθῆναί σφε χρή;

ΘΕΡ.   κλαίει γ᾽ ἄκοιτιν ἐν χεροῖν φίλην ἔχων,   15
καὶ μὴ προδοῦναι λίσσεται, τἀμήχανα
ζητῶν· φθίνει γὰρ καὶ μαραίνεται νόσῳ.
παρειμένη δέ, χειρὸς ἄθλιον βάρος,
ὅμως δὲ (καίπερ σμικρὸν) ἐμπνέουσ᾽ ἔτι
βλέψαι πρὸς αὐγὰς βούλεται τὰς ἡλίου   20
ὡς οὔποτ᾽ αὖθις, ἀλλὰ νῦν πανύστατον.

A fight

PART FIVE
Athenian views of justice

Introduction

A number of Greek writers and thinkers were greatly concerned with the question of the nature of justice – what is it? What should it be? What is the relationship between justice and law? Why should one be so concerned about it? What are the origins of law and justice in our society?

The extracts from *Neaira* have already shown you something of legal process. Part Five concentrates on the actual workings of justice in the Athenian world, and shows the problems of enforcing it and making it work. It ends with a μῦθος, ascribed by Plato to the Greek sophist Protagoras (Πρωταγόρας), which explains the origins of human civilisation and shows how δίκη became an essential ingredient of it.

Sources
Demosthenes 47, *Against Mnesiboulos and Euergos (pass.)*.
Plato, *Phaidros (pass.)*, and other dialogues.
Plato, *Protagoras* 321d–323a

Time to be taken
Five weeks

Sections Fifteen to Sixteen
Official and private justice

Aristarkhos had been appointed in succession to Theophemos as a
trierarch, whose duty it was to equip and man, at his own expense, a
trireme of the Athenian navy. It was Theophemos' duty to hand over
the ship's gear to his successor, but this he refused to do. In his
attempts to recover the gear Aristarkhos got into a fight with Theo-
phemos: Theophemos then brought a charge of assault and battery
which he won, thanks to false evidence and the suppression of the
testimony of a slave woman. Aristarkhos sought an extension of time
in which to pay the fine, but at this Theophemos and a bunch of
friends descended on Aristarkhos' farm, grabbing all they could lay
their hands on and mauling an old servant so badly that she subse-
quently died.

Aristarkhos is uncertain what action he can take against Theo-
phemos, and consults the *Exegetai*, state officials who advised on what
to do in cases of murder. He is returning home when he meets
Apollodoros, and tells him the whole story.

Note
Aristarkhos' monologue is almost entirely unadapted.

Section Fifteen A–H
Official justice: ships, state and individuals

A

Aristarkhos is on his way home from the agora *where he has been taking the advice of the* Exegetai *about the death of a faithful servant. By the city gate he meets Apollodoros, who is taking a walk outside the walls. Aristarkhos agrees to tell Apollodoros the whole story.*

πορεύεται ὁ ᾿Απολλόδωρος εὐθὺς ᾿Ιλισοῦ, τὴν ἔξω τείχους ὁδὸν
βαδίζων ὑπ᾿ αὐτὸ τὸ τεῖχος. ἐπειδὴ δὲ γίγνεται κατὰ τὴν πύλην,
ἐνταῦθα συντυγχάνει ᾿Αριστάρχῳ τῷ ᾿Αριστῶνος πάνυ   20
ἀθύμως῀ἔχοντι. καὶ ᾿Αρίσταρχον προσιόντα ὁ ᾿Απολλόδωρος ἰδὼν
προσαγορεύει.

ΑΠΟΛΛΟΔΩΡΟΣ ποῖ δὴ πορεύει καὶ πόθεν, ὦ ᾿Αρίσταρχε;
ΑΡΙΣΤΑΡΧΟΣ ἐξ ἀγορᾶς, ὦ ᾿Απολλόδωρε, πορεύομαι οἴκαδε.   25
ΑΠ.   ἀλλά, ὦ βέλτιστε, δοκεῖς μοι ἀθύμως῀ἔχειν. ἔοικας γὰρ
       βαρέως φέρειν τι. εἰπὲ οὖν, τί βουλόμενος ἐν ἀγορᾷ
       διέτριβες;
ΑΡ.   ἦλθον, ὦ ᾿Απολλόδωρε, πρὸς τοὺς ἐξηγητάς.
ΑΠ.   τί φής; περὶ καθάρσεως, ὡς ἔοικεν, ἢ περὶ ταφῆς πρὸς   30
       αὐτοὺς ἦλθες;
ΑΡ.   μάλιστά γε, ὦ φίλε. ὀργιζόμενος γὰρ ἀνθρώπῳ τινὶ
       ὑβριστῇ, Θεοφήμῳ ὀνόματι, δι᾿ ἃ ἐπεποιήκει, οὕτως ἦλθον.
       οὗτος γὰρ ἠδικήκει με μάλιστα, εἰσελθὼν εἰς τὸ χωρίον καὶ
       ὑβρίζων εἰς τοὺς οἰκείους καὶ δὴ καὶ φονεύσας γραῦν τινα,   35
       ἀπελευθέραν οὖσαν. ταύτην οὖν τὴν συμφορὰν ἐνθυμούμενος
       καὶ τιμωρεῖσθαι βουλόμενος τοῦτον, ὡς τοὺς ἐξηγητὰς
       ἦλθον, διεξελθόντι δέ μοι ἃ ἐπεπόνθη ἐγὼ καὶ Θεόφημος
       διεπέπρακτο, οὐκ ἔφασαν ἐξεῖναι τιμωρεῖσθαι τρόπῳ ᾧ ἐν
       νῷ εἶχον.   40

B

AΠ. μὴ ἀπορήσῃς, ὦ ᾿Αρίσταρχε, μηδὲ ἀθυμήσῃς ἔτι. καὶ γὰρ
οὐ δεῖ βαρέως φέρειν τὰ γεγενημένα οὐδὲ ἀθυμεῖν. οὐ γὰρ
ἀθυμητέον ἀλλὰ προθυμητέον. ἐξ ἀρχῆς ἄρα σκεπτέον ἡμῖν   5
περὶ τοῦ πράγματος. μὴ οὖν μ᾿ ἀτιμάσῃς, ἀλλὰ παντὶ
τρόπῳ προσέχων τὸν νοῦν προθυμοῦ τοῦτο, ὅπως
σαφέστατά μοι τὸ πρᾶγμα διέξει. εἰπὲ οὖν, ὦ βέλτιστε, καὶ
μὴ ἀποκρύψῃς μηδέν.

AP. ἀλλὰ φοβοῦμαι⌢μή σ᾿ ἀπολέσω λέγων. οὐ γὰρ βραχὺς ὁ   10
λόγος.

AΠ. μὴ φοβοῦ⌢μὴ τοῦτο γένηται. σχολὴ γάρ μοί ἐστιν. εἰπὲ οὖν
καὶ μὴ ἐπίσχῃς.

AP. διηγητέον ἄρα μοι πάντα ἐξ ἀρχῆς, ὡς ἔοικε. καὶ δή, ὦ
᾿Απολλόδωρε, προσήκουσά γέ σοι ἡ ἀκοή. σὺ γὰρ   15
κατήγορος δεινὸς εἶ καὶ ἐπιεικῶς ἔμπειρος περὶ τὰ
δικανικά. τί δέ; ἆρα περίπατον ποιούμενος βούλῃ ἀκούειν,
ἢ καθήμενος; πάντως δὲ ἡ ὁδὸς ἡ παρὰ τὸν ᾿Ιλισὸν
ἐπιτηδεία πορευομένοις καὶ λέγειν καὶ ἀκούειν.

AΠ. πῶς δ᾿ οὔ; οὔπω γὰρ πνῖγός ἐστι τὸ νῦν. ἐγὼ γὰρ μάλιστα   20
ἐπιθυμῶ ἀκοῦσαι, ἵνα σοι βοηθήσω ἐν ἀπορίᾳ ὄντι καὶ
ἀθυμοῦντι. ὥστε, ἐὰν βαδίζων ποιῇ τὸν περίπατον καὶ
Μέγαράδε, οὐ παύσομαι ἑπόμενός σοι, ἵνα τὰ γεγενημένα
μάθω. σὺ δὲ λέγε, ἵνα ἀκούσας μετὰ σοῦ συμβουλεύσωμαι.

AP. πάνυ⌢μὲν⌢οὖν. χάριν⌈ γὰρ ⌉εἴσομαί σοι, ἐὰν ἀκούῃς.   25

AΠ. καὶ μὴν κἀγώ σοι, ἐὰν λέγῃς.

AP. διπλῆ ἂν εἴη ἡ χάρις. ἀλλ᾿⌢οὖν ἄκουε.

C

30

Aristarkhos tells how his feud with Theophemos arose. In a time of state
crisis, Aristarkhos had been appointed a trierarch, but Theophemos had
refused to co-operate with him.

35

βούλομαι οὖν σοι διηγήσασθαι ὅθεν ἐγένετο ἡ ἔχθρα πρὸς
Θεόφημον, ἵνα μάθῃς τί ἐγένετο καὶ γιγνώσκῃς ὅτι οὐ μόνον ἐμὲ
ἠδίκησεν, ἀλλὰ καὶ τόν τε δῆμον καὶ τὴν βουλήν. ἔτυχον γὰρ ἐγὼ
τριηραρχῶν, καὶ τριηραρχοῦντα ἔδει με τὰ σκεύη καὶ τὴν τριήρη
παρὰ Θεοφήμου παραλαβεῖν· εὖ γὰρ οἶσθα ὅτι δεῖ τὸν   40

τριηραρχήσαντα, ἐξιούσης τῆς ἀρχῆς, παραδοῦναι τήν τε τριήρη
καὶ τὰ σκεύη τῷ μέλλοντι τριηραρχήσειν, ἵνα καὶ αὐτὸς δύνηται
παρασκευάζειν τὴν ναῦν. ἀλλὰ καίπερ δέον τὸν Θεόφημον
ἀποδοῦναι τὰ σκεύη, οὐ παρέλαβον ἐγὼ παρὰ τούτου τῶν σκευῶν
οὐδέν. καὶ δὴ καί, ἦν τότε, ὅτε τριηραρχήσειν ἔμελλον, κίνδυνος   5
μέγας τῇ πόλει διὰ τὴν τῶν συμμάχων στάσιν, ὥστε ἔδει τοὺς
τριηράρχους διὰ τάχους τριήρων βοήθειαν ἀποστέλλειν. ἀλλὰ
καίπερ δέον ἡμᾶς ὡς τάχιστα ἀποστέλλειν τὰς ναῦς, σκεύη ἐν τῷ
νεωρίῳ οὐχ ὑπῆρχε ταῖς ναυσίν· οὐ γὰρ ἀπέδωκαν τὰ σκεύη οἱ
ὀφείλοντες, ἐν οἷς ἦν Θεόφημος.   10
πρὸς δὲ τούτοις οὐδ' ἐν τῷ Πειραιεῖ ἦν ἄφθονα ὀθόνια καὶ
στυππεῖον καὶ σχοινία, ὥστε οὐκ ἐξῆν πρίασθαι. καὶ οὐκ ἐξὸν
πρίασθαι, οὐδὲ τῶν ὀφειλόντων ἀποδόντων, γράφει Χαιρέδημος
ψήφισμα ἵνα ἡμεῖς οἱ καθεστῶτες τριήραρχοι προστάττωμεν καὶ
ἀναγκάζωμεν τοὺς τριηραρχήσαντας ἀποδοῦναι τὰ σκεύη, ὃς ἂν μὴ   15
ἀποδιδῷ. καὶ δὴ ἡμᾶς κελεύει τὸ ψήφισμα κομίζεσθαι τὰ σκεύη

Ship's gear

The city kept meticulous lists of the equipment which each trierarch was supposed to have in order to equip his ship. The following is an excerpt from an inscription detailing such equipment.

ὅσοι τῶν τριηράρχων γεγραμμένοι εἰσὶν ἔχοντες εἰς πλοῦν ἐντελῆ σκεύη
κρεμαστὰ ἢ ξύλινα, ὅσοι μὲν κρεμαστά, τάδε ἔχουσιν· ὑποζώματα, ἱστίον,
τοπεῖα, ὑπόβλημα, κατάβλημα, παραρύματα λευκά, παραρύματα τρίχινα,
σχοινία ὀκτωδάκτυλα ||||, ἑξδάκτυλα ||||, ἀγκύρας σιδηρᾶς ||· ὅσοι δὲ
ξύλινα, ἔχουσιν ταρρόν, πηδάλια, κλιμακίδας, ἱστόν, κεραίας, κοντούς.

'All the trierarchs who are listed as having gear complete for their voyage, whether hanging or wooden, have the following: those with hanging gear, swifters, sails, sail-tackle, hypoblema, katablema, canvas side-screens, hair side-screens, 4 heavy ropes of eight fingers, 4 heavy ropes of six fingers, 2 iron anchors: those with wooden gear have a set of oars, steering-oars, ladders, a mast, sail-yards, poles.'

swifters	heavy cables passed around the outside of a ship's hull and made tight, to hold the fabric together
hypoblema katablema	unknown
side-screens	for the protection of the rowers during battle

(From: *Inscriptiones Graecae*, II, 2, 1627)

τρόπῳ ᾧ ἂν δυνώμεθα, ἵνα ὡς⁻τάχιστα τὰς ναῦς παρασκευάζωμεν
καὶ βοήθειαν ἀποστέλλωμεν.

πολλὴ οὖν ἦν μοι ἀνάγκη κομίζεσθαι τὰ σκεύη ἵνα τὴν ναῦν
παρασκευάζοιμι καὶ παρασκευάσας ἀποστέλλοιμι ὡς⁻τάχιστα. δέον
οὖν με ταῦτα ποιεῖν, Θεοφήμῳ προσῆλθον ἵνα τὰ σκεύη   5
κομισαίμην.

D   10

*Since Theophemos is not at home, Aristarkhos approaches Theophemos'
brother Euergos for information about their property.*

ἀλλὰ ἀπόντος Θεοφήμου καὶ οὐκ ἐξόν μοι ἰδεῖν, προσελθὼν τῷ   15
**Εὐέργῳ, τῷ τοῦ Θεοφήμου ἀδελφῷ, ἀπήτησα τὰ σκεύη καὶ
ἐκέλευον αὐτὸν φράσαι Θεοφήμῳ.** ἔστι γὰρ τὸ τῆς βουλῆς ψήφισμα
κομίζεσθαι τὰ σκεύη, ὁπόταν οἱ ὀφείλοντες μὴ ἀποδιδῶσι, τρόπῳ ᾧ
ἂν δυνώμεθα. ἐκέλευον μὲν οὖν ἐγώ, καὶ διέλιπον ἡμέρας τινάς, ἵνα
Εὔεργος φράσειε Θεοφήμῳ, Εὔεργος δὲ οὐκ ἀπεδίδου τὰ σκεύη,   20
ἀλλὰ κακά⌐ μ' ⌐ἔλεγεν. παραλαβὼν οὖν μάρτυρας ὡς πλείστους
ἠρόμην αὐτὸν πότερον κοινὴ εἴη ἡ οὐσία ἢ οὔ, ἐρομένῳ δέ μοι
ἀπεκρίνατο Εὔεργος ὅτι κοινὴ οὐκ εἴη ἡ οὐσία καὶ χωρὶς οἰκοίη ὁ
ἀδελφός.

πυθόμενος οὖν ἄλλοθεν οὗ οἰκεῖ Θεόφημος, καὶ λαβὼν ὑπηρέτην   25
παρὰ τῆς ἀρχῆς, ἦλθον ἐπὶ τὴν τοῦ Θεοφήμου οἰκίαν ἵνα αὐτὸν
ἴδοιμι.

                                                                 30

E

Aristarkhos demands the gear from Theophemos.

κόψας δὲ τὴν θύραν, ἠρόμην ὅπου εἴη, ἀποκρίνεται δὲ ἡ ἄνθρωπος   35
ὅτι 'οὐκ ἔνδον, ὅπου ἂν νῦν γε τυγχάνῃ ὤν.' καταλαβὼν οὖν αὐτὸν
ἔνδον οὐκ ὄντα, ἐκέλευον τὴν ἄνθρωπον τὴν ὑπακούσασαν μετελθεῖν
αὐτὸν ὅπου ὢν τυγχάνοι. ὡς δ' ἀφικνεῖται Θεόφημος, μετελθούσης
αὐτὸν τῆς ἀνθρώπου, ἀπήτουν αὐτὸν τὸ διάγραμμα τῶν σκευῶν καὶ
ἐδείκνυον τὸ ψήφισμα τῆς βουλῆς, ὃ ἐκέλευέ με κομίζεσθαι τὰ   40

σκεύη τρόπῳ ᾧ δυναίμην. καὶ γὰρ οὐκ ἐγὼ μόνος οὕτως ἔπραξα,
ἀλλὰ καὶ ἄλλοι τῶν τριηράρχων, ὁπότε τις τὰ σκεύη μὴ ἀποδιδοίη.

ἀλλ' ἐπειδὴ ἐδείχθη τὸ ψήφισμα ἐκείνῳ καὶ ἀπῃτήθη τὸ
διάγραμμα, ὁ Θεόφημος οὐκ ἀπεδίδου. πρὶν οὖν ἄλλο τι ποιῆσαι,
ἐκέλευον τὸν παῖδα καλέσαι τοὺς ἐκ τῆς ὁδοῦ πολίτας, εἴ τινας ἴδοι,   5
ἵνα μάρτυρές μοι εἶεν τῶν λεχθέντων. καλέσαντος δὲ τοῦ παιδὸς καὶ
παρόντων μαρτύρων τῶν ὑπ' αὐτοῦ κληθέντων, ἐκέλευον πάλιν ἐγὼ
τὸν Θεόφημον ἢ αὐτὸν ἀκολουθεῖν πρὸς τὴν βουλήν, εἰ μή φησιν
ὀφείλειν τὰ σκεύη, ἢ ἀποδιδόναι τὰ σκεύη. εἰ δὲ μή, ἔλεγον ὅτι
ληψοίμην ἐνέχυρα κατά τε τοὺς νόμους καὶ τὰ ψηφίσματα.   10

F

Theophemos refuses to comply and a fight at the house ensues. Worsted,   15
Aristarkhos takes his grievance to the βουλή, who encourage him to bring a
(successful) case against Theophemos.

ἐθέλοντος δὲ αὐτοῦ οὐδὲν τούτων ποιεῖν, καίπερ κελευσθέντος ὑπ'
ἐμοῦ, ἦγον τὴν ἄνθρωπον ἑστηκυῖαν ἐπὶ τῇ θύρᾳ, τὴν μετελθοῦσαν   20
αὐτόν, ἵνα μάρτυρα ἔχοιμι. καὶ ὁ Θεόφημός με ἀφῃρεῖτο αὐτήν, καὶ
ἐγὼ τὴν μὲν ἄνθρωπον ἀφῆκα, εἰς δὲ τὴν οἰκίαν εἰσῇα ἵνα ἐνέχυρόν
τι λάβοιμι τῶν σκευῶν. ἔτυχε γὰρ ἡ θύρα ἀνεῳγμένη. καὶ πρὶν
εἰσιέναι, ἐπεπύσμην ὅτι οὐ γεγαμηκὼς εἴη. εἰσιόντος δέ μου, παίει
πὺξ τὸ στόμα ὁ Θεόφημος καὶ ἐγώ, ἐπιμαρτυράμενος τοὺς   25
παρόντας, ἠμυνάμην.

ἐπειδὴ οὖν τὰ ἐνέχυρα ἐλήφθη ὑπὸ Θεοφήμου, καὶ συνεκόπην
ἐγώ, ἦλθον εἰς τὴν βουλὴν ἵνα δείξαιμι τὰς πληγὰς καὶ εἴποιμι
πάνθ' ἃ πεπονθὼς ἦ κομιζόμενος τὰ σκεύη τῇ πόλει. ἡ δὲ βουλή,
ἀγανακτήσασα ἐφ' οἷς ἐπεπόνθη καὶ ἰδοῦσα ὡς διεκείμην ὑπὸ   30
Θεοφήμου, ἐβούλετο αὐτὸν ἁλῶναι καὶ ζημιωθῆναι. ἐκελεύσθην οὖν
ὑπὸ τῆς βουλῆς εἰσαγγέλλειν αὐτὸν ὡς ἀδικοῦντα καὶ διακωλύοντα
τὸν ἀπόστολον. ἡγήσατο γὰρ ἡ βουλὴ ὑβρισθῆναι οὐκ ἐμὲ ἀλλ'
ἑαυτὴν καὶ τὸν δῆμον καὶ τὸν νόμον. καὶ γὰρ εὖ ᾔδει ἡ βουλὴ ὅτι
εἰσαγγελθεὶς ὁ Θεόφημος ἁλώσεται καὶ ζημιωθήσεται. γενομένης   35
τοίνυν τῆς κρίσεως ἐν τῇ βουλῇ καὶ πυθομένων τῶν βουλευτῶν τὴν
πόλιν ὑβρισθεῖσαν καὶ ἀδικηθέντα ἐμέ, ἑάλω ὁ Θεόφημος καὶ
ἐζημιώθη. καὶ ἐξὸν ταῖς πεντακοσίαις δραχμαῖς ζημιῶσαι αὐτόν,
ἐγώ, καίπερ ἀδικηθείς, μέτριος καὶ ἐπιεικὴς ἐγενόμην καὶ
συνεχώρησα πέντε καὶ εἴκοσι δραχμαῖς.   40

G

The heat of the day is too much for Apollodoros, who asks for a rest in the shade by the river. Aristarkhos now explains how the tables were turned on him by Theophemos.

ΑΠ.   ἐπιεικὴς δὴ καὶ μέτριος ἐγένου περὶ ὧν ἐπεποιήκει ὁ
        Θεόφημος, ὦ Ἀρίσταρχε. ἀλλὰ τί οὐ παυόμεθα
        περιπατοῦντες; πνῖγος γὰρ γίγνεται νῦν, καὶ ἐὰν πλέον
        περιπατήσω, εἰς πολλὴν ἀπορίαν καταστήσομαι. παυώμεθα   10
        οὖν, ἕως ἂν ἐκ τῆς ἀσθενείας συλλέγω ἐμαυτόν.

ΑΡ.   οὕτως οὖν ποιητέον, εἴ σοι δοκεῖ. παυώμεθα οὖν καὶ ἐν
        ἡσυχίᾳ καθιζώμεθα παρὰ τὸν Ἰλισόν, ἕως ἂν ἠπιώτερον
        γένηται τὸ πνῖγος.

ΑΠ.   πρόαγε δή, καὶ σκοπῶμεν ἅμα ὅπου καθιζησόμεθα.   15

ΑΡ.   ὁρᾷς οὖν ἐκείνην τὴν ὑψηλοτάτην πλάτανον;

ΑΠ.   τί μήν;

ΑΡ.   ἐκεῖ σκιά τ᾽ ἐστὶ καὶ πνεῦμα μέτριον καὶ πόα καθίζεσθαι,
        ἐὰν βουλώμεθα. ἐκεῖσε οὖν ἴωμεν, ἵνα καθιζώμεθα
        ἀναπαυόμενοι.   20

ΑΠ.   προάγοις ἄν. νὴ τὴν Ἥραν, καλή γε ἡ καταγωγή. νῦν οὖν
        δεῦρο ἀφικόμενοι μένωμεν ἕως ἂν ἐκ τῆς ἀσθενείας
        συλλέγω ἐμαυτόν.

        ἀλλὰ σύ, ὦ Ἀρίσταρχε, ὡς ἔφης, ἐνίκησας τὴν
        εἰσαγγελίαν. τί οὖν τὰ μετὰ ταῦτα; πῶς πρὸς σὲ διέκειτο ὁ   25
        Θεόφημος; κακῶς, ἔμοιγε δοκεῖ τεκμαιρομένῳ τῇ σῇ
        ἀθυμίᾳ. τί οὖν οὐ διατελεῖς τὸν λόγον διηγούμενος, εἰ μή τί
        σε κωλύει; ὥς μοι δοκῶ καθέξειν σε ἐνθάδε ἕως ἂν εἴπῃς
        ἅπαντα.

ΑΡ.   ἀλλὰ μὴν οὐδέν γε κωλύει με διατελεῖν διεξιόντα τὸν   30
        λόγον, ἕως ἂν λεχθῇ ἅπαντα. ἄκουε οὖν, ἵνα σαφέστερον
        μάθῃς.

H

ἐνενικήκη τοίνυν ἐγὼ τὴν εἰσαγγελίαν, ἀλλὰ τοῦτο, φασίν, ἡ
ἀρχὴ τοῦ κακοῦ. ὁ μὲν γὰρ Θεόφημος, αὐτίκα μάλα
ἐνθυμούμενος τὴν καταδίκην καὶ τιμωρεῖσθαι βουλόμενος,   5
ἔλαχέ μοι δίκην αἰκείας, φάσκων ἐμὲ ἄρξαι τῶν πληγῶν
τῶν ἐπὶ τῇ θύρᾳ. ἐγὼ δ᾽ ἡσύχαζον, οὐ φοβούμενος μὴ
καταδικάσειαν ἐμοῦ οἱ δικασταί. ἥκιστα γὰρ ἡγούμην
ἐξελεγχθήσεσθαι, ἀναίτιος ὤν. ὁ δὲ Θεόφημος, ψευδεῖς
παρασχόμενος μάρτυρας, Εὔεργον τόν τε ἀδελφὸν καὶ   10
Μνησίβουλον τὸν κηδεστήν, καὶ ὑποσχόμενος παραδώσειν
τὸ σῶμα τῆς ἀνθρώπου τῆς ἐπὶ τῇ θύρᾳ ἑστηκυίας (ὃ οὐ
πεποίηκε), ἐξηπάτησε τοὺς δικαστάς, οἳ ὑπὲρ Θεοφήμου
ἐπείσθησαν τὴν ψῆφον θέσθαι. ἐγὼ οὖν οὕτω ζημιωθείς, οὐ
πολλαῖς ἡμέραις ὕστερον προσελθὼν Θεοφήμῳ ἐκέλευον ἐπὶ   15
τὴν τράπεζαν ἀκολουθοῦντα κομίζεσθαι τὴν καταδίκην. ὁ
δὲ Θεόφημος ἀντὶ τοῦ καταδίκην ἀπολαβεῖν ἦλθεν ἐπὶ τὸ
χωρίον μου.

ὑδρία χαλκῆ   ἐκφορεῖ τὰ σκεύη

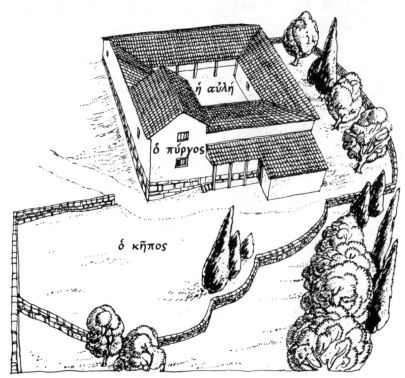

ἡ αὐλή

ὁ πύργος

ὁ κῆπος

Reconstruction of a country house in Attica

Section Sixteen A–E
Private justice: trouble down at the farm

Introduction

Aristarkhos has thus had the tables turned on him by Theophemos. Thanks to false evidence, Theophemos managed to convince the dikasts that Aristarkhos had been responsible for the fight at the house, and has landed him with a substantial fine to pay. Aristarkhos needed time, but set a date for payment. Theophemos wouldn't wait, but took his own measures to collect the fine.

A

Theophemos and his cronies swoop on Aristarkhos' farm.

ὁ οὖν Θεόφημος οὐκ εἴασέ με ἐκτεῖσαι τὰ χρήματα. οὐ γὰρ ἔμεινε
ἕως τὰ χρήματα παρέχοιμι, ἀλλ' ἐλθών μου τὰ πρόβατα λαμβάνει,
πεντήκοντα μαλακά, ποιμαινόμενα ὑπὸ τοῦ ποιμένος. πρὶν οὖν με
εἰδέναι τὰ γεγενημένα, λαμβάνεται ὑπὸ Θεοφήμου οὐ μόνον τὰ
πρόβατα ἀλλὰ καὶ πάντα τὰ ἀκόλουθα τῇ ποίμνῃ καὶ ὁ ποιμὴν μετ'   30
αὐτῶν, ἔπειτα καὶ παῖς διάκονος, ἀποφέρων ὑδρίαν χαλκῆν, παρὰ
φίλου τινὸς ᾐτημένην, πολλοῦ ἀξίαν. τούτων δὲ πάντων ληφθέντων,
ἐπεισελθόντες ὁ Θεόφημος καὶ Εὔεργος εἰς τὸ χωρίον (γεωργῶ δὲ
πρὸς τῷ ἱπποδρόμῳ, καὶ οἰκῶ ἐνταῦθα ἐκ μειρακίου), πρῶτον μὲν
ἐπὶ τοὺς οἰκέτας ᾖξαν. ἐπεὶ δὲ οἱ οἰκέται οὐκ ἔμειναν ἕως ἅλοιεν   35
ἀλλ' ἔφθασαν διαφυγόντες, ἐλθόντες πρὸς τὴν οἰκίαν ἐξέβαλον τὴν
θύραν τὴν εἰς τὸν κῆπον φέρουσαν. ἐκβληθείσης δὲ τῆς θύρας,
εἰσελθόντες ἐπὶ τὴν γυναῖκά μου καὶ τὰ παιδία, ἐξεφόρησαν πάντα
τὰ σκεύη, ὅσα ἔτι ὑπόλοιπά μοι ἦν ἐν τῇ οἰκίᾳ, καὶ ᾤχοντο
λαβόντες ἃ βούλοιντο.   40

πρὸς δὲ τούτοις, πρὶν αὐτοὺς εἰσελθεῖν εἰς τὴν οἰκίαν, ἔτυχεν ἡ
γυνή μου μετὰ τῶν παιδίων ἀριστῶσα ἐν τῇ αὐλῇ, καὶ μετ᾽ αὐτῆς
τίτθη τις ἐμὴ γενομένη πρεσβυτέρα, ἄνθρωπος εὔνους καὶ πιστὴ
καὶ ἐλευθέρα ἀφειμένη (ἀφῆκε γὰρ αὐτὴν ὁ πατὴρ ὁ ἐμός. ἐπειδὴ
δὲ ἀφείθη ἐλευθέρα ὑπὸ τοῦ πατρὸς τοῦ ἐμοῦ, συνῴκησεν ἀνδρί.   5
ἀποθανόντος δὲ τοῦ ἀνδρός, ὡς αὐτὴ γραῦς ἦν καὶ οὐδεὶς ἔτρεφεν
αὐτήν, ἐπανῆλθεν ὡς ἐμέ. ἀναγκαῖον οὖν ἦν μοι τρέφειν αὐτήν,
τίτθην γενομένην.) ἀριστώντων δ᾽ αὐτῶν ἐν τῇ αὐλῇ, ὁρμῶνται
οὗτοι καὶ καταλαμβάνουσιν αὐτὰς καὶ ἥρπαζον τὰ σκεύη. τῶν δὲ
σκευῶν ὑπ᾽ αὐτῶν ἁρπαζομένων, αἱ ἄλλαι θεράπαιναι (ἐν γὰρ τῷ   10
πύργῳ ἦσαν, οὗπερ διαιτῶνται), ὡς ἤκουσαν κραυγῆς καὶ βοῆς,
οὐκ ἐπέσχον ἕως εἰσέλθοιεν ἐκεῖνοι ἀλλὰ κλείουσι τὸν πύργον πρὶν
αὐτοὺς ὁρμᾶσθαι.

                                                                  15

B

*Despite the intervention of Aristarkhos' wife, the plundering continues, and
the old maidservant is badly beaten up. Aristarkhos' neighbours witness the
scene.*   20

ἐνταῦθα μὲν οὖν οὐκ εἰσῆλθον ἐκεῖνοι, τὰ δ᾽ ἐκ τῆς ἄλλης οἰκίας
σκεύη ἐξέφερον. ἀπεῖπε δ᾽ ἡ γυνή, λέγουσα ὅτι αὐτῆς εἴη τὰ σκεύη,
ἐν τῇ προικὶ τετιμημένα, καὶ ὅτι ʻ ἔχετε τὰ πρόβατα πεντήκοντα
καὶ τὸν παῖδα καὶ τὸν ποιμένα, ἃ ἄξιά ἐστι τῆς καταδίκης.   25
(ἀπήγγειλε γάρ τις τῶν γειτόνων, κόψας τὴν θύραν.) καὶ δὴ καὶ τὸ
ἀργύριον ὑμῖν κεῖται ἐπὶ τῇ τραπέζῃ. (ἀκηκόει γὰρ ἐμοῦ). μὴ οὖν
λάβητε τὰ λοιπὰ σκεύη πρὶν ἐπανελθεῖν τὸν ἄνδρα τὸ τίμημα
ἔχοντα, ἄλλως ͡ τε καὶ ἔχοντες ἄξια τῆς καταδίκης.ʼ
     ἀλλὰ καίπερ ταῦτα λεγούσης τῆς γυναικός, οὐ παύονται πρὶν ͡ ἂν   30
λάβωσι πάνυ πολλά. ἡ δὲ τίτθη, ἐπειδὴ εἶδεν αὐτοὺς ἔνδον ὄντας,
λαβοῦσα τὸ κυμβίον παρακείμενον αὐτῇ, ἐξ οὗ ἔπινεν, ἐνετίθετο εἰς
τὸν κόλπον, ἵνα μὴ οὗτοι λάβοιεν. Θεόφημος δὲ καὶ Εὔεργος, ὁ
ἀδελφὸς αὐτοῦ, κατιδόντες αὐτήν, ἀφείλοντο καὶ οὕτω διέθεσαν τὴν
γραῦν ὥστε ὕφαιμοι μὲν ἐγένοντο οἱ βραχίονες καὶ οἱ καρποὶ τῶν   35
χειρῶν αὐτῆς, ἀποστρεφομένης ὑπ᾽ αὐτῶν καὶ ἑλκομένης. καὶ δὴ
ἀμυχὰς εἶχεν ἐν τῷ τραχήλῳ, ἀγχομένη ὑπὸ τούτων, πελιὸν δὲ
ἐγένετο τὸ στῆθος. οὕτω δὲ πονηροὶ ἦσαν ὥστε οὐκ ἐπαύσαντο
ἄγχοντες καὶ τύπτοντες τὴν γραῦν πρὶν πέσοι μὲν αὐτὴ πρὸς τὴν
γῆν, ἐκεῖνοι δὲ ἀφέλοιντο τὸ κυμβίον ἐκ τοῦ κόλπου αὐτῆς.   40

ἀκούοντες δ' οἱ τῶν γειτόνων θεράποντες τῆς τε κραυγῆς καὶ
βοῆς, εἶδον τὴν οἰκίαν τὴν ἐμὴν ὑπ' αὐτῶν πορθουμένην. οἱ μὲν οὖν
ἀπὸ τῶν τεγῶν τῶν ἑαυτῶν ἐκάλουν τοὺς παριόντας, οἱ δέ, εἰς τὴν
ἑτέραν ὁδὸν ἐλθόντες καὶ ἰδόντες τὸν Ἁγνόφιλον παριόντα,
ἐκέλευον αὐτὸν παραγενέσθαι. προσελθὼν δ' ὁ Ἁγνόφιλος,   5
προσκληθεὶς ὑπὸ τοῦ Ἀνθεμίωνος, ὅς ἐστί μοι γείτων, εἰς μὲν τὴν
οἰκίαν οὐκ εἰσῆλθεν (οὐ γὰρ παρῆν ὁ τῆς οἰκίας κύριος· παρόντος
δὲ τοῦ κυρίου, εἰσῆλθεν ἄν), ἐν δὲ τῷ χωρίῳ ὢν τῷ τοῦ
Ἀνθεμίωνος ἑώρα τά τε σκεύη ἐκφερόμενα καὶ Εὔεργον καὶ
Θεόφημον ἐξιόντας ἐκ τῆς ἐμῆς οἰκίας. οὐ μόνον τοίνυν λαβόντες   10
μου τὰ σκεύη ᾤχοντο, ἀλλὰ καὶ τὸν υἱὸν ἦγον ὡς οἰκέτην ὄντα, ἕως
Ἑρμογένης, τῶν γειτόνων τις, ἀπαντήσας αὐτοῖς, εἶπεν ὅτι υἱός
μου εἴη.

15

C

*Aristarkhos is informed of what has happened, and orders Theophemos to
appear at the bank next day, to receive payment of the fine. Euergos makes a*   20
second swoop on the farm.

ἐπειδὴ τοίνυν μοι ἀπηγγέλθη εἰς Πειραιᾶ τὰ γεγενημένα ὑπὸ τῶν
γειτόνων, ἐλθὼν εἰς ἀγρόν, τούτους μὲν οὐκέτι καταλαβεῖν ἐδυνήθην
(οὐ γὰρ ἀφικόμην πρὶν ἀπῆλθον), ἰδὼν δὲ πάντα τὰ ἐκ τῆς οἰκίας   25
ἐκπεφορημένα καὶ τὴν γραῦν οὕτω διακειμένην ὥστε περὶ τῆς
ψυχῆς κινδυνεύειν, καὶ ἀκούων τῆς γυναικὸς τὰ γενόμενα, σφόδρα
ὠργίσθην καὶ προσῆλθον τῷ Θεοφήμῳ τῇ ὑστεραίᾳ ἕωθεν ἐν τῇ
πόλει, μάρτυρας ἔχων. ἐκέλευον δ' αὐτὸν πρῶτον μὲν τὴν
καταδίκην ἀπολαμβάνειν καὶ ἀκολουθεῖν ἐπὶ τὴν τράπεζαν, ἔπειτα   30
τὴν γραῦν θεραπεύειν ἣν συνέκοψαν καὶ ἰατρὸν εἰσάγειν ὃν
βούλοιντο. ταῦτα δέ μου λέγοντος καὶ διαμαρτυρομένου, ὠργίσθη
καὶ κακά⌐ με ⌐πολλὰ⌐ εἶπεν ὁ Θεόφημος. ἔπειτα δ' ὁ μὲν Θεόφημος
ἠκολούθει μόλις, διατριβὰς ἐμποιῶν καὶ φάσκων βούλεσθαι καὶ
αὐτὸς παραλαβεῖν μάρτυρας. ὁ δ' Εὔεργος οὑτοσὶ εὐθὺς ἐκ τῆς   35
πόλεως μεθ' ἑτέρων ὁμοίων αὐτῷ ἦλθεν εἰς ἀγρὸν τὸν ἐμόν. τὰ δ'
ὑπόλοιπα σκεύη, εἴ τινα τῇ προτεραίᾳ ἐν τῷ πύργῳ ἦν καὶ οὐκ
ἔτυχεν ἔξω ὄντα, κατηνέχθη ὑπ' ἐμοῦ διὰ τὴν χρείαν. ἐκβαλὼν δὲ
τὴν θύραν ὁ Εὔεργος (ἥνπερ καὶ τῇ προτεραίᾳ ἐξέβαλον), ᾤχετό
μου λαβὼν τὰ σκεύη.   40

τὰ σκεύη

ἐν δὲ τούτῳ, ἐκτίνοντός μου τὸ ἀργύριον τῷ Θεοφήμῳ, χιλίας
τριακοσίας δέκα τρεῖς δραχμὰς δύ' ὀβολούς, πολλῶν παρόντων   20
μαρτύρων, καὶ ἀπαιτοῦντος τά τε πρόβατα καὶ τὰ ἀνδράποδα καὶ
τὰ σκεύη τὰ ἡρπασμένα ὑπ' αὐτοῦ, Θεόφημος οὐκ ἔφη ἀποδώσειν
μοι. ταῦτα δ' ἀποκρινομένου αὐτοῦ, μάρτυρας μὲν ἐποιησάμην τῆς
ἀποκρίσεως τοὺς παρόντας, τὴν δὲ δίκην ἐξέτεισα. οὐ γὰρ ἤδη
Εὔεργον εἰσεληλυθότα μου εἰς τὴν οἰκίαν ταύτῃ τῇ ἡμέρᾳ, ἀλλ'   25
αὐτίκα τὴν δίκην ἐξέτεισα. ἀλλ' οὕτως ἐπλεονέκτει ὁ Θεόφημος
ὥστε λαβεῖν τὴν δίκην καὶ ἔχειν τὰ πρόβατα καὶ τὰ ἀνδράποδα καὶ
τὰ σκεύη, καὶ αὐτίκα ἐκτετεισμένης τῆς δίκης ἄγγελος ἦλθέ μοι,
λιθοκόπος τις, τὸ πλησίον μνῆμα ἐργαζόμενος, λέγων ὅτι πάλιν
οἴχοιτο Εὔεργος, τὰ ὑπόλοιπα σκεύη ἐκφορήσας ἐκ τῆς οἰκίας.   30

D

Despite medical treatment the old servant dies. Aristarkhos goes to the   35
Exegetai to see what action he can take in revenge, but meets with an
unsatisfactory response.

τί οὖν ἔδει με ποιεῖν, ὦ 'Απολλόδωρε, καὶ ποῖ τρέπεσθαι,
ἐκπεφορημένων μὲν τῶν σκευῶν, τῆς δὲ γραὸς περὶ ψυχῆς   40

κινδυνευούσης, ἐκτετεισμένης δὲ τῆς καταδίκης; ἀλλ' οὖν,
εἰ μή τι ἄλλο, ἐπήγγειλα τὸν Θεόφημον θεραπεύειν τὴν ἄνθρωπον
ἢ συνεκόπη καὶ ἰατρὸν εἰσάγειν ὃν βούλοιτο. ἐπειδὴ οὐκ ἐβουλήθη
Θεόφημος οὐδ' ἐδυνήθην ἐγὼ πεῖσαι αὐτόν, εἰσήγαγον ἰατρὸν ᾧ
πολλὰ ἔτη ἐχρώμην. χθὲς δέ, ἕκτῃ οὔσῃ ἡμέρᾳ ὕστερον ἢ οὗτοι   5
ὡρμήθησαν εἰς τὴν οἰκίαν, ἐτελεύτησεν ἡ τίτθη. ἐγὼ οὖν αὐτίκα
μὲν ὠργίσθην, πρῷ δ' ἦλθον (ὡς εἴρηκα) ὡς τοὺς ἐξηγητάς, ἵνα
εἰδείην ὅ τι ποιητέον περὶ τούτων, καὶ διηγησάμην αὐτοῖς ἅπαντα
τὰ γενόμενα, τό τε ὁρμηθῆναι αὐτοὺς εἰς τὸ χωρίον καὶ εἰς τοῦτο
ἀσελγείας ἐλθεῖν ὥστε μὴ αἰσχυνθῆναι ἐπὶ τὴν γυναῖκα καὶ τὰ   10
παιδία εἰσελθεῖν, καὶ τὴν γραῦν συγκόψαι, κυμβίου ἕνεκα, καὶ τὰ
σκεύη ἐκφορῆσαι. πρὸς δὲ τούτοις ἐμνήσθην τὴν εὔνοιαν τῆς
ἀνθρώπου καὶ ὡς διὰ τὸ μὴ ἀφεῖναι τὸ κυμβίον τελευτήσειεν.

    ἀκούσαντες δέ μου οἱ ἐξηγηταὶ ταῦτα, τάδε παρήνεσαν· 'ἐπειδὴ
αὐτὸς μὲν οὐ παρεγένου, ἡ δὲ γυνὴ καὶ τὰ παιδία, ἄλλοι δέ σοι   15
μάρτυρες οὐκ ἐφάνησαν, εὐλαβήθητι μὴ προαγορεύῃς μηδενὶ
ὀνομαστί, μηδὲ πρὸς τὸν βασιλέα δίκην φόνου λάχῃς. οὐ γάρ ἐστιν
ἐν γένει σοι ἡ ἄνθρωπος, οὐδὲ θεράπαινα, ἐξ ὧν σὺ λέγεις. ἀλλ'
ὑπὲρ σεαυτοῦ καὶ τῆς οἰκίας ἀφοσιωσάμενος, ὡς ῥᾷστα τὴν
συμφορὰν φέρε, ἄλλῃ δέ, εἴ πῃ βούλει, τιμωροῦ.'   20

E

Apollodoros agrees to help Aristarkhos in any way he can.   25

ΑΡ.   εἶεν. ἔχεις τὸ πρᾶγμα. τί οὖν ποιήσω; ποῖ τράπωμαι;
      τί γένωμαι; οὐ γὰρ οἶδα ὅ τι χρῶμαι ἐμαυτῷ. οὐ γὰρ
      δήπου οὕτως ἀνόητός γ' ἂν εἴην ὥστε τολμῆσαι ψεύσασθαι
      πρὸς τοὺς δικαστάς, οὐδ' ἂν εἰ εὖ εἰδείην ὅτι αἱρήσοιμι   30
      τοὺς ἐχθροὺς ἀδικήσαντας. οὐ γὰρ οὕτω τούτους μισῶ ὡς
      ἐμαυτὸν φιλῶ. ὅρα οὖν τί δρῶμεν.
ΑΠ.   σκοπῶμεν κοινῇ, ὦ 'γαθέ, καὶ μὴ φοβηθῇς μὴ οὐ
      συμπροθυμῶμαί σοι. καὶ γὰρ δεινὸν ἂν εἴη ἀνδρὶ φίλῳ
      τοῦτό γε, τὸ μὴ ἐθέλειν συμπροθυμεῖσθαι τοῖς φίλοις ὅπως   35
      τιμωρήσονται τοὺς ἐχθρούς. ὥστε δεῖ με μάλιστα πάντων
      βοηθῆσαί σοι ἐν ἀπορίᾳ ὄντι.
ΑΡ.   καὶ χάριν εἴσομαί σοι, ὦ βέλτιστε, συμπροθυμηθέντι.
ΑΠ.   ἀλλὰ ὕστερον ποιώμεθα ταῦτα καὶ ἀναλάβωμεν τὸν λόγον.
      ὕει γὰρ καὶ οὐ κυνὶ μὰ τοὺς θεοὺς νυνὶ πλανητέον. σὺ δέ   40

μοι οὑτωσὶ ποίησον. αὔριον ἕωθεν ἀφικοῦ οἴκαδε καὶ μὴ
ἄλλως ποιήσῃς, ἵνα βουλευσώμεθα περὶ αὐτῶν τούτων.

AP.   ἐμοὶ ἀρέσκει ἃ σὺ λέγεις, ὦ Ἀπολλόδωρε, καὶ ὁμολογῶ ὡς
οὐ ποιητέον οὐδὲν πρὶν ἂν μετὰ σοῦ συμβουλεύωμαι. ἥξω
οὖν παρὰ σὲ αὔριον, ἐὰν θεὸς ἐθέλῃ.   5

AΠ.   πράττωμεν ταῦτα. ἴωμεν οὖν.

Section Seventeen A–E
How Zeus gave justice
to men

Introduction

Whether Aristarkhos was telling the truth or not (and it was probably six of one and half a dozen of the other), the fact was that the actual working of justice could be a slow, messy and unsatisfactory business – slow because of the variety of claims and counter-claims that could be lodged, messy because it was always up to individuals to bring cases, gather evidence, present the case and enforce the verdict, and unsatisfactory because the scanty rules of legal process made dikasts liable to be swayed by purely emotional or personal appeals. Nevertheless, there is no denying that the law was an intensely *personal* concern for a Greek (far more, perhaps, than it is for us with our batteries of solicitors, policemen, barristers and judges) and that the Greeks regarded the laws, by means of which justice was upheld, as the absolute heart and soul of the πόλις. (Though one should remember that νόμος means more than statutory law – it means also 'custom', 'convention', the collected wisdom of the past, the 'accepted inheritance which formed the permanent background of [a Greek's] life' (Dodds). Consequently, the word νόμος had much deeper associations for a Greek than 'law' does for us.) Again, Greek citizens actually *made* the laws by their vote in the ἐκκλησία; and, as we have seen, thousands of citizens could be daily involved in the process of law as dikasts.

The following passage is taken from Plato's dialogue *Protagoras*. Socrates has asked Protagoras, the great sophist and thinker, whether it is possible to teach people to be good citizens, a skill that Protagoras himself claimed to teach. Socrates suggests that it is not, for experts are called to advise on subjects that can be taught, like carpentry and ship-building, but on questions of e.g. state policy everyone in the

ὁ Προμηθεύς

ἐκκλησία has a say – as if expertise on that topic did not exist.
Protagoras, with the agreement of his listeners, elects to answer with a
μῦθος (myth? story? parable?), which describes the creation of the
world and the implantation in man of δίκη and αἰδώς (i.e. a sense of
right and a moral awareness of others and of their response to one's
actions.).

Note
This text is unadapted.

A

*The Creation story, and how Epimetheus, Prometheus' brother, distributed
various characteristics and capacities amongst the animals.*

ἦν γάρ ποτε χρόνος ὅτε θεοὶ μὲν ἦσαν, θνητὰ δὲ γένη οὐκ ἦν.
ἐπειδὴ δὲ καὶ τούτοις χρόνος ἦλθεν εἱμαρμένος γενέσεως, τυποῦσιν   30
αὐτὰ θεοὶ γῆς ἔνδον ἐκ γῆς καὶ πυρὸς μείξαντες καὶ τῶν ὅσα πυρὶ
καὶ γῇ κεράννυται. ἐπειδὴ δ' ἄγειν αὐτὰ πρὸς φῶς ἔμελλον,
προσέταξαν Προμηθεῖ καὶ Ἐπιμηθεῖ κοσμῆσαί τε καὶ νεῖμαι
δυνάμεις ἑκάστοις ὡς πρέπει. Προμηθέα δὲ παραιτεῖται Ἐπιμηθεὺς
αὐτὸς νεῖμαι, 'νείμαντος δέ μου', ἔφη, 'ἐπίσκεψαι'. καὶ οὕτω πείσας   35
νέμει. νέμων δὲ τοῖς μὲν ἰσχὺν ἄνευ τάχους προσῆπτε, τοὺς δ'
ἀσθενεστέρους τάχει ἐκόσμει· τοὺς δ' ὥπλιζε, τοῖς δ' ἄοπλον διδοὺς
φύσιν ἄλλην τιν' αὐτοῖς ἐμηχανᾶτο δύναμιν εἰς σωτηρίαν. ἃ μὲν γὰρ
αὐτῶν σμικρότητι ἤμπισχε, πτηνὸν φυγὴν ἢ κατάγειον οἴκησιν
ἔνεμεν· ἃ δὲ ηὖξε μεγέθει, τῷδε αὐτῷ αὐτὰ ἔσῳζε· καὶ τἆλλα   40

οὕτως ἐπανισῶν ἔνεμε. ταῦτα δὲ ἐμηχανᾶτο εὐλάβειαν ἔχων μή τι
γένος ἀϊστωθείη.

B

Further attributes are distributed.

ἐπειδὴ δὲ αὐτοῖς ἀλληλοφθοριῶν διαφυγὰς ἐπήρκεσε, πρὸς τὰς ἐκ
Διὸς ὥρας εὐμάρειαν ἐμηχανᾶτο ἀμφιεννὺς αὐτὰ πυκναῖς τε θριξὶ   10
καὶ στερεοῖς δέρμασιν, ἱκανοῖς μὲν ἀμῦναι χειμῶνα, δυνατοῖς δὲ καὶ
καύματα, καὶ εἰς εὐνὰς ἰοῦσιν ὅπως ὑπάρχοι τὰ αὐτὰ ταῦτα
στρωμνὴ οἰκεία τε καὶ αὐτοφυὴς ἑκάστῳ· καὶ ὑποδῶν τὰ μὲν
ὁπλαῖς, τὰ δὲ δέρμασι στερεοῖς καὶ ἀναίμοις. τοὐντεῦθεν τροφὰς
ἄλλοις ἄλλας ἐξεπόριζε, τοῖς μὲν ἐκ γῆς βοτάνην, ἄλλοις δὲ   15
δένδρων καρπούς, τοῖς δὲ ῥίζας· ἔστι⌐ δ' ⌐οῖς ἔδωκεν εἶναι τροφὴν
ζῴων ἄλλων βοράν· καὶ τοῖς μὲν ὀλιγογονίαν προσῆψε, τοῖς δ'
ἀναλισκομένοις ὑπὸ τούτων πολυγονίαν, σωτηρίαν τῷ γένει
πορίζων.

C

*But when it comes to man, Epimetheus has run out of characteristics to
distribute. Prometheus takes a hand.*

ἅτε δὴ ⌐οὖν οὐ πάνυ τι σοφὸς ὤν, ὁ Ἐπιμηθεὺς ἔλαθεν αὑτὸν
καταναλώσας τὰς δυνάμεις εἰς τὰ ἄλογα· λοιπὸν δὴ ἀκόσμητον ἔτι
αὐτῷ ἦν τὸ ἀνθρώπων γένος, καὶ ἠπόρει ὅτι⌐χρήσαιτο. ἀποροῦντι
δὲ αὐτῷ ἔρχεται Προμηθεὺς ἐπισκεψόμενος τὴν νομήν, καὶ ὁρᾷ τὰ   30
μὲν ἄλλα ζῷα ἐμμελῶς⌐ πάντων ἔχοντα, τὸν δὲ ἄνθρωπον γυμνόν τε
καὶ ἀνυπόδητον καὶ ἄστρωτον καὶ ἄοπλον· ἤδη δὲ καὶ ἡ εἱμαρμένη
ἡμέρα παρῆν, ἐν ᾗ ἔδει καὶ ἄνθρωπον ἐξιέναι ἐκ γῆς εἰς φῶς.
ἀπορίᾳ οὖν σχόμενος ὁ Προμηθεὺς ἥντινα σωτηρίαν τῷ ἀνθρώπῳ
εὕροι, κλέπτει Ἡφαίστου καὶ Ἀθηνᾶς τὴν ἔντεχνον σοφίαν σὺν   35
πυρί – ἀμήχανον γὰρ ἦν ἄνευ πυρὸς αὐτὴν κτητήν τῳ ἢ χρησίμην
γενέσθαι – καὶ οὕτω δὴ δωρεῖται ἀνθρώπῳ. τὴν μὲν οὖν περὶ τὸν
βίον σοφίαν ἄνθρωπος ταύτῃ ἔσχεν, τὴν δὲ πολιτικὴν οὐκ εἶχεν· ἦν
γὰρ παρὰ τῷ Διί. τῷ δὲ Προμηθεῖ εἰς μὲν τὴν ἀκρόπολιν τὴν τοῦ
Διὸς οἴκησιν οὐκέτι ἐνεχώρει εἰσελθεῖν – πρὸς δὲ καὶ αἱ Διὸς   40

φυλακαὶ φοβεραὶ ἦσαν – εἰς δὲ τὸ τῆς Ἀθηνᾶς καὶ Ἡφαίστου
οἴκημα τὸ κοινόν, ἐν ᾧ ἐφιλοτεχνείτην, λαθὼν εἰσέρχεται, καὶ
κλέψας τήν τε ἔμπυρον τέχνην τὴν τοῦ Ἡφαίστου καὶ τὴν ἄλλην
τὴν τῆς Ἀθηνᾶς δίδωσιν ἀνθρώπῳ, καὶ ἐκ τούτου εὐπορία μὲν
ἀνθρώπῳ τοῦ βίου γίγνεται, Προμηθέα δὲ δι᾽ Ἐπιμηθέα ὕστερον,
ᾗπερ λέγεται, κλοπῆς δίκη μετῆλθεν.

D

Men form communities for protection, but this is not enough.

ἐπειδὴ δὲ ὁ ἄνθρωπος θείας μετέσχε μοίρας, πρῶτον μὲν διὰ τὴν
τοῦ θεοῦ συγγένειαν ζῴων μόνον θεοὺς ἐνόμισε, καὶ ἐπεχείρει
βωμούς τε ἱδρύεσθαι καὶ ἀγάλματα θεῶν· ἔπειτα φωνὴν καὶ
ὀνόματα ταχὺ διηρθρώσατο τῇ τέχνῃ, καὶ οἰκήσεις καὶ ἐσθῆτας καὶ
ὑποδέσεις καὶ στρωμνὰς καὶ τὰς ἐκ γῆς τροφὰς ηὕρετο. οὕτω δὴ
παρεσκευασμένοι κατ᾽ ἀρχὰς ἄνθρωποι ᾤκουν σποράδην, πόλεις δὲ
οὐκ ἦσαν· ἀπώλλυντο οὖν ὑπὸ τῶν θηρίων διὰ τὸ πανταχῇ αὐτῶν
ἀσθενέστεροι εἶναι, καὶ ἡ δημιουργικὴ τέχνη αὐτοῖς πρὸς μὲν
τροφὴν ἱκανὴ βοηθὸς ἦν, πρὸς δὲ τὸν τῶν θηρίων πόλεμον
ἐνδεής – πολιτικὴν γὰρ τέχνην οὔπω εἶχον, ἧς μέρος
πολεμική – ἐζήτουν δὴ ἀθροίζεσθαι καὶ σῴζεσθαι κτίζοντες πόλεις·
ὅτ᾽ οὖν ἀθροισθεῖεν, ἠδίκουν ἀλλήλους ἅτε οὐκ ἔχοντες τὴν
πολιτικὴν τέχνην, ὥστε πάλιν σκεδαννύμενοι διεφθείροντο.

E

*Zeus sends Hermes to ensure that men are all given a share of those moral
qualities which are essential for their survival.*

Ζεὺς οὖν δείσας περὶ τῷ γένει ἡμῶν μὴ ἀπόλοιτο πᾶν, Ἑρμῆν
πέμπει ἄγοντα εἰς ἀνθρώπους αἰδῶ τε καὶ δίκην, ἵν᾽ εἶεν πόλεων
κόσμοι τε καὶ δεσμοὶ φιλίας συναγωγοί. ἐρωτᾷ οὖν Ἑρμῆς Δία
τίνα οὖν τρόπον δοίη δίκην καὶ αἰδῶ ἀνθρώποις· πότερον ὡς αἱ
τέχναι νενέμηνται, οὕτω καὶ ταύτας νείμω; νενέμηνται δὲ ὧδε· εἷς
ἔχων ἰατρικὴν πολλοῖς ἱκανὸς ἰδιώταις, καὶ οἱ ἄλλοι δημιουργοί·

Ζεὺς Ἑρμῆν πέμπει

καὶ δίκην δὴ καὶ αἰδῶ οὕτω θῶ ἐν τοῖς ἀνθρώποις, ἢ ἐπὶ πάντας
νείμω;' 'ἐπὶ πάντας', ἔφη ὁ Ζεύς, 'καὶ πάντες μετεχόντων· οὐ γὰρ
ἂν γένοιντο πόλεις, εἰ ὀλίγοι αὐτῶν μετέχοιεν ὥσπερ ἄλλων
τεχνῶν· καὶ νόμον γε θὲς παρ' ἐμοῦ τὸν μὴ δυνάμενον αἰδοῦς καὶ   20
δίκης μετέχειν κτείνειν ὡς νόσον πόλεως.' οὕτω δή, ὦ Σώκρατες,
καὶ διὰ ταῦτα οἵ τε ἄλλοι καὶ Ἀθηναῖοι, ὅταν μὲν περὶ ἀρετῆς
τεκτονικῆς ἦ λόγος ἢ ἄλλης τινὸς δημιουργικῆς, ὀλίγοις οἴονται
μετεῖναι συμβουλῆς, καὶ ἐάν τις ἐκτὸς ὢν τῶν ὀλίγων συμβουλεύῃ,
οὐκ ἀνέχονται, ὡς σὺ φής – εἰκότως, ὡς ἐγώ φημι – ὅταν δὲ εἰς   25
συμβουλὴν πολιτικῆς ἀρετῆς ἴωσιν, ἣν δεῖ διὰ δικαιοσύνης πᾶσαν
ἰέναι καὶ σωφροσύνης, εἰκότως ἅπαντος ἀνδρὸς ἀνέχονται, ὡς παντὶ
προσῆκον ταύτης γε μετέχειν τῆς ἀρετῆς ἢ μὴ εἶναι πόλεις. αὕτη,
ὦ Σώκρατες, τούτου αἰτία.

ὁ Κροῖσος ἐπὶ τῆς πυρᾶς

PART SIX
Gods, fate and man

Introduction
Section Eighteen, the story of Adrastos, is taken entirely from Hero-
dotus. All places referred to will be found on the map. Croesus is king
of Lydia, whose capital city was Sardis. The story takes place *c.* 590.
For the previous 150 years, Asia Minor had been subject to pressure
from a number of sides, and seen the influx and outflux of a variety of
different peoples. The Lydians and Phrygians between them now
controlled most of the mainland, but the Greeks, through assiduous
colonisation, had established a firm foothold on the coastal regions
and were welcomed by the natives. It was through this crucial contact
with Near East culture that Greek art and literature developed in the
way that it did. Croesus was especially well disposed to the Greeks
and had adopted a number of their customs.

Croesus' wealth was legendary (cf. 'as rich as Croesus'). The tale
you are about to read, one of the most powerful and tragic in the
whole of Herodotus, is just one incident in the saga of Croesus' life
which Herodotus uses at the very start of his *Histories* to tell us about
the way in which gods deal with men. The 'reason' that Herodotus
propounds for Croesus' tragedy will be found in the translation of the
episode immediately prior to the Adrastos story (given below) – the
visit of the great Athenian politician and law-giver Solon to Croesus'
court.

The story of Croesus ends in 546 with the capture of Sardis by the
Persians, who swiftly emerged as a major power. Within sixty years
(550–490) they had absorbed the empire of the Medes, Babylonia,
Egypt, the whole of Asia Minor, and were threatening mainland
Greece.

Greek dialect

Greece is a mountainous country, and communication between one πόλις and another could be a difficult business. This geographical fragmentation of the country is reflected not only in the number of small, self-governing πόλεις it contained (e.g. Athens, Sparta, Corinth) but also in the number of dialects spoken. Since the Greeks colonised heavily overseas as well, Greek dialects emerged in places other than the Greek mainland. One such area of heavy colonisation was the Ionian coast (see map) and perhaps the most important literary dialect after Attic – the dialect of Athens and Attica which you have been learning so far – is Ionic, the dialect used for his *Histories* by Herodotus (who came from Halikarnassos) and an important element in the dialect of the Ionian Homer, though Homer's language is a mixture of a great number of dialects, of all eras and provenances. In the course of reading the story of Adrastos, you will meet all the most important features of Ionic dialect, which are mercifully fairly few and easy to recognise because Attic and Ionic are quite similar. You will find the major features of Ionic dialect summarised for you in the appropriate grammar section.

Note

This text is unadapted, as the rest of the reading in this Course will be from now on. The linking device is now used to indicate word-groups which might be difficult to spot. These are no longer necessarily glossed under the first word of the group in the vocabulary.

Source

Herodotus *Histories* 1.34–45

Time to be taken

Three weeks.

Section Eighteen A–F
The story of Adrastos

Introduction
Solon's visit to Croesus (translated from Herodotus Histories 1.29–33)
When Sardis was at its most prosperous, all the teachers (σοφισταί) of the Greek   15
world paid a visit, including Solon the Athenian. On arrival, he was entertained by
Croesus in the palace and after three or four days was, at Croesus' command, shown
around the palace treasury in all its greatness and magnificence by the servants. When
he had dutifully examined and admired everything as best he could, Croesus asked
him, 'Guest from Athens, we have frequently been told of your wisdom and of the   20
sight-seeing journeys you have undertaken all over the world to foster it. Now then, I

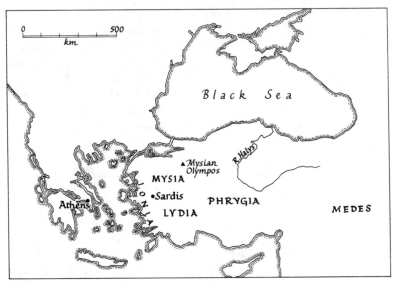

Map of Greece and Asia Minor

find myself quite unable to resist asking you if you have ever seen anyone who is the
happiest (ὄλβιος) man in the world.' He asked this fully confident that the happiest
man was he himself. Solon did not however flatter him, but spoke the truth without
dissimulation. 'Yes, O King, Tellos the Athenian.' Croesus, astonished at what Solon
said, acidly asked the reason for his judgment. Solon replied, 'First, Tellos' city was   5
prosperous, and he had fine sons, and he saw children born to them all, who all
survived; second, he was as well off as a man can expect, and his death was glorious.
For in a battle between the Athenians and their neighbours in Eleusis, it was he who
rescued the situation, routed the enemy and died gloriously. And the Athenians
demonstrated the high honour in which they held him by giving him a public funeral   10
on the spot where he fell.'

This tale of Tellos' many blessings (πολλά τε καὶ ὄλβια) aroused Croesus' curiosity,
and he asked who was the next happiest man Solon had seen, certain that he was
bound to take at least second prize. 'Cleobis and Biton', said Solon, 'two young
Argives. They had sufficient to live on, and were also endowed with great physical   15
strength. While both carried off prizes in athletics, there is this story in particular
which is told of them. It was the Argive festival of Hera, and the young men's mother
had to drive an ox-cart to the temple. But the oxen were late in arriving from the
fields. So the young men, left no option because of the lack of time, harnessed
themselves to the cart and dragged it off, with their mother sitting on it. They pulled   20
it the 6 miles to the temple and were witnessed by the whole assembly. And then they
met a magnificent end (clear proof from the gods how much better it is to die than to
live). While men and women crowded round, congratulating the boys on their
strength and the mother on her children, their mother, overcome with joy at what
they had done and what everyone was saying about them, stood before the statue of   25
Hera and prayed that the goddess would give her sons, Cleobis and Biton, the finest
gift (ἄριστον) that man could hope for, in return for the signal honour they had done
her. After this prayer the young men sacrificed, feasted and fell asleep in the temple
itself – never to wake again. That then was how they died, and the Argives made
statues of them which they set up in Delphi to mark the recognition of their   30
outstanding excellence (ἀρίστων γενομένων).'

So Solon gave the second prize to these two, but Croesus heatedly said, 'Guest
from Athens, does my own happiness (εὐδαιμονίη) count for so little that you cannot
rank me with mere ordinary mortals?' Solon said, 'My conviction is that the divinity
is characterised by envy at man's prosperity (φθονερός) and by love of upheaval   35
(ταραχώδης) – and do you ask *me* about the lot of man? In the fullness of time, a man
must see and experience much which he would rather not. I put it to you that the span
of a man's life is 70 years or (counting intercalary months), 26,250 days. Of all those
days, none brings the same as the next. Man, then, is entirely a creature of chance
(συμφορή). As for you, you seem to me to be very rich and king over many people.   40

But the question you ask me I will not answer yet – that is, until I hear that you have
ended your life well (τελευτᾶν καλῶς τὸν αἰῶνα). For the multi-millionaire is no
happier than the man who lives from hand to mouth, unless fortune grants that he
should end his life well (εὖ), in full possession of every good thing (πάντα καλά). I do
not need to tell you that many very rich men are unhappy (ἀνόλβιος), while many of   5
moderate means are blessed with good fortune (εὐτυχής). The rich, but unhappy,
man has two advantages over the man who is poor but blessed with good fortune:
first, he is more able to fulfil his earthly desires, and second, he is in a better position to
ride disaster. But the poor man, who is blessed with good fortune, has the advantage
in many more ways. If he is not so able to deal with either material desires or disaster,   10
yet good fortune protects him from these anyway, and he is granted a sound body,
excellent health, freedom from trouble, a fine family and good looks. If on top of all
this he also ends his life well, this will be precisely the man you are looking for, and he
really will deserve to be called happy. But until he is dead, hold back: call him
"lucky", but not yet "happy".   15

'No mortal can, of course, have all these things, just as no country will be entirely
self-sufficient in what it produces. Different countries specialise in different things,
and the best is the one which has most. So with mankind. We are self-sufficient in
some things, but not in others; but the man who has the most advantages and holds
on to them and dies at peace (εὐχαρίστως), that man, O King, in my view deserves the   20
accolade. It is to the end of all things that mankind must look, to see how they will
eventually turn out. God holds out the prospect of happiness to many men and then
ruins them utterly.'

It was out of the question that these sentiments could bring any pleasure to
Croesus, so he dismissed Solon as a man of no account, firmly convinced that only a   25
fool could disregard present prosperity and suggest one should look to the end of all
things.

(The Greek text takes the story on from here)

30

A

*Croesus has a dream, in which he is told that his son will be killed by a metal
spear. He takes measures accordingly.*

35

μετὰ δὲ Σόλωνα οἰχόμενον, ἔλαβε ἐκ θεοῦ νέμεσις μεγάλη Κροῖσον,
ὡς ⌐εἰκάσαι, ὅτι ἐνόμισε ἑωυτὸν εἶναι ἀνθρώπων ἁπάντων
ὀλβιώτατον. αὐτίκα δέ οἱ εὕδοντι ἐπέστη ὄνειρος, ὅς οἱ τὴν
ἀληθείην ἔφαινε τῶν μελλόντων γενέσθαι κακῶν κατὰ τὸν παῖδα.
ἦσαν δὲ τῷ Κροίσῳ δύο παῖδες, τῶν οὕτερος μὲν διέφθαρτο, (ἦν   40

γὰρ δὴ κωφός,) ὁ δὲ ἕτερος τῶν ἡλίκων μακρῷ τὰ πάντα πρῶτος·
οὔνομα δέ οἱ ἦν Ἄτυς. τοῦτον δὲ ὦν τὸν Ἄτυν σημαίνει τῷ
Κροίσῳ ὁ ὄνειρος, ὡς ἀπολέει μιν αἰχμῇ σιδηρέῃ βληθέντα. ὁ δὲ
ἐπείτε ἐξηγέρθη καὶ ἑωυτῷ λόγον ἔδωκε, καταρρωδήσας τὸν
ὄνειρον ἄγεται μὲν τῷ παιδὶ γυναῖκα, ἑωθότα δὲ στρατηγέειν μιν   5
τῶν Λυδῶν, οὐδαμῇ ἔτι ἐπὶ τοιοῦτο πρῆγμα ἐξέπεμπε, ἀκόντια δὲ
καὶ δοράτια καὶ τὰ τοιαῦτα πάντα, τοῖσι χρέωνται ἐς πόλεμον
ἄνθρωποι, ἐκ τῶν ἀνδρεώνων ἐκκομίσας ἐς τοὺς θαλάμους
συνένησε, μή τί οἱ κρεμάμενον τῷ παιδὶ ἐμπέσῃ.

                                                                      10

B

Adrastos, a Phrygian of the royal household, arrives at Croesus' palace and   15
begs for purification for having accidentally killed his brother. Croesus
welcomes him in.

ἔχοντος δέ οἱ ἐν χερσὶ τοῦ παιδὸς τὸν γάμον, ἀπικνέεται ἐς τὰς
Σάρδις ἀνὴρ συμφορῇ ἐχόμενος καὶ οὐ καθαρὸς χεῖρας, ἐὼν Φρὺξ   20
μὲν γενεῇ, γένεος δὲ τοῦ βασιληίου. παρελθὼν δὲ οὗτος ἐς τὰ
Κροίσου οἰκία κατὰ νόμους τοὺς ἐπιχωρίους καθαρσίου ἐδέετο
ἐπικυρῆσαι, Κροῖσος δέ μιν ἐκάθηρε. ἔστι δὲ παραπλησίη ἡ
κάθαρσις τοῖσι Λυδοῖσι καὶ τοῖσι Ἕλλησιν. ἐπείτε δὲ τὰ νομιζόμενα
ἐποίησε ὁ Κροῖσος, ἐπυνθάνετο ὁκόθεν τε καὶ τίς εἴη, λέγων τάδε·   25
'ὦ 'νθρωπε, τίς τε ἐὼν καὶ κόθεν τῆς Φρυγίης ἥκων, ἐπίστιός μοι
ἐγένεο; τίνα τε ἀνδρῶν ἢ γυναικῶν ἐφόνευσας;' ὁ δὲ ἀμείβετο· 'ὦ
βασιλεῦ, Γορδίεω μὲν τοῦ Μίδεω εἰμὶ παῖς, ὀνομάζομαι δὲ
Ἄδρηστος, φονεύσας δὲ ἀδελφεὸν ἐμεωυτοῦ ἀέκων πάρειμι,
ἐξεληλαμένος τε ὑπὸ τοῦ πατρὸς καὶ ἐστερημένος πάντων.' Κροῖσος   30
δέ μιν ἀμείβετο τοισίδε· 'ἀνδρῶν τε φίλων τυγχάνεις ἔκγονος ἐὼν
καὶ ἐλήλυθας ἐς φίλους, ἔνθα ἀμηχανήσεις χρήματος οὐδενός, μένων
ἐν ἡμετέρου. συμφορὴν δὲ ταύτην ὡς κουφότατα φέρων κερδανέεις
πλεῖστον.'

C

News is brought of a wild boar which is causing havoc in Mysia. The Mysians beg Croesus to send an expedition to kill it, and Croesus agrees.

ὁ μὲν δὴ δίαιταν εἶχε ἐν Κροίσου, ἐν δὲ τῷ αὐτῷ χρόνῳ τούτῳ, ἐν τῷ Μυσίῳ Ὀλύμπῳ, ὑὸς χρῆμα γίνεται μέγα· ὁρμώμενος δὲ οὗτος ἐκ τοῦ ὄρεος τούτου, τὰ τῶν Μυσῶν ἔργα διαφθείρεσκε, πολλάκις δὲ οἱ Μυσοὶ ἐπ' αὐτὸν ἐξελθόντες ποιέεσκον μὲν κακὸν οὐδέν, ἔπασχον δὲ πρὸς αὐτοῦ. τέλος δέ, ἀπικόμενοι παρὰ τὸν   10
Κροῖσον, τῶν Μυσῶν ἄγγελοι ἔλεγον τάδε· 'ὦ βασιλεῦ, ὑὸς χρῆμα μέγιστον ἀνεφάνη ἡμῖν ἐν τῇ χώρῃ, ὃς τὰ ἔργα διαφθείρει. τοῦτον προθυμεόμενοι ἑλεῖν οὐ δυνάμεθα. νῦν ὦν προσδεόμεθά σευ τὸν παῖδα καὶ λογάδας νεηνίας καὶ κύνας συμπέμψαι ἡμῖν, ὡς ἄν μιν ἐξέλωμεν ἐκ τῆς χώρης.' οἱ μὲν δὴ   15
τούτων ἐδέοντο, Κροῖσος δέ, μνημονεύων τοῦ ὀνείρου τὰ ἔπεα, ἔλεγέ σφι τάδε· 'παιδὸς μὲν περὶ τοῦ ἐμοῦ μὴ μνησθῆτε ἔτι· οὐ γὰρ ἂν ὑμῖν συμπέμψαιμι· νεόγαμός τε γάρ ἐστι καὶ ταῦτά οἱ νῦν μέλει. Λυδῶν μέντοι λογάδας καὶ τὸ κυνηγέσιον πᾶν συμπέμψω καὶ διακελεύσομαι τοῖσι ἰοῦσι εἶναι ὡς προθυμοτάτοισι συνεξελεῖν ὑμῖν   20
τὸ θηρίον ἐκ τῆς χώρης.' ταῦτα ἀμείψατο.

D   25

Croesus' son begs to be allowed to join the expedition.

ἀποχρεωμένων δὲ τούτοισι τῶν Μυσῶν, ἐπεσέρχεται ὁ τοῦ Κροίσου παῖς, ἀκηκοὼς τῶν ἐδέοντο οἱ Μυσοί. οὐ φαμένου δὲ τοῦ Κροίσου   30
τόν γε παῖδά σφι συμπέμψειν, λέγει πρὸς αὐτὸν ὁ νεηνίης τάδε· 'ὦ πάτερ, τὰ κάλλιστα πρότερόν κοτε καὶ γενναιότατα ἡμῖν ἦν ἔς τε πολέμους καὶ ἐς ἄγρας φοιτέοντας εὐδοκιμέειν. νῦν δὲ ἀμφοτέρων με τούτων ἀποκληίσας ἔχεις, οὔτε τινὰ δειλίην μοι παριδὼν οὔτε ἀθυμίην. νῦν τε τέοισί με χρὴ ὄμμασι ἔς τε ἀγορὴν καὶ ἐξ ἀγορῆς   35
φοιτέοντα φαίνεσθαι; κοῖος μέν τις τοῖσι πολιήτῃσι δόξω εἶναι, κοῖος δέ τις τῇ νεογάμῳ γυναικί; κοίῳ δὲ ἐκείνη δόξει ἀνδρὶ συνοικέειν; ἐμὲ ὦν σὺ ἢ μέθες ἰέναι ἐπὶ τὴν θήρην, ἢ λόγῳ ἀνάπεισον ὅκως μοι ἀμείνω ἐστὶ ταῦτα οὕτω ποιεόμενα.' ἀμείβεται Κροῖσος τοισίδε· 'ὦ παῖ, οὔτε δειλίην οὔτε ἄλλο οὐδὲν ἄχαρι   40

παριδών τοι ποιέω ταῦτα, ἀλλά μοι ὄψις ὀνείρου ἐν τῷ ὕπνῳ
ἐπιστᾶσα ἔφη σε ὀλιγοχρόνιον ἔσεσθαι, ὑπὸ γὰρ αἰχμῆς σιδηρέης
ἀπολέεσθαι. πρὸς ὦν τὴν ὄψιν ταύτην, τόν τε γάμον τοι τοῦτον
ἔσπευσα καὶ ἐπὶ τὰ παραλαμβανόμενα οὐκ ἀποπέμπω,
φυλακὴν ἔχων, εἴ κως δυναίμην ἐπὶ τῆς ἐμῆς σε ζόης διακλέψαι.   5
εἷς γάρ μοι μοῦνος τυγχάνεις ἐὼν παῖς· τὸν γὰρ δὴ ἕτερον
διεφθαρμένον τὴν ἀκοὴν οὐκ εἶναί μοι λογίζομαι.' ἀμείβεται ὁ
νεηνίης τοισίδε· 'συγγνώμη μέν, ὦ πάτερ, τοι, ἰδόντι γε ὄψιν
τοιαύτην, περὶ ἐμὲ φυλακὴν ἔχειν· τὸ δὲ οὐ μανθάνεις, ἀλλὰ λέληθέ
σε τὸ ὄνειρον, ἐμέ τοι δίκαιόν ἐστι φράζειν. φής τοι τὸ ὄνειρον ὑπὸ   10
αἰχμῆς σιδηρέης φάναι ἐμὲ τελευτήσειν· ὑὸς δὲ κοῖαι μέν εἰσι
χεῖρες, κοίη δὲ αἰχμὴ σιδηρέη, τὴν σὺ φοβέαι; εἰ μὲν γὰρ ὑπὸ
ὀδόντος τοι εἶπε τελευτήσειν με, ἢ ἄλλου τευ ὅ τι τούτῳ οἶκε, χρῆν
δή σε ποιέειν τὰ ποιέεις· νῦν δὲ ὑπὸ αἰχμῆς. ἐπείτε ὦν οὐ πρὸς
ἄνδρας ἡμῖν γίνεται ἡ μάχη, μέθες με.' ἀμείβεται Κροῖσος· 'ὦ παῖ,   15
ἔστι τῇ με νικᾷς, γνώμην ἀποφαίνων περὶ τοῦ ἐνυπνίου· ὡς ὦν
νενικημένος ὑπὸ σέο, μεταγινώσκω μετίημί τέ σε ἰέναι ἐπὶ τὴν
ἄγρην.'

                                                                  20

E

Adrastos is placed in charge of Croesus' son and promises to bring him safely
back.   25

εἴπας δὲ ταῦτα ὁ Κροῖσος μεταπέμπεται τὸν Φρύγα Ἄδρηστον,
ἀπικομένῳ δέ οἱ λέγει τάδε· '"Ἄδρηστε, ἐγώ σε, συμφορῇ
πεπληγμένον ἀχάριτι, (τήν τοι οὐκ ὀνειδίζω,) ἐκάθηρα καὶ οἰκίοισι
ὑποδεξάμενος ἔχω, παρέχων πᾶσαν δαπάνην· νῦν ὦν, ὀφείλεις γάρ,   30
ἐμεῦ προποιήσαντος χρηστὰ ἐς σέ, χρηστοῖσί με ἀμείβεσθαι,
φύλακα παιδός σε τοῦ ἐμοῦ χρηίζω γενέσθαι ἐς ἄγρην ὁρμωμένου,
μή τινες κατ' ὁδὸν κλῶπες κακοῦργοι ἐπὶ δηλήσι φανέωσι ὑμῖν.
πρὸς δὲ τούτῳ, καὶ σέ τοι χρεόν ἐστι ἰέναι ἔνθα ἀπολαμπρυνέαι
τοῖσι ἔργοισι· πατρώιόν τε γάρ τοί ἐστι καὶ προσέτι ῥώμη   35
ὑπάρχει.' ἀμείβεται ὁ Ἄδρηστος· 'ὦ βασιλεῦ, ἄλλως μὲν ἔγωγε ἂν
οὐκ ἤια ἐς ἄεθλον τοιόνδε· οὔτε γὰρ συμφορῇ τοιῇδε κεχρημένον
οἰκός ἐστι ἐς ὁμήλικας εὖ πρήσσοντας ἰέναι, οὔτε τὸ βούλεσθαι
πάρα, πολλαχῇ τε ἂν ἴσχον ἐμεωυτόν. νῦν δέ, ἐπείτε σὺ σπεύδεις
καὶ δεῖ τοι χαρίζεσθαι (ὀφείλω γάρ σε ἀμείβεσθαι χρηστοῖσι),   40

ποιέειν εἰμὶ ἕτοιμος ταῦτα, παῖδά τε σόν, τὸν διακελεύεαι
φυλάσσειν, ἀπήμονα, τοῦ φυλάσσοντος εἴνεκεν, προσδόκα τοι
ἀπονοστήσειν.᾽

F

ἐκ θεοῦ νέμεσις μεγάλη

τοιούτοισι ἐπείτε οὗτος ἀμείψατο Κροῖσον, ἤισαν μετὰ ταῦτα,   10
ἐξηρτυμένοι λογάσι τε νεηνίῃσι καὶ κυσί. ἀπικόμενοι δὲ ἐς τὸν
Ὄλυμπον τὸ ὄρος, ἐζήτεον τὸ θηρίον, εὑρόντες δὲ καὶ περιστάντες
αὐτὸ κύκλῳ, ἐσηκόντιζον. ἔνθα δὴ ὁ ξεῖνος, οὗτος δὴ ὁ καθαρθεὶς
τὸν φόνον, καλεόμενος δὲ Ἄδρηστος, ἀκοντίζων τὸν ὗν, τοῦ μὲν
ἁμαρτάνει, τυγχάνει δὲ τοῦ Κροίσου παιδός. ὁ μὲν δή, βληθεὶς τῇ   15
αἰχμῇ, ἐξέπλησε τοῦ ὀνείρου τὴν φήμην, ἔθεε δέ τις ἀγγελέων τῷ
Κροίσῳ τὸ γεγονός, ἀπικόμενος δὲ ἐς τὰς Σάρδις τήν τε μάχην καὶ

περιστάντες αὐτὸ κύκλῳ, ἐσηκόντιζον

τὸν τοῦ παιδὸς μόρον ἐσήμηνέ οἱ. ὁ δὲ Κροῖσος, τῷ θανάτῳ τοῦ
παιδὸς συντεταραγμένος, μᾶλλόν τι ἐδεινολογέετο ὅτι μιν ἀπέκτεινε
τὸν αὐτὸς φόνου ἐκάθηρε. περιημεκτέων δὲ τῇ συμφορῇ, δεινῶς
ἐκάλεε μὲν Δία καθάρσιον, μαρτυρόμενος τὰ ὑπὸ τοῦ ξείνου
πεπονθὼς εἴη, ἐκάλεε δὲ ἐπίστιόν τε καὶ ἑταιρήιον, τὸν αὐτὸν   5
τοῦτον ὀνομάζων θεόν, τὸν ‾μὲν ἐπίστιον καλέων, διότι δὴ οἰκίοισι
ὑποδεξάμενος τὸν ξεῖνον φονέα τοῦ παιδὸς ἐλάνθανε βόσκων, τὸν ‾δὲ
ἑταιρήιον, ὡς φύλακα συμπέμψας αὐτὸν εὑρήκοι πολεμιώτατον.
παρῆσαν δὲ μετὰ τοῦτο οἱ Λυδοὶ φέροντες τὸν νεκρόν, ὄπισθε δὲ
εἵπετό οἱ ὁ φονεύς. στὰς δὲ οὗτος πρὸ τοῦ νεκροῦ, παρεδίδου   10
ἑωυτὸν Κροίσῳ, προτείνων τὰς χεῖρας, ἐπικατασφάξαι μιν κελεύων
τῷ νεκρῷ, λέγων τήν τε προτέρην ἑωυτοῦ συμφορήν, καὶ ὡς ἐπ'
ἐκείνῃ τὸν καθήραντα ἀπολωλεκὼς εἴη, οὐδέ οἱ εἴη βιώσιμον.
Κροῖσος δέ, τούτων ἀκούσας, τόν τε Ἄδρηστον κατοικτίρει,
καίπερ ἐὼν ἐν κακῷ οἰκηίῳ τοσούτῳ, καὶ λέγει πρὸς αὐτόν· 'ἔχω,   15
ὦ ξεῖνε, παρὰ σεῦ πᾶσαν τὴν δίκην, ἐπειδὴ σεωυτοῦ καταδικάζεις
θάνατον. εἶς δὲ οὐ σύ μοι τοῦδε τοῦ κακοῦ αἴτιος, εἰ ‾μὴ ‾ὅσον
ἀέκων ἐξεργάσαο, ἀλλὰ θεῶν κού τις, ὅς μοι καὶ πάλαι
προεσήμαινε τὰ μέλλοντα ἔσεσθαι.' Κροῖσος μέν νυν ἔθαψε, ὡς
οἰκὸς ἦν, τὸν ἑωυτοῦ παῖδα· Ἄδρηστος δὲ ὁ Γορδίεω τοῦ Μίδεω,   20
οὗτος δὴ ὁ φονεὺς μὲν τοῦ ἑωυτοῦ ἀδελφεοῦ γενόμενος, φονεὺς δὲ
τοῦ καθήραντος, ἐπείτε ἡσυχίη τῶν ἀνθρώπων ἐγένετο περὶ τὸ
σῆμα, συγγινωσκόμενος ἀνθρώπων εἶναι, τῶν αὐτὸς ᾔδεε,
βαρυσυμφορώτατος, ἐπικατασφάζει τῷ τύμβῳ ἑωυτόν.

                                                                       25
So ends the story of Adrastos. Croesus continued to be hounded, yet
loved, by the gods, as you can now read in the following account, by
Herodotus, of his end as king of Lydia. As you have read on p. 155,
the Persians were already pushing against Croesus' frontiers and
eventually Sardis fell. Cyrus is the Persian king.   30

So the Persians captured Sardis and took Croesus alive. The siege had lasted fourteen
days, and Croesus' reign fourteen years, and he had fulfilled the oracle that he would
bring a mighty empire to an end – his own. The Persians took him and led him to
Cyrus. Cyrus had a great pyre built and on it, bound in chains, set Croesus, together   35
with fourteen Lydian boys. He intended perhaps to offer them all up as first-fruits to
some god, or wished to fulfil some vow, or again perhaps he had heard that Croesus
was a god-fearing man and had set him up on the pyre to see if some deity would save
him from incineration. Anyway, this was what he did. And as Croesus stood on the
pyre, he remembered the words of Solon and realised how divinely inspired they had   40

been, that no man was happy while he still lived. As this memory came back to him, he broke his silence and groaning deeply called aloud three times 'Solon'.

When Cyrus heard this, he instructed his interpreters to ask Croesus who it was on whom he was calling. Croesus at first maintained silence in the face of their questions, but eventually, under compulsion, said, 'He was a man whom I would have given   5
much money to see in conversation with every ruler in the world.' The interpreters could not understand this and asked again what he meant. Under the pressure of their insistent questioning, Croesus explained how the Athenian Solon had come to visit him in Sardis, had seen all the magnificence he had to offer, and had dismissed it in so many words; and how everything Solon had said had turned out to be the case,   10
although his words had not been directed so much at Croesus as at all mankind, especially at those who considered themselves happy.

While Croesus spoke, the fire had been lit and the edges of the pyre were already burning. But when Cyrus heard what the interpreters said, he had a change of heart, moved by the consideration that he, a mortal, was burning alive another whose   15
happiness had been no less than his own; besides, he feared retribution (for it occurred to him that instability was the hallmark of all human life). So he ordered his men to put the fire out as quickly as possible and to bring Croesus and those with him down from the pyre. But try as they might, the fire was too strong for them.

Then, as the Lydians relate, Croesus, who had learnt of Cyrus' change of heart and   20
saw the men's vain efforts to douse the fire, called in supplication upon Apollo to come down and save him from his plight, if ever he had offered pleasing gifts to him. So in tears he called upon the god; and suddenly, from out of a clear and windless sky, storm clouds gathered and burst in a torrential downpour, extinguishing the fire. So Cyrus, realising that Croesus was a good man and loved by the gods, brought him   25
down from the pyre and questioned him as follows: 'Who was it, Croesus, who persuaded you to march against my country and make yourself my enemy rather than my friend?' And Croesus replied, 'O king, it was I who *did* it – to your great advantage, though to my own great misfortune. But responsibility for what has happened rests with the god of the Greeks, who encouraged me to fight. No one is so   30
foolish that he prefers war to peace. For in the one, sons bury their fathers, in the other fathers bury their sons. But I must suppose it was the gods' will that these things should happen.'

When Croesus said this, Cyrus had him released and brought him to sit near himself and treated him with much consideration; and it was with the greatest respect   35
that both he and all those with him looked upon Croesus.

Odysseus, Athene and Nausikaa

PART SEVEN
Homeric hero and heroine

Introduction

Section Nineteen, the final section of the first half of the Course, introduces Homer through the story of Odysseus and Nausikaa. The shift of emphasis apparent in Section Eighteen, which took you away from the secular society of Neaira and Aristarkhos to an interpretation of history which depended on the intervention of the gods in man's affairs, is continued here. Homer's world is one in which the gods move easily amongst the (mortal) heroes of the Greeks (whom the gods are made, in many ways, to resemble), and heroes are quite often, as a result, called 'godlike'. Yet there is a deeper sense of the value of mere humanity in Homer than perhaps in any other Greek writer.

Homer and his poems

The *Iliad* and *Odyssey* are the very first works of literature of Western civilisation, and some would say they are rivalled only by Shakespeare. In reading them, you will be placing yourself in a mainstream of human experience which stretches back for some 2,700 years, and will stretch forward for as long as books are read. No other works have made, directly or indirectly, such a profound impact upon Western literature, or exercised such a compelling grip upon the human imagination over so long a period.

The two poems had probably reached the form in which we now have them by about 750. Tradition tells us that their composer was Homer and that he was blind. Both poems deal with events surrounding the Trojan War which, if it did take place (and it may have), occurred about 1,200. What is certain is that the poems are the result of hundreds of years of oral (not written) story-telling, passed on down through generations of singers who altered, adapted and modified the traditional tales to suit their own vision and ability. Homer is the culmination of that tradition.

The *Iliad* describes an incident that occurred during the siege of Troy by the Greeks, triggered off by an ugly clash between Agamemnon, the Greek commander-in-chief, and Akhilleus, mainstay of the Greek army. The *Odyssey* describes the home-coming of the Greek hero Odysseus from Troy after the war is over, and Odysseus' re-establishment as lord of his homeland, Ithaka, in the face of the opposition of 108 suitors who have spent the years of his absence courting his wife Penelope. The incident you are about to read is taken from Odysseus' adventures on his way home from Troy to Ithaka.

The most striking feature of Homer's work is the repetition of words, phrases and clauses. This is the direct consequence of the oral style of composition in which Homer worked. But, as you will quickly find out, far from acting as a constraint upon the poetry this repetition actually enhances it.

Homeric dialect
Homeric dialect consists of a mixture of Aeolic and Ionic forms, with a scattering of Attic, Arcado-Cypriot and others. Forms you will not know are noted in the vocabulary, and a summary of the main differences between Homeric and Attic Greek is made in the appropriate section of the grammar. If you have a good grasp of Ionic, you will not find Homeric dialect difficult to grasp, and sentences tend to be very straightforward grammatically. It is the very large Homeric vocabulary which always presents problems, although the repetition helps considerably.

For a brief description of Homeric hexameters, see the *Grammar*, **226.**

Source
Homer, *Odyssey* 6

Time to be taken
Three weeks

Odysseus, on his way home from Troy, hears the song of the Sirens
unscathed. One of the Sirens, doomed to die in this event, falls to her death.

Section Nineteen A–G
Odysseus and Nausikaa

A

Introduction

Odysseus has left Troy for home with his contingent of ships, but is swept off course and, in a series of adventures with such mythical creatures as the Cyclopes, the Lotus Eaters, Kirke, the Sirens and Skylla and Kharybdis, loses all his ships and men. He himself is washed up on the island of the demi-goddess Kalypso, where he is kept against his will for a number of years. Eventually, the gods order his release and Odysseus builds himself a boat and sets sail for his home, Ithaka. But Poseidon the sea-god, still enraged at Odysseus for blinding his son the Cyclops, wrecks the boat. Odysseus swims to land and arrives at Scheria, where he hauls himself ashore and collapses joyfully under a bush to sleep. Meanwhile his patron goddess, Athene, is working on his behalf to arrange a welcome for him amongst the Phaiakians, who inhabit the island.

The interleaved translation is by Richmond Lattimore.

While Odysseus sleeps, Athene visits Nausikaa, the daughter of Alkinoös (king of the Phaiakians), in a dream and suggests that she should go to the river next day to wash the royal linen. Her part played, Athene returns to Mount Olympos.

ὣς ὁ μὲν ἔνθα καθεῦδε πολύτλας δῖος Ὀδυσσεὺς
ὕπνῳ καὶ καμάτῳ ἀρημένος· αὐτὰρ Ἀθήνη   35
βῆ ῥ' ἐς Φαιήκων ἀνδρῶν δῆμόν τε πόλιν τε,
men, who formerly lived in the spacious land, Hypereia,
next to the Cyclopes, who were men too overbearing,
and who had kept harrying them, being greater in strength. From here
godlike Nausithoös had removed and led a migration,   40

and settled in Scheria, far away from men who eat bread,
and driven a wall about the city, and built the houses,
and made the temples of the gods, and allotted the holdings.
But now he had submitted to his fate, and gone to Hades,
and Alkinoös, learned in designs from the gods, now ruled there.   5
It was to his house that the gray-eyed goddess Athene
went, devising the homecoming of great-hearted Odysseus,
and she went into the ornate chamber, in which a girl
was sleeping, like the immortal goddesses for stature and beauty,
Nausikaa, the daughter of great-hearted Alkinoös,   10
and beside her two handmaidens with beauty given from the Graces
slept on either side of the post with the shining doors closed.

ἡ δ', ἀνέμου ὡς πνοιή, ἐπέσσυτο δέμνια κούρης,
στῆ δ' ἄρ' ὑπὲρ κεφαλῆς, καί μιν πρὸς μῦθον ἔειπεν,
εἰδομένη κούρῃ ναυσικλειτοῖο Δύμαντος,   15
ἥ οἱ ὁμηλικίη μὲν ἔην, κεχάριστο δὲ θυμῷ.
τῇ μιν ἐεισαμένη προσέφη γλαυκῶπις Ἀθήνη·
  'Ναυσικάα, τί νύ σ' ὧδε μεθήμονα γείνατο μήτηρ;
εἵματα μέν τοι κεῖται ἀκηδέα σιγαλόεντα,
σοὶ δὲ γάμος σχεδόν ἐστιν, ἵνα χρὴ καλὰ μὲν αὐτὴν   20
ἕννυσθαι, τὰ δὲ τοῖσι παρασχεῖν οἵ κέ σ' ἄγωνται.
ἐκ γάρ τοι τούτων φάτις ἀνθρώπους ἀναβαίνει
ἐσθλή, χαίρουσιν δὲ πατὴρ καὶ πότνια μήτηρ.
ἀλλ' ἴομεν πλυνέουσαι ἅμ' ἠοῖ φαινομένηφι·
καί τοι ἐγὼ συνέριθος ἅμ' ἕψομαι, ὄφρα τάχιστα   25
ἐντύνεαι, ἐπεὶ οὔ τοι ἔτι δὴν παρθένος ἔσσεαι·
ἤδη γάρ σε μνῶνται ἀριστῆες κατὰ δῆμον
πάντων Φαιήκων, ὅθι τοι γένος ἐστὶ καὶ αὐτῇ.
ἀλλ' ἄγ' ἐπότρυνον πατέρα κλυτὸν ἠῶθι πρὸ
ἡμιόνους καὶ ἄμαξαν ἐφοπλίσαι, ἥ κεν ἄγῃσι   30

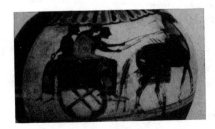

ἡμιόνους καὶ ἄμαξαν

ζῶστρά τε καὶ πέπλους καὶ ῥήγεα σιγαλόεντα.
καὶ δὲ σοὶ ὧδ' αὐτῇ πολὺ κάλλιον ἠὲ πόδεσσιν
ἔρχεσθαι· πολλὸν γὰρ ἀπο⌐ πλυνοί ⌐εἰσι πόληος.'
  ἡ μὲν ἄρ' ὣς εἰποῦσ' ἀπέβη γλαυκῶπις Ἀθήνη
Οὔλυμπόνδ', ὅθι φασὶ θεῶν ἕδος ἀσφαλὲς αἰεὶ   5
ἔμμεναι· οὔτ' ἀνέμοισι τινάσσεται οὔτε ποτ' ὄμβρῳ
δεύεται οὔτε χιὼν ἐπιπίλναται, ἀλλὰ μάλ' αἴθρη
πέπταται ἀνέφελος, λευκὴ δ' ἐπιδέδρομεν αἴγλη·
τῷ ἔνι τέρπονται μάκαρες θεοὶ ἤματα πάντα.
ἔνθ' ἀπέβη γλαυκῶπις, ἐπεὶ διεπέφραδε κούρῃ.   10

B

Prompted by the dream, Nausikaa approaches her father and, with the   15
innocent guile of a favourite daughter, suggests that he should grant her
permission to do the washing for the family at the river next day.

αὐτίκα δ' Ἠὼς ἦλθεν ἐΰθρονος, ἥ μιν ἔγειρε
Ναυσικάαν εὔπεπλον· ἄφαρ δ' ἀπεθαύμασ' ὄνειρον,   20
βῆ δ' ἴμεναι διὰ δώμαθ', ἵν' ἀγγείλειε τοκεῦσι,
πατρὶ φίλῳ καὶ μητρί· κιχήσατο δ' ἔνδον ἐόντας·
ἡ μὲν ἐπ' ἐσχάρῃ ἧστο, σὺν ἀμφιπόλοισι γυναιξίν,
ἠλάκατα στρωφῶσ' ἁλιπόρφυρα· τῷ δὲ θύραζε
ἐρχομένῳ ξύμβλητο μετὰ κλειτοὺς βασιλῆας   25
ἐς βουλήν, ἵνα μιν κάλεον Φαίηκες ἀγαυοί.
ἡ δέ, μάλ' ἄγχι στᾶσα, φίλον πατέρα προσέειπε·
  'πάππα φίλ', οὐκ ἂν δή μοι ἐφοπλίσσειας ἀπήνην
ὑψηλὴν εὔκυκλον, ἵνα κλυτὰ εἵματ' ἄγωμαι
ἐς ποταμὸν πλυνέουσα, τά μοι ῥερυπωμένα κεῖται;   30
καὶ δὲ σοὶ αὐτῷ ἔοικε μετὰ πρώτοισιν ἐόντα
βουλὰς βουλεύειν καθαρὰ χροῒ εἵματ' ἔχοντα.
πέντε δέ τοι φίλοι υἷες ἐνὶ μεγάροις γεγάασιν,
οἱ δύ' ὀπυίοντες, τρεῖς δ' ἠΐθεοι θαλέθοντες·
οἱ δ' αἰεὶ ἐθέλουσι, νεόπλυτα εἵματ' ἔχοντες,   35
ἐς χορὸν ἔρχεσθαι· τὰ δ' ἐμῇ φρενὶ πάντα μέμηλεν.'
  ὣς ἔφατ'· αἴδετο γὰρ θαλερὸν γάμον ἐξονομῆναι
πατρὶ φίλῳ· ὁ δὲ πάντα νόει καὶ ἀμείβετο μύθῳ·
  'οὔτε τοι ἡμιόνων φθονέω, τέκος, οὔτε τευ ἄλλου.
ἔρχευ· ἀτάρ τοι δμῶες ἐφοπλίσσουσιν ἀπήνην   40

ὑψηλὴν εὔκυκλον, ὑπερτερίῃ ἀραρυῖαν.᾽
ὣς εἰπών, δμώεσσιν ἐκέκλετο, τοὶ δ᾽ ἐπίθοντο.

and brought the mule wagon with good wheels outside and put it
together, and led the mules under the yoke and harnessed them,
and the girl brought the bright clothing out from the inner chamber   5
and laid it in the well-polished wagon. Meanwhile her mother
put in a box all manner of food, which would preserve strength,
and put many good things to eat with it, and poured out
wine in a goatskin bottle, and her daughter put that in the wagon.
She gave her limpid olive oil in a golden oil flask   10
for her and her attendant women to use for anointing.
Nausikaa took up the whip and the shining reins, then
whipped them into a start and the mules went noisily forward
and pulled without stint, carrying the girl and the clothing.
She was not alone. The rest, her handmaidens, walked on beside her.   15
    Now when they had come to the delightful stream of the river,
where there was always a washing place, and plenty of glorious
water that ran through to wash what was ever so dirty,
there they unyoked the mules and set them free from the wagon,
and chased them out along the bank of the swirling river   20
to graze on the sweet river grass, while they from the wagon
lifted the wash in their hands and carried it to the black water,
and stamped on it in the basins, making a race and game of it
until they had washed and rinsed all dirt away, then spread it
out in line along the beach of the sea, where the water   25
of the sea had washed the most big pebbles up on the dry shore.
Then they themselves after bathing and anointing themselves with olive oil,
ate their dinner all along by the banks of the river
and waited for the laundry to dry out in the sunshine.
But when she and her maids had taken their pleasure in eating,   30
they all threw off their veils for a game of ball, and among them
it was Nausikaa of the white arms who led in the dancing;
and as Artemis, who showers arrows, moves on the mountains
either along Taÿgetos or on high-towering
Erymanthos, delighting in boars and deer in their running,   35
and along with her the nymphs, daughters of Zeus of the aegis,
range in the wilds and play, and the heart of Leto is gladdened,
for the head and the brows of Artemis are above all the others,
and she is easily marked among them, though all are lovely,
so this one shone among her handmaidens, a virgin unwedded.   40

C

As the girls play ball by the beach, Athene engineers an encounter with
Odysseus.

ἀλλ' ὅτε δὴ ἄρ' ἔμελλε πάλιν οἰκόνδε νέεσθαι,
ζεύξασ' ἡμιόνους, πτύξασά τε εἵματα καλά,
ἔνθ' αὖτ' ἄλλ' ἐνόησε θεὰ γλαυκῶπις Ἀθήνη,
ὡς Ὀδυσεὺς ἔγροιτο, ἴδοι τ' εὐώπιδα κούρην,
ἥ οἱ Φαιήκων ἀνδρῶν πόλιν ἡγήσαιτο.
σφαῖραν ἔπειτ' ἔρριψε μετ' ἀμφίπολον βασίλεια·
ἀμφιπόλου μὲν ἅμαρτε, βαθείῃ δ' ἔμβαλε δίνῃ,
αἱ δ' ἐπὶ μακρὸν ἄϋσαν. ὁ δ' ἔγρετο δῖος Ὀδυσσεύς,
ἑζόμενος δ' ὅρμαινε κατὰ φρένα καὶ κατὰ θυμόν·
  'ὤ μοι ἐγώ, τέων αὖτε βροτῶν ἐς γαῖαν ἱκάνω;
ἤ ῥ' οἵ γ' ὑβρισταί τε καὶ ἄγριοι οὐδὲ δίκαιοι,
ἦε φιλόξεινοι, καί σφιν νόος ἐστὶ θεουδής;
ὥς τέ με κουράων ἀμφήλυθε θῆλυς ἀϋτή,
νυμφάων, αἳ ἔχουσ' ὀρέων αἰπεινὰ κάρηνα
καὶ πηγὰς ποταμῶν καὶ πίσεα ποιήεντα.
ἦ νύ που ἀνθρώπων εἰμὶ σχεδὸν αὐδηέντων;
ἀλλ' ἄγ', ἐγὼν αὐτὸς πειρήσομαι ἠδὲ ἴδωμαι.'

D

Naked, but discreetly clutching a leafy branch, Odysseus emerges. The girls
flee – all except Nausikaa. Odysseus considers how he may best address her.

ὣς εἰπὼν θάμνων ὑπεδύσετο δῖος Ὀδυσσεύς,
ἐκ πυκινῆς δ' ὕλης πτόρθον κλάσε χειρὶ παχείῃ
φύλλων, ὡς ῥύσαιτο περὶ χροῒ μήδεα φωτός.
βῆ δ' ἴμεν ὥς τε λέων ὀρεσίτροφος, ἀλκὶ πεποιθώς,
ὅς τ' εἶσ' ὑόμενος καὶ ἀήμενος, ἐν δέ οἱ ὄσσε
δαίεται· αὐτὰρ ὁ βουσὶ μετέρχεται ἢ οἴεσσιν
ἠὲ μετ' ἀγροτέρας ἐλάφους· κέλεται δέ ἑ γαστήρ,
μήλων πειρήσοντα, καὶ ἐς πυκινὸν δόμον ἐλθεῖν·
ὣς Ὀδυσεὺς κούρῃσιν ἐϋπλοκάμοισιν ἔμελλε
μίξεσθαι, γυμνός περ ἐών· χρειὼ γὰρ ἵκανε.

τρέσσαν δ' ἄλλυδις ἄλλη

σμερδαλέος δ' αὐτῇσι φάνη κεκακωμένος ἅλμῃ,
τρέσσαν δ' ἄλλυδις ἄλλη ἐπ' ἠϊόνας προὐχούσας·   30
οἴη δ' Ἀλκινόου θυγάτηρ μένε· τῇ γὰρ Ἀθήνη
θάρσος ἐνὶ φρεσὶ θῆκε καὶ ἐκ⌐ δέος ⌐εἵλετο γυίων.
στῆ δ' ἄντα σχομένη· ὁ δὲ μερμήριξεν Ὀδυσσεύς,
ἢ γούνων λίσσοιτο λαβὼν εὐώπιδα κούρην,
ἢ αὔτως ἐπέεσσιν ἀποσταδὰ μειλιχίοισι   35
λίσσοιτ', εἰ δείξειε πόλιν καὶ εἵματα δοίη.
ὡς ἄρα οἱ φρονέοντι δοάσσατο κέρδιον εἶναι,
λίσσεσθαι ἐπέεσσιν ἀποσταδὰ μειλιχίοισι,
μή οἱ γοῦνα λαβόντι χολώσαιτο φρένα κούρη.
αὐτίκα μειλίχιον καὶ κερδαλέον φάτο μῦθον·   40

E

Odysseus' speech. He indicates his awe of Nausikaa, relates his past suffering (hinting at his own importance in passing), and closes with a plea for help.   5

ʼγουνοῦμαί σε, ἄνασσα· θεός νύ τις ἦ βροτός ἐσσι;
εἰ μέν τις θεός ἐσσι, τοὶ οὐρανὸν εὐρὺν ἔχουσιν,
Ἀρτέμιδί σε ἐγώ γε, Διὸς κούρῃ μεγάλοιο,   10
εἶδός τε μέγεθός τε φυήν τ' ἄγχιστα ἐΐσκω·
εἰ δέ τίς ἐσσι βροτῶν, τοὶ ἐπὶ χθονὶ ναιετάουσι,
τρισμάκαρες μὲν σοί γε πατὴρ καὶ πότνια μήτηρ,
τρισμάκαρες δὲ κασίγνητοι· μάλα πού σφισι θυμὸς
αἰὲν ἐϋφροσύνῃσιν ἰαίνεται εἵνεκα σεῖο,   15
λευσσόντων τοιόνδε θάλος χορὸν εἰσοιχνεῦσαν.
κεῖνος δ' αὖ περὶ κῆρι μακάρτατος ἔξοχον ἄλλων,
ὅς κέ σ', ἐέδνοισι βρίσας, οἶκόνδ' ἀγάγηται.
οὐ γάρ πω τοιοῦτον ἐγὼ ἴδον ὀφθαλμοῖσιν,
οὔτ' ἄνδρ' οὔτε γυναῖκα· σέβας μ' ἔχει εἰσορόωντα.   20
Δήλῳ δή ποτε τοῖον, Ἀπόλλωνος παρὰ βωμῷ,
φοίνικος νέον ἔρνος ἀνερχόμενον ἐνόησα·
ἦλθον γὰρ καὶ κεῖσε, πολὺς δέ μοι ἕσπετο λαὸς
τὴν ὁδὸν ᾗ δὴ μέλλεν ἐμοὶ κακὰ κήδε' ἔσεσθαι.
ὣς δ' αὔτως, καὶ κεῖνο ἰδών, ἐτεθήπεα θυμῷ   25
δήν, ἐπεὶ οὔ πω τοῖον ἀνήλυθεν ἐκ δόρυ γαίης,
ὡς σέ, γύναι, ἄγαμαί τε τέθηπά τε δείδιά τ' αἰνῶς
γούνων ἅψασθαι· χαλεπὸν δέ με πένθος ἱκάνει.
χθιζὸς ἐεικοστῷ φύγον ἤματι οἴνοπα πόντον·
τόφρα δέ μ' αἰεὶ κῦμ' ἐφόρει κραιπναί τε θύελλαι   30
νήσου ἀπ' Ὠγυγίης· νῦν δ' ἐνθάδε κάββαλε δαίμων,
ὄφρα τί που καὶ τῇδε πάθω κακόν· οὐ γὰρ ὀΐω
παύσεσθ', ἀλλ' ἔτι πολλὰ θεοὶ τελέουσι πάροιθεν.
ἀλλά, ἄνασσ', ἐλέαιρε· σὲ γὰρ κακὰ πολλὰ μογήσας
ἐς πρώτην ἱκόμην, τῶν δ' ἄλλων οὔ τινα οἶδα   35
ἀνθρώπων, οἳ τήνδε πόλιν καὶ γαῖαν ἔχουσιν.
ἄστυ δέ μοι δεῖξον, δὸς δὲ ῥάκος ἀμφιβαλέσθαι,
εἴ τί που εἴλυμα σπείρων ἔχες ἐνθάδ' ἰοῦσα.
σοὶ δὲ θεοὶ τόσα δοῖεν ὅσα φρεσὶ σῇσι μενοινᾷς,

40